Frank Jakob

·

The Russo-Japanese War and its Shaping of the Twentieth Century

Routledge, London / New York

2018

Франк Якоб

•

Русско-японская война и ее влияние на ход истории в XX веке

Academic Studies Press

Библиороссика

Бостон / Санкт-Петербург

2022

УДК 94(47+57).083.4
ББК 63.3(0)53
    Я40

Перевод с английского Марии Черенцевой

Серийное оформление и оформление обложки Ивана Граве

Якоб Ф.

Я40   Русско-японская война и ее влияние на ход истории в XX веке / Франк Якоб ; [пер. с англ. М. Черенцевой]. — Санкт-Петербург : Academic Studies Press / Библиороссика, 2022. — 239 с. — (Серия «Современная западная русистика» = «Contemporary Western Rusistika»).

ISBN 978-1-6446981-1-2 (Academic Studies Press)
ISBN 978-5-907532-14-4 (Библиороссика)

Война России с Японией стала одним из самых громких событий fin de siècle, рубежом, с которого начался настоящий, а не календарный XX век. В книге исследователя Франка Якоба «Русско-японская война и ее влияние на ход истории в XX веке» небольшой, казалось бы, региональный конфликт на Дальнем Востоке предстает эдаким взмахом крыла бабочки, который повлиял на весь глобальный мир и открыл прямую дорогу к Сараево и ко всем последующим потрясениям столетия. Военное дело, экономика, культура, революции и контрреволюции: как убедительно показывает Якоб, ниточки от «нулевой мировой войны» протянулись повсюду.

УДК 94(47+57).083.4
ББК 63.3(0)53

ISBN 978-1-6446981-1-2
ISBN 978-5-907532-14-4

1. Введение

Русско-японская война теперь дает всем осознание того, что даже вопросы войны и мира в Европе <...> решаются не в четырех стенах Европейского концерта, а за его пределами, в гигантском водовороте мировой и колониальной политики.

Роза Люксембург, 1 мая 1904 года[1]

Русско-японская война — это поворотный момент в мировой истории, событие, в значительной степени определившее глобальные изменения в XX веке [Kowner 2007a: 4]. Она проложила путь войнам и революциям, определившим впоследствии судьбу миллиардов людей. Впрочем, у войны между Россией и Японией много названий: «военная экспансия» [Nish 2005b: 12], «борьба за Восточную Азию» [Hildebrand 2005: 28] и даже «нулевая мировая война»[2]. Как выразился Джон У. Стайнберг, определенно это была не «короткая империалистическая война» [Steinberg 2008: 3], а военный конфликт, возникший под влиянием глобальных финансовых и политических интересов. Хотя она представляла собой, согласно Ротему Ковнеру, «давно ожидаемую вспышку враждебности между двумя растущими державами» [Kowner 2007a: 1][3], война оказала влияние не только на Японию и Россию

---

[1] URL: http://www.marxists.org/archive/luxemburg/1904/05/01.htm (дата обращения: 28.10.2021).

[2] Хотя термина «нулевая мировая война» придерживались многие историки (см. [Steinberg et al. 2005]), Ротем Ковнер не согласился с его использованием. Обе точки зрения см. в [Steinberg 2008: 2]. См. также [Kowner 2007a: 4]. Японский историк Куробане Сигеру указывал на глобальное влияние и взаимосвязи задолго до начала дискуссии на Западе (см. [Shigeru 1960]).

[3] Похожие мысли встречаются в другой работе Ковнера. См. [Kowner 2001: 20].

[Thorson 1944: 305]. Несмотря на то что война в Маньчжурии, где произошла большая часть сражений[4], значительно повлияла на Японскую и Российскую империи, события 1904–1905 годов отразились также на Восточной Азии, Европе и США, хотя это не всегда было заметно сразу.

В то время международная общественность интересовалась судьбой японских и российских солдат, что делало войну публичным событием, которое описывалось и обсуждалось в огромном числе газет по всему миру [Kowner 2007a: 2; Thorson 1944: 306]. То обстоятельство, что Япония оказалась способна побороть могущественного «русского медведя», превратило локальное восточноазиатское событие в стимул к переменам во всей мировой истории. Первая победа азиатской державы против «современной» западной армии была воспринята с одобрением, особенно в колониальной Азии и на Ближнем Востоке. Однако на события на полях Маньчжурии и их политические последствия обратили внимание не только в угнетенных обществах. Западная аудитория с нетерпением ждала новой информации о библейской битве между японским Давидом и русским Голиафом [Schimmelpenninck van der Oye 2008a: 82; Shimazu 2008: 34]. Было напечатано и продано большое количество статей журналистов, рассказов очевидцев и научных работ на тему России и Японии, массово появлялись карикатуры о национальных стереотипах, таких как военная пропаганда обеих сторон. Известен случай, когда немецкий предприниматель даже попытался использовать «военный бум» для увеличения продаж почтовых открыток[5].

---

[4] Несмотря на то что может показаться, будто война была ограничена одним регионом, долгий поход Второй Тихоокеанской эскадры из Балтийского моря в Восточную Азию открыл глобальные перспективы для военных кампаний. См. [Nish 2005b: 11]. В связи со столетием окончания войны японский историк Ямамура Синъити вновь обратил внимание на ее глобальные аспекты [Yamamura 2005]. Самое свежее, обширное и ценное исследование на японском языке — работа Вады Харуки [Wada 2009–2010].

[5] Адольф Энгель начальнику адмиральского штаба ВМС вице-адмиралу Бюхзелю, Берлин, 15 августа 1904 года. BArch MArch RM 5/5777. См. также [Shimazu 2008: 34; Wolff 2008a: 73].

Поток работ на тему Русско-японской войны продолжился[6] и в послевоенные годы, когда ее официальная история была опубликована на нескольких языках[7]. Официальные публикации разных государств дополнялись бесчисленными свидетельствами военных наблюдателей, поскольку почти каждая великая держава отправляла наблюдателей на поля сражений Маньчжурии — ведь «противостояние могло представлять особый интерес» [Hitsman, Morton 1970: 82]. Интерес состоял в том, чтобы посмотреть, как модернизированная японская армия будет действовать при встрече с «настоящим врагом»; кроме того, на войне можно было увидеть применение новых тактик и видов вооружения. В частности, британские военные надеялись вблизи изучить современные методы ведения войны, отправив для этого наблюдателей к своим японским союзникам в Восточную Азию [Towle 1998: 19][8]. Один британский офицер отметил, что «вооруженное противостояние двух государств необходимо оценивать по его политическим, расовым и военным результатам как настоящую историческую веху, даже новый водораздел, меняющий направление рек и потоков международной жизни» [A British Officer 1911: 509], а военный обозреватель «Таймс» высказал следующее мнение:

> Ни одна другая военная кампания на памяти нашего поколения не представляла собой для британцев такого широкого и благодатного поля для изучения, как Русско-японская война 1904–1905 годов. Впервые за столетия мы наблюдаем схватку между островной империей и континентальной мировой державой. Впервые в условиях настоящей войны была испытана новая техника, которая с развитием науки

---

6   См. [A British Officer 1911; Miller 1904; Bird 1909; Negrier 1906] — вот только несколько примеров.

7   См. [Хейден и др. 1907–1918; Военно-историческая комиссия 1910–1913].

8   Далее автор написал о важности понимания перспектив британской армии: «Если британскую армию может задержать в бухте группа бурских фермеров, тогда она в большой беде и ей необходимы значительные улучшения перед встречей с европейским врагом» [Towle 1998: 20].

был оснащен весь мировой флот. Практически впервые в мировой истории мы наблюдали, как под отличным руководством армия и флот смогли прийти к тесному и крепкому сотрудничеству, чтобы общими усилиями навязать свою волю врагу [Military Correspondent 1905: 1].

В Британии победа японцев вызвала «абсолютную эйфорию» [Towle 1998: 19], потому что японские солдаты победили главного врага британских интересов в Центральной Азии[9].

Несмотря на широкий интерес общества и правительства к Русско-японской войне, спустя десятилетие начнется другая война, которая заслонит собой все: Первая мировая[10]. Эта «эпохальная катастрофа» [Kennan 1979: 3] затмила события, происходившие во время войны в Восточной Азии — войны, которая велась «культурно разными» державами, а потому не осталась в коллективной памяти Европы [Kowner 2007a: 3; Kusber 1994: 220]. Эта война превратилась в далекий «небольшой эпизод» [Cohen 2010: 388] мировой истории, и такая отдаленность стерла память о ней. В Японии же Русско-японская война остается важной частью национальной истории: регулярно публикуется множество исследований[11] об этой войне и ее отдельных аспектах[12]. Напротив, редкими остаются публикации на западных

---

[9] О «Большой игре» России и Великобритании на этой территории см. [Сергеев 2016].

[10] Для Японии Русско-японская война осталась важным событием, и о ней регулярно вспоминали, особенно в 1930-е годы, как о предмете национальной гордости. См. Различные документы о выставках в Японии: Т. 1/23. Выставка, приуроченная к 30-летию победы в Русско-японской войне, мемориал в Юсюкане в Ясукуни, 27 января 1935 года. Дипломатические архивы Министерства иностранных дел, B04012288800; Различные документы о выставках в Японии: Т. 1/13. Выставка, приуроченная к 30-летию победы в Русско-японской войне при поддержке Ёмиури Симбуна, 15 мая 1935 года. Дипломатические архивы Министерства иностранных дел, B04012287800.

[11] См. [Higashi 2008; Numata 2004; Tsuchiya 2012; Yomiura 2005]. Кроме указанных новых публикаций, которые появляются редко, существуют отличные более ранние исследования. См., например, [Shimomura 1966].

[12] См. [Hōga 2015; Matsuo 2015; Muraoka 2014] — вот только несколько примеров.

языках[13]. Значение войны для некоторых стран, в частности для Германии, исследовано недостаточно[14], и ситуация не изменилась даже после столетней годовщины ее окончания, вызвавшей «новую волну исследований Русско-японской войны» [Steinberg 2008: 1]. На различных международных конференциях подчеркивалась значимость Русско-японской войны для мировой истории [Howland 2011: 53; Katō 2007: 95–96], а авторы многочисленных публикаций пытались обратить внимание на необходимость международного подхода ко многим нерешенным вопросам, касающимся этого конфликта[15]. Русско-японская война была первой «войной технологий» в XX веке и поэтому позволяла осознать глубину перемен, которые повлечет за собой новый способ ведения войны. Она состояла из крупных сражений, и, как утверждал Тадаёси Сакураи, «осада Порт-Артура одно из самых кровопролитных дел в истории войн вообще» [Сакураи 1909: 42]. Его капитуляция «составит эпоху во всемирной истории. Но надо помнить, что такой результат был достигнут потоками крови», так как «выросли горы из японских тел и потекли реки их крови!» [Сакураи 1909: 38]. Эти образы являлись предвестниками будущих крупных сражений и позиционной войны в Первую мировую войну [Hitsman, Morton 1970: 83][16]. Представленные ниже военные потери японской стороны демонстрируют возросшее число ранений и смертей:

---

[13] См. [Shimazu 2009] — один из лучших примеров. Также см. исследование [Warner, Warner 2004], остающееся одним из лучших на сегодняшний день. Для краткого введения в тему также подходит [Jukes 2002].

[14] Кусбер и Зелигман [Kusber 1994: 217; Seligmann 2007: 109–123] стремились описать значение для Германии Русско-японской войны, однако отдельной монографии на эту тему не было. В работе [Itō 2014] приведен анализ позиции и дипломатии Бюлова во время войны, однако это лишь первая попытка подчеркнуть влияние Русско-японской войны на Германию.

[15] См. [Yomiuri 2005; Gunjishi Gakkai 2004–2005; Nakanishi, Naraoka 2005; Yokote 2005]. По случаю столетия окончания войны несколько томов были также изданы на европейских языках. См. [Kreiner 2005a; Sprotte et al. 2007; Inaba, Saaler 2005; Steinberg 2005б; Kowner 2007б].

[16] Также это справедливо для ранений, полученных при обстрелах артиллерией, и пулевых ранений. См. [Suzuki 1905: 1127–1128].

Потери японской стороны:

Убитые в бою	47 387
Умершие от ран	11 500
Раненые, но выздоровевшие	161 925
Итого убитых и раненых	220 812[17]

То, что в политическом отношении напоминало классическую кабинетную войну, уже позволяло представить резню, в которой погрязнет Европа десятилетие спустя [Hildebrand 2005: 34]. На поле боя воцарилось новое оружие, не оставившее места героизму атак кавалерии с саблей наголо [Towle 1980б: 25]. Теперь победу стали определять «бездымный порох, пулеметы, полевая артиллерия для стрельбы с закрытых позиций» [Hitsmann 1970: 82].

Сакураи описывает новые смертоносные технологии в ужасающих подробностях:

> Кроме того, мы нашли несколько брошенных подбитых пулеметов, которые были предметом нашей искренней ненависти. Широкая металлическая пластина служит щитом, за которым можно прицелиться и спустить курок, двигая пулемет то вверх, то вниз, то влево, то вправо. Из него также можно стрелять градом пуль, как будто поливаешь дорожку из шланга. Можно покрывать малые и больше территории, стрелять ближе или дальше по желанию стрелка. <...>
> Русские пользовались им очень умело. Они подпускали наших солдат на дистанцию 4–5 саженей и в ту минуту, когда мы уже готовы были кричать громкое «банзай», они вдруг пускали в ход это ненавистное орудие, которое сметало целые ряды, нагромождая груды трупов [Сакураи 1909: 141–142; Sakurai 1907: 41].

После таких сцен японцы находили солдат, имевших на теле более 70 ран [Сакураи 1909: 142]. Люди, внимательно наблюдавшие за происходившими событиями, уже понимали, что приемы ведения войны изменились навсегда. Сражения превратились

---

[17] Данные из [Japanese Losses 1906].

в настоящие кампании, например Мукденское сражение, в котором участвовало 600 000 человек и которое длилось 18 дней. Даже если сторонники войны придерживались мнения, что сражения несут в себе справедливость и героизм, бесчисленные тела неизвестных солдат, остававшиеся на полях сражений, могли бы их переубедить.

Когда Ковнер утверждает, что «изучение влияния войн кажется не более чем интеллектуальным упражнением» [Kowner 2007a: 4], он хочет подчеркнуть, что предметом большинства исследований ведения войн являются сражения, тактика и вооружение, а не влияние войны как таковое. Однако также он объясняет, что Русско-японская война с ее многочисленными последствиями заслуживает детального изучения, поскольку она изменила историю не только Японии и Азии, но и России, Франции, Великобритании, США и Германии [Kowner 2007a: 5]. Эти «глобальные последствия», как их называет Томас Г. Отте [Otte 2007: 91], представляют большой интерес, и их необходимо учитывать при определении значения Русско-японской войны.

В исторических исследованиях подчеркивается, что эта война является водоразделом в истории Японии, даже, согласно Питеру Дуусу, «отправной точкой» японского империализма[18]. Для Японии победа в войне означала обретение влияния в Восточной Азии, в то время как для России единственной ее целью было поддержание образа великой державы. Успешная модернизация Японии в течение нескольких предшествующих десятилетий должна была увенчаться экспансией за рубеж. Восстановив государственный суверенитет в 1894 году, японский император стремился вернуть для Японии статус великой державы, а также создать буферную зону в Корее [Howland 2011: 54; Kowner 2001: 19; Lensen 1962: 337]. Мэри Вилгус отметила иронию положения Японии в Восточной Азии, написав следующее: «Об отношении к войнам в мире красноречиво говорит тот факт, что длившаяся

---

[18] См. [Edström 1989: 8–9; Iriye 1989: 768; Otte 2007; Duus 2007; Duus 1983: 154]. Схожую с Дуусом оценку дал Накаяма Дзиити. См. [Nakayama 1957]. См. также [Kowner 2007г: 43].

менее года победоносная война сделала для Японии то, чего не смогли сделать четверть века успешной мирной жизни, — подняла ее до положения признанной мировой державы» [Wolff 2008a: 440]. Япония победила в войне и утвердилась в статусе мировой державы, сопоставимой в военном отношении с западными. Однако ее солдаты все еще казались странными и экзотичными, а европейские наблюдатели за 18 месяцев войны в Маньчжурии создали и распространили «некоторые наиболее устойчивые мифы о Японии и представления о ней» [Lone 1998: 7].

Хотя Япония победила Китай в войне 1894–1895 годов, западные державы не верили, что японские армия и флот способны одержать в серьезной войне победу над Россией [Lensen 1966: 245]. Однако Япония не только начала (а затем и объявила[19]) войну и показала отличные навыки планирования мобилизации [Nish 2005б: 13; Treves 1904: 1396], но и побеждала в одном сражении за другим. Эти победы опровергали представление о превосходстве Запада, в результате чего в Европе и Северной Америке стала активно обсуждаться «желтая опасность» [Hildebrand 2005: 36][20]. Немецкий поборник колониализма и писатель Карл Петерс (1856–1918)[21] пришел к следующим выводам:

> Каким бы ни был результат кровавой игры в кости в Восточной Азии, кое-что ясно уже сегодня. А именно то, что белая раса столкнулась по крайней мере с одним достойным противником на земле.

---

[19] Япония объявила России войну 10 февраля 1904 года, подчеркнув, что она вынуждена пойти на этот шаг: «Гарантии нашего будущего, которые мы не смогли получить путем мирных переговоров, мы получим теперь, только применив оружие. Мы искренне желаем, чтобы верностью и храбростью наших подданных мир был установлен навечно, а слава нашей империи защищена». Императорский указ об объявлении войны России. Национальный архив Японии. URL: https://www.jacar.go.jp/english/nichiro/sensen_syousyo_05.htm (дата обращения: 16.10.2021).

[20] О понятии «желтой опасности» см. [Linhart 2005; Wei Tchen, Yeats 2014; Thompson 1978; Wu 1982].

[21] О Петерсе см. [Perras 2004].

<...> Японцы доказали, что они равны бравым нациям индо-арийской расы в храбрости, дисциплине и организации. Весь мир с живым интересом наблюдает этот неожиданный феномен. Это так же удивительно для Европы, как если бы Пруссия Фридриха Великого вдруг стала завоевывать себе место среди сильнейших стран этого мира [Peters 1944b: 345–346].

Удивлялись успехам Японии не только на Западе. В Азии ее победы привели к возникновению «новых сил в мировой истории» [Sareen 2007: 239]. Япония как модель успеха для Юго-Восточной Азии стимулировала развитие национализма в Индии [Laffan 2007: 220–221]. Если политическое влияние Китая за XIX век заметно ослабло, то Япония после окончания Русско-японской войны приблизилась к статусу великой державы и консолидировала вокруг себя российские сферы влияния в Восточной Азии [Roxby 1920: 142], что сделало азиатское островное государство «звездой Азии».

Мы находим многочисленные примеры влияния Русско-японской войны на политическую, социальную, экономическую и культурную сферы, позволяющие лучше понять последствия таких глобальных событий, даже если на первый взгляд они кажутся периферийными [Bartlett 2008: 9]. Я уже ранее исследовал вопрос о прекращении существования национальной историографии [Jacob 2014a] и в настоящем исследовании продемонстрирую, что Русско-японская война определила историю не только Восточной Азии, но и всего мира в XX веке. Эта война стала водоразделом не только для Японии, но и для России, дальневосточная политика которой после событий 1904–1905 годов переориентировалась на Балканы [Chang 1974: 321]. Русско-японская война не только обрушила мировой геостратегический баланс, но также показала военную и политическую слабость России. Эта война не стала неожиданностью для всего мира — немецкие газеты отправили военных корреспондентов в Восточную Азию за три недели до ее начала[22], — но население и правительство России

---

[22] Статс-секретарь военно-морского ведомства Германии фон Тирпиц начальнику адмиральского штаба ВМС Бюхзелю, Берлин, 18 января 1904 года. BArch MArch, RM 5/5777.

были удивлены ее внезапным началом, даже несмотря на то, что Япония прекратила дипломатические отношения с Российской империей [Bartlett 2008: 8; Nish 2005б: 13][23]. Рядовых россиян не интересовала такая далекая война, а новости о все новых поражениях в Восточной Азии разжигали революционные настроения. В 1909 году У. Д. Бёрд с легкостью объяснил взаимосвязь между успехом Японии и разладом в России:

> Великая северная держава заплатила соответствующую цену за неподготовленность, плохую организацию и неверное распределение сил. Она потеряла инициативу, была вынуждена подстраиваться под операции врага и отправить на линию фронта по прибытии на театр военных действий разрозненные подразделения, между которыми не было налажено взаимодействие. Как всегда происходит в таких обстоятельствах, советы были противоречивы, планы быстро составлялись и быстро забрасывались, генералы не доверяли ни друг другу, ни подчиненным, а войска, разделив это чувство, перестали доверять своему начальству [Bird 1909: 64].

Японцы также пытались усилить это чувство недоверия и разногласия внутри российского общества, в частности через меньшинства, жившие в границах многонациональной царистской автократии. Японский военный атташе Акаси Мотодзиро (1864–1919) в начале войны был переведен из Санкт-Петербурга в Стокгольм, откуда поддерживал восстания в Российской империи [Hildebrand 2005: 43]. Его действия служат свидетельством взаимосвязи между Русско-японской войной и революцией

---

[23] См. также: Телеграмма, предписывающая доставить официальную ноту о разрыве дипломатических отношений, 5 февраля 1904 года, от министра иностранных дел Комура министру Курино в России, официальная телеграмма № 54 // Дипломатический архив, Министерство иностранных дел. URL: https://www.jacar.go.jp/english/nichiro/komura_telegram_txt.htm (дата обращения: 16.10.2021). Теодор Рузвельт также выразил непонимание, почему Россию удивила атака Японии. В письме Уайтлоу Райду от 11 февраля 1904 года он писал: «Я не могу понять, почему Россию поймали врасплох после четырех лет агрессии или даже больше».

в России, что является одним из аспектов влияния этой войны на мир.

Имперские амбиции США также возросли под влиянием исхода войны. Американский президент Теодор Рузвельт (1858–1919) признал опасность Японии как одного из соперников США в связи с ее интересами на Дальнем Востоке [Esthus 1966: 38–41]. Азиатско-Тихоокеанский регион оказался местом конфликта интересов Японии и США. Антагонизм двух быстро растущих государств стал очевиден после подписания Портсмутского мирного договора, ставшего лишь «поворотной точкой в японо-американских отношениях» [Esthus 1966: 3], но, как утверждали многие, проложившего путь к Перл-Харбору [Steinberg 2008: 5–6; Togo 2008: 158]. Если США боялись нового соперника в колониальной сфере в Восточной Азии, то Великобритания радовалась победе Японии, положившей конец российской угрозе в Азии:

> Последние 50 лет Россия наводила ужас на наших политиков и была ночным кошмаром Индии. Она навязывалась нам, она навязывалась всей Европе, угрожая своим весом. Ее неуклонное, незаметное продвижение через широкий континент Азии напоминало поступательный ход судьбы, а численность ее населения и ее размеры и общая недоступность территории для удара врага поражали воображение и господствовали над разумом правителей и жителей других стран [Military Correspondent 1905: 2].

Российская армия перестала наводить ужас, а победа Японии в морских сражениях, особенно Цусимском, «самом значимом морском сражении после Трафальгарского» [Kowner 2007a: 13], придала британцам уверенности в себе, в частности потому, что эти победы были одержаны на кораблях, построенных на британских верфях. Под влиянием исхода войны в Великобритании также возникла дискуссия о будущем военных кораблей, в которой у перового морского лорд-адмирала сэра Джона Фишера (1841–1920) появились необходимые аргументы для внедрения своих дредноутов [Towle 1998: 24–25]. Фактически именно позиция Великобритании в качестве союзника Японии сделала эту войну возможной, поскольку англо-японский союзный договор 1902 года удержал другие державы от вступления в войну [Nish 1966]. Кроме того, опасаясь, что в результате политических действий локальный конфликт на периферии может перерасти в большую войну в Европе, правительства Великобритании и Франции начали политическое сближение, их представители урегулировали колониальные споры и подписали в 1904 году англо-французское соглашение [Hildebrand 2005: 29, 40].

Наиболее пострадавшей от таких политических изменений европейской державой оказалась Германия, так как теперь она не только противостояла франко-русскому союзу, существовавшему с 1892 года, но также оказалась под угрозой окружения Францией, Россией и Великобританией в качестве третьей державы. «Кошмар коалиций», которого страшился Отто фон Бисмарк (1815–1898)[24], воплотился в жизнь; поэтому во время Русско-японской войны немецкое правительство пыталось вбить клин между Россией и Францией. Несмотря на оказанное ею влияние на политику и военное планирование Германии, эта война не стала частью коллективной памяти немцев [Eberspraecher 2007: 290]. Однако Отте прав, когда пишет следующее: «Под ударами Мукдена и Цусимы общепринятые нормы старого мира также стали распадаться. Европа отправилась вниз по дороге, ведущей в Сараево» [Otte 2007: 105]. Это явно демонстрируют стратегические планы Германии после 1905 года. План Шлиффена[25] — да, он существовал — был продуктом Русско-японской войны, и, следовательно, сражения в Восточной Азии в огромной степени влияли на историю Германии вплоть до начала Первой мировой войны.

В данной книге будут подробно проанализированы глобальные последствия Русско-японской войны. С этой целью я прежде всего представлю обзор военных действий, поскольку многие не знакомы со сражениями и событиями этой войны. Сначала

---

[24] Одна из лучших биографий, описывающих этот основной страх немецкого канцлера, см. [Schmidt 2004].

[25] Подробно о существовании этого военного плана см. в главе пятой.

я опишу причины внезапного начала войны, затем представлю обзор ее различных стадий. Будут описаны основные события войны: от неожиданного нападения на русский флот в Порт-Артуре и первого боя на реке Ялу до больших боев при Ляоляне, Мукдене и на Цусиме. Однако я не буду придерживаться строгой хронологии; вместо этого сначала я подробно опишу наземные операции, а затем сфокусируюсь на морских кампаниях с февраля 1904 года по май 1905 года.

В главе третьей я рассмотрю влияние Русско-японской войны на Азию в целом. В ней будет подробно проанализировано влияние войны на японское общество, на «нейтрального» наблюдателя, которым являлся Китай, а также на Корею, ставшую жертвой событий 1904–1905 годов. Наконец, я остановлюсь на последствиях победы Японии для колониального мира Азии, при этом особое внимание я уделю Индии, в которой стимулом для развития идеи индийского национализма и появления во власти таких людей, как Ганди и Неру, возглавивших впоследствии националистическое движение, стало поражение европейской державы от недавно модернизированной азиатской страны.

Поражение, конечно, имело значительные последствия и для России. В главе четвертой я подробно опишу деятельность Акаси в Швеции, чтобы продемонстрировать влияние Русско-японской войны на возникновение в России революционных движений. Также я рассмотрю взаимосвязь между революцией 1905 года и войной: от Кровавого воскресенья 22 января 1905 года до Октябрьского манифеста того же года. Россия — не единственная страна, на которую повлияла эта война, но наличие в 1905 году революционной вспышки говорит о том, что Русско-японская война послужила отправной точкой для развития событий, которые приведут не только к революции 1917 года, но и к разделению мира в период холодной войны. Таким образом, эта война стала переломным моментом для истории России, но тем самым также оказала влияние на мировую историю XX века.

Подобная взаимосвязь наблюдается и между Русско-японской войной и историей США. Рузвельт вызвался быть посредником для установления мира, и японские дипломаты надеялись на сильную поддержку США, как об этом говорилось в американских газетах. Однако имперские амбиции и страх перед возрастающим влиянием Японии в Тихоокеанском регионе привели к установлению таких условий мира, которые не выводили Россию из игры в Восточной Азии. Портсмутский мир стал единственным поражением Японии в этой войне, а виновным в этом оказался Рузвельт. Помимо Портсмутского мирного договора факторами охлаждения отношений между США и Японией стали беспорядки среди иммигрантов в США и борьба за проведение политики открытых дверей в Маньчжурии. Следовательно, Русско-японская война стала отправной точкой, определившей развитие отношений между этими странами вплоть до 1941 года.

Особое внимание в книге будет уделено влиянию этой войны на Германию. Как и другие великие державы, Германия отправила военных и морских атташе на Дальний Восток в качестве наблюдателей[26]. Политики во главе с канцлером Бернардом фон Бюловом (1849–1929) и императором Вильгельмом II (1888–1918) признали угрозу окружения Германии вследствие создания Антанты и стали стремиться к союзу с Россией. Кроме того, победы Японии произвели яркое впечатление на военных стратегов. Поскольку признаком мужской доблести и чести считалось генеральное наступление, представления о слабости России казались закономерными и поэтому легли в основу плана Шлиффена. В книге будет подробно изучено как политическое, так и военное влияние Русско-японской войны, с использованием большей частью неопубликованных архивных материалов из Федерального архива (Bundesarchiv) в Берлине и Военного архива (Militärarchiv) во Фрайбурге, а также политических документов и писем из Министерства иностранных дел Германии (Auswärtiges Amt)[27]. Когда в 1914 году началась Первая мировая война, сделанные ранее выводы повредили Германии. Россия оказалась не такой слабой, какой она была в 1905 году, но в «Deutsche Zeitung» от

---

[26] О роли военных атташе во время войны см. [Hitsman, Morton 1970: 82].

[27] См. GP. Я буду указывать номера отдельных документов. Их можно найти в томах 19.1 и 19.2, посвященных Русско-японской войне.

4 ноября 1914 года читателям напоминали о том, что «русский каток» можно победить: «...как никогда нам важно сейчас вспомнить о событиях Русско-японской войны, в особенности потому, что сейчас обе эти страны бросили нам перчатки»[28]. Таким образом, Русско-японская война оказала огромное влияние также на историю Германии в XX веке.

В этом исследовании будет последовательно представлена общая оценка влияния Русско-японской войны на центры региона, где она происходила, то есть на Восточную Азию; на колониальный мир, а именно Индию; на европейскую сторону конфликта — царскую Россию; на занимающие положение посредника США и, в частности, Теодора Рузвельта; а также на нейтральных наблюдателей в Берлине, на которых события на мировой периферии оказали огромное влияние в политической и военной сфере.

---

[28] Deutsche Zeitung. № 561. 04.11.1914. BArch R8034-II/8171.

2. Русско-японская война на суше и на море

Ян Ниш точно описал причину начала Русско-японской войны: «...[ее] истоки лежали в двух слабых странах: Китае и Корее» [Nish 2005a: 45]. Это, по сути, была «преимущественно империалистическая война» [Goldfrank 2005: 88], поскольку к столкновению в Восточной Азии привели в большей степени экспансионистские цели. Когда начались бои за влияние в Корее и Маньчжурии, невозможно было предсказать, насколько значительны окажутся последствия этой войны [Steinberg 2005: 105]. Однако ее глубинные причины кроются в более ранней истории взаимоотношений между двумя странами. Майкл Р. Ослин, определяя геополитические и стратегические корни конфликта между Россией и Японией, обращается к 1792 году [Auslin 2005: 3]. В конце XVIII века Российская империя впервые попыталась установить торговые отношения с сёгунатом Токугава. В ответ на амбиции российского правительства в 1802 году Япония усилила контроль над Хоккайдо. Это привело к повторным попыткам России установить торговые отношения в 1804 и 1813–1821 годах[1].

Во второй половине XIX века, в особенности после поражения России в Крымской войне (1853–1856), российские правители — в частности, Николай II (1868–1918) после 1894 года — изменили приоритеты во внешней политике, обратив более пристальное внимание на Дальний Восток [Snow 1998: 44]. В 1853 году российские войска заняли Сахалин, а мореплаватель и дипломат

---

[1]   Подробное исследование попыток России установить торговые отношения с Японией см. в [Zadornov, Shōji 1977–1982].

Е. В. Путятин (1804–1883) впервые достиг берегов Японии всего за месяц до коммодора Мэттью К. Перри (1794–1858). 2 февраля 1855 года был заключен первый договор между двумя странами. Конечно, договор был на неравных условиях. Амбиции России в Азии также иллюстрирует экспансия в Амурском регионе, которой руководил Н. Н. Муравьев (1809–1881). В 1861 году Россия также пыталась аннексировать остров Цусиму, чему с трудом помешало вмешательство Великобритании, но это явно продемонстрировало угрозу жизненно важным интересам Японии в регионе [Auslin 2005: 13–14]. В 1875 году Япония и Россия договорились о том, что Россия получает Сахалин и в обмен передает Японской империи Курильские острова. Хотя японское правительство уже обсуждало в 1873 году захват Кореи [Jacob 2014б: 17–24], действий против своего соседа Япония не предпринимала до 1876 года, когда был подписан Канагавский договор, открывший для нее возможность внешней торговли. Японское правительство быстро разобралось в методах западного империализма и, переняв их, вынудило другую азиатскую страну подписать с собой неравное соглашение.

Однако угроза со стороны России не исчезла. В конце 1880-х годов в России обсуждались планы по строительству Транссибирской магистрали, а в 1891 году ее строительство было начато, что поставило под прямую угрозу интересы Японии в континентальной Азии, поскольку магистраль позволила бы перебрасывать людей и материалы в азиатскую часть России [Cloman 1906: 53]. В это время в Японии проходил процесс быстрой модернизации, поэтому благодаря Реставрации Мэйдзи[2] у нее тоже появились ресурсы для экспансии. Японо-китайская война 1894–1895 годов, ставшая «водоразделом в истории Азии и во всемирной истории» [Auslin 2005: 20], показала военное превосходство Японии над Китаем. Согласно Симоносекскому договору 1895 года Китай передал Японии Ляодунский полуостров и был обязан выплатить значительную контрибуцию. Приобретение Ляодунского полуострова позволило бы Японии располо-

---

[2] Подробный анализ внешней политики Мэйдзи см. в [Wagner 1990].

жить укрепления в континентальной Азии, при помощи которых
она могла бы с легкостью угрожать Китайской империи в дальнейшем. Россия была против этого и при поддержке Франции
и Германии вмешалась посредством Тройственной интервенции
23 апреля 1895 года[3]. Власти Японии стремились получить в свое
владение Порт-Артур [Lone 1994: 173–175], но под международным давлением и после внутренних обсуждений они пришли
к выводу, что неспособны противостоять союзу нескольких западных великих держав. Япония оказалась в изоляции и признала этот факт, однако опыт Тройственной интервенции положил
начало будущей конфронтации с Россией[4].

Деньги, полученные японским правительством от Китая, были
инвестированы в вооружение, расходы на которое увеличились
с 49,2 % государственного бюджета до 81,8 % в 1904 году [Kreiner
20056: 57][5]. Россия, со своей стороны, использовала Тройственную
интервенцию и поражение Китая для укрепления своего влияния
в регионе. Министр финансов С. Ю. Витте (1849–1915) [Wcislo
2011] предположил, что поддержка Китая в борьбе с Японией
поможет установить дружественные отношения между Китаем
и Российской империей [Schimmelpenninck van der Oye 2005: 29].
Россия передала Китаю французские займы, а для уплаты контрибуции Японии был учрежден Русско-Китайский банк. В ответ на
это Китай позволил построить Транссибирскую магистраль напрямую по китайской территории в Маньчжурии. В 1896 году
между Китаем и Россией было подписано секретное соглашение
о взаимопомощи при возможном будущем нападении Японии.
В дополнение к Транссибирской магистрали были построены
Китайско-Восточная железная дорога (КВЖД), соединяющая

---

[3]   Тройственная интервенция обычно характеризуется как отправная точка
      для событий, приведших к внезапному началу Русско-японской войны. См.
      [Kurosawa 2014].

[4]   См. [Auslin 2005: 21; Der Russisch-Japanische Krieg 1904: 2; Nish 1985: 28; Schim-
      melpennick van der Oye 2005: 26].

[5]   См. также [Pinon 1905: 295]. Япония вложила средства в строительство новых
      военных кораблей, шесть из которых были куплены у Великобритании. См.
      [Sisemore 2003: 9].

Харбин и Владивосток, а также Южно-Маньчжурская железная дорога (ЮМЖД), соединяющая Харбин и Порт-Артур. Император Николай II хотел создать в Азии империю, покрывающую территорию от пролива Дарданеллы до Кореи. Когда Германия присоединилась к борьбе за Китай, заняв бухту Цзяочжоувань в провинции Шаньдун и потребовав для себя особых прав в этой провинции, Россия, также из-за империалистических амбиций, в 1898 году арендовала у китайского правительства Порт-Артур. Таким образом, Россия стала пожинать плоды победы, украденной у Японии тремя годами ранее. Кроме того, Российская империя получила в пользование гавань Порт-Артура, несмотря на ее стратегические недостатки, для будущей экспансии в регионе [Schimmelpenninck van der Oye 2005: 23–32; Sisemore 2003: 5–6][6].

Вскоре представился шанс для подобной рискованной затеи. В качестве реакции на Боксерское восстание (1899–1901) была осуществлена интервенция международных сил, и Россия воспользовалась возможностью захватить Маньчжурию с севера. Несмотря на то что российское правительство сначала колебалось, оно все же решило не упускать шанс на расширение своих владений в Китае, воспользовавшись боксерским движением в качестве предлога. 8 апреля 1902 года был подписан Пекинский договор, по которому Россия должна была отвести войска в три этапа в течение 18 месяцев. Однако была выполнена только первая фаза, в ходе которой 8 октября 1902 года войска были выведены из Мукдена, но на следующий год он был снова оккупирован. Вторая фаза в апреле 1903 года и третья в октябре 1903 года осуществлены не были. Российское правительство ответило на международные протесты утверждением, что отношения между Россией и Китаем являются двусторонними и эксклюзивными, а дальнейшая судьба Маньчжурии будет обсуждаться только с представителями Китая [Goldfrank 2005: 91; Nish 2005a: 51; Schimmelpennick van der Oye 2005: 38]. В результате Российская империя изолировала себя, тогда как Япония предпринимала дипломатические шаги во избежание междуна-

---

[6] О стратегических недостатках см. [Menning 2005: 138].

родной интервенции против ее будущих амбиций в Восточной Азии: цель англо-японского союза 1902 года состояла в том, чтобы предотвратить международное вмешательство и сделать посильной будущую войну с Россией [Kennedy 1924: 300–301][7].

Британские военные, в том числе Ян Гамильтон (1853–1947), опасались вступления в союз с Японией, который мог втянуть Великобританию в войну с Россией, защищенной франко-русским договором 1892 года [Chapman 2004: 20–21; Ferguson 2010: 523]. Следовательно, англо-японский союз заключался «в очень нелегкое время» [Ferguson 2010: 524]. Но были и такие люди, как Клод Макдональд, которые видели опыт японских солдат во время Боксерского восстания и были рады совместным операциям с новым союзником [McDonald 1900: 2–20]. Несмотря на реакцию британцев, Русско-японская война и победа Японии стали возможны «отчасти благодаря участию Великобритании» [Towle 1980a: 44]. Японские военные корабли были построены в Великобритании; кроме того, она предоставляла займы для помощи в финансировании кампаний. Несмотря на поддержку Великобритании, когда в 1904 году началась война, мало кто верил в победу Японии, в том числе не верил в нее и премьер-министр Артур Джеймс Бальфур (1848–1930) [Chapman 2004: 21–22]. Он был не одинок в своих ожиданиях — ведь многие, в том числе российское правительство, не верили, что «русский каток» может проиграть в войне, в особенности такой маленькой державе, как Япония [Brooke 1905: 36; Falls 1967: 172; Ferguson 2010: 525]. Однако раздавались и голоса тех, кто замечал преимущества вооруженных сил Японии, подготовка офицеров и солдат в которых догоняла западные стандарты быстрыми темпами[8].

---

[7] Лансдаун Эдварду VII, 18.04.1904, маркиз Лансдаун, FO 800/134. Цит. по: [Otte 2007: 94].

[8] Британский министр в Пекине сэр Эрнест Сэтоу — адмиралу сэру Сиприану Бриджу, главнокомандующему. Станция Китай, 25.02.1904. Bridge Papers BRI/17, National Maritime Museum, Greenwich. Цит. по: [Ferguson 2010: 525]; Капитан В. С. Блэк. Комментарии к докладу полковника Черчилля, 02.06.1903. DAQMG, WO 106/48, The National Archive. Цит. по: [Ferguson 2010: 526]; Гамильтон — леди Гамильтон, 28.03.1904. Hamilton Papers 3/2/3. Liddell Hart Centre for Military Archives, King's College, London. Цит. по: [Ferguson 2010: 527].

Гамильтон сравнивал японских солдат с гурхками в Британской Индийской армии, но японцев он называл «более развитыми и цивилизованными» [Гамильтон 2000: 10]. Впоследствии война покажет, что офицеры Императорской армии Японии были подготовлены и образованы лучше, чем их русские противники[9], но до войны в западном мире господствовали культурный снобизм и расистское невежество.

Министерство иностранных дел Великобритании поддерживало Японию во время войны и стремилось к локализации конфликта в Восточной Азии, не допуская его развития в конфликт мирового масштаба с Россией и Францией, с одной стороны, и Японией, Великобританией и США — с другой [Otte 2007: 96]. Японское правительство понимало эти намерения, поэтому премьер-министр Японии Кацура Таро (1848–1913) стремился к сближению с Лондоном [Tokutomi 1917: 1055–1057]. Государственный деятель (гэнро) Ямагата Аритомо (1838–1922) также поддерживал идею создания этого союза, поскольку он обеспечил бы локализацию конфликта между Россией и Японией в Маньчжурии [Ōyama 1966: 196–197][10]. Пожалуй, единственным противником этой идеи был бывший премьер-министр Ито Хиробуми (1841–1909), поскольку он выступал за мирное урегулирование конфликта с Россией [Hara 1981: 6; Matsumoto 1914: 657]. Столкновение казалось неизбежным, несмотря на переговоры с российским правительством, — поскольку Японии требовалось обеспечить безопасность в Корее, что стало как никогда сложно реализовать из-за усиления российского контроля в Маньчжурии, хотя военные и правительство в Санкт-Петербурге и не могли достичь полного взаимопонимания в отношении планов по поводу этих северо-восточных частей Китая [Nish 2005a: 55; Schimmelpennick van der Oye 2005: 34–37].

Когда 12 августа 1903 года наместником на Дальнем Востоке был назначен Е. И. Алексеев (1843–1917), российский император

---

9   Russische Konserven // Schlessische Zeitung, № 813, 18.11.1904. BArch R 8034-II/8170, 11.

10 Министр иностранных дел Комура Дзютаро (1855–1911) также разделял это мнение. См. [Honda 1941: 246–263].

«передал всю власть, касающуюся военной политики и дипломатии в Тихоокеанском регионе, в руки главного противника компромиссов» [Schimmelpennick van der Oye 2005: 39]. Несмотря на то что Япония подавала агрессивные сигналы, до 1903 года она пыталась вести с Россией переговоры. Но российский император и его правительство не воспринимали Японию в этой ситуации как равную, отвечали на ее запросы и ноты с задержкой и просто проигнорировали угрозу, поэтому 4 февраля 1904 года правительство Японии официально решило объявить России войну[11]. Это решение подкреплялось растущим страхом перед российской империалистической политикой по отношению к Корее, которому способствовала группа политических авантюристов и противников компромиссов — «безобразовская клика». С 1898 года в районе вдоль реки Ялу на границе с Кореей группа под руководством друга императора А. М. Безобразова (1853–1931)[12] приобретала концессии на эксплуатацию леса площадью 5000 квадратных километров. Спустя пять лет Безобразов начал вырубку леса. Он также хотел построить железную дорогу до Сеула. Эти действия мгновенно привели к усилению антагонизма между Японией и Россией, а небольшой спор на севере Кореи способствовал росту влияния партии войны в Японии[13]. В декабре 1903 года военная делегация Германии в Китае составила доклад о плацдарме России в Корее, в котором было сказано следующее: «...говорят, что Россия покупает новые территории вокруг арендованной земли и действует достаточно агрессивно. Они ведут себя на левом берегу Ялу как хозяева»[14]. Если Витте и министр иностранных дел В. Н. Ламсдорф (1845–1907) старались избегать конфликтов в Корее, то император поддерживал Безобразова и его амбициозные планы. Так продолжалось до марта 1903 года, когда два ми-

---

[11] Подробный отчет о переговорах см. в [Teramoto 2008: 33–34].

[12] Его биографию см. в [Lukoianov 2005: 67–68].

[13] См. [Lukoianov 2005: 70–71; Nish 2005a: 46, 57; Schimmelpennick van der Oye 2005: 38; Teramoto 2008: 30].

[14] Военный доклад № 45 посольства Германии в Китае, Пекин, 11.12.1903. BArch MArch RM 5/5763.

нистра уговорили Николя II отозвать авантюриста от корейской границы. Но нанесенный ущерб уже невозможно было исправить [Lukoianov 2005: 79–83]. Корея ответила России отказом на требование территории, но «русские проигнорировали законы, пересекли границу и начали строить здания, крепости, казармы и военные сооружения, в том числе телеграфные линии» [Nish 2005a: 57], и эти действия стали прямой угрозой для Японии.

Однако император и Алексеев не были способы или не хотели признать опасность, они даже не пытались вести переговоры с Японией, чтобы смягчить нарастающую враждебность. Японская идея обмена сферами влияния в Корее и Маньчжурии (Man-Kan kōkan), многократно предлагавшаяся начиная с 1896 года, даже не рассматривалась [Schimmelpennick van der Oye 2005: 39–40]. В то время как Россия рассматривала Корею как территорию с возможностью выхода к более теплым водам, Японией Корейский полуостров воспринимался как эксклюзивная сфера влияния, которая могла бы обеспечить геостратегическую безопасность, экономический рост (с учетом экспорта в будущем) и пространство для эмигрантов, направляющихся в континентальную Азию [Der Russisch-Japanische Krieg 1904: 1]. Россия в 1901 году полностью проигнорировала предложение об разделе сфер влияния, с которым Ито приезжал в Санкт-Петербург, и оставалась непреклонна до самого начала войны в 1904 году[15].

Ситуация в Маньчжурии повлияла на действия США, которые предпочитали вести в регионе политику открытых дверей. Это уверило Японию в том, что США не будет вмешиваться в войну с Россией. Немецкий посол в Санкт-Петербурге Фридрих Иоганн фон Альвенслебен (1836–1913) уже в декабре был проинформирован японским военным атташе о том, что Япония намерена перемещать войска в Корею, чтобы атаковать Россию на континенте[16], но российский император и наместник Алексеев не

---

[15] Исследование переговоров с точки зрения Японии см. в [Asakawa 1904: 294–348]. Работы японских авторов о переговорах и идее обмена см. в [Chiba 1996: 289–321].

[16] Посол в России фон Альвенслебен канцлеру фон Бюлову. Санкт-Петербург, 24.12.1903. BArch MArch RM 5/5763.

признавали угрозу, несмотря на то что правительство Японии неофициально приняло резолюцию, согласно которой решения корейского вопроса было бы достаточно для отказа от войны [Katō 2007: 101]. В случае отказа России от решения этого вопроса Япония собиралась начать войну как можно скорее, поскольку считалось, что лучшим временем для начала кампании была бы весна[17]. Военный атташе Германии в Токио Гюнтер фон Этцель (1862–1948) в докладе в ноябре 1903 года говорит о том, что время идет и японские военные начинают нервничать: «Настроение понятно, поскольку в японском офицерском корпусе осознают, что баланс военных сил может сместиться и Япония потеряет преимущество, если переговоры затянутся. Россия значительно увеличила свое военное присутствие за 8 месяцев кризиса»[18]. В феврале 1904 года Япония наконец разорвала дипломатические отношения с Россией и ее посол покинул Санкт-Петербург. В тот же день флот под командой адмирала Того Хэйхатиро (1848–1934) покинул Сасебо, чтобы начать войну, которая представлялась для Японии неизбежной.

Атака Японии на российский флот в Порт-Артуре шокировала правительство и общественность Российской империи и ударила по боевому духу солдат и моряков ее военно-морских сил. Это было начало войны, в которой «мечты России о судьбах Азии превратились в кошмар военного поражения и революции» [Schimmelpennick van der Oye 2005: 26]. С самого начала стало понятно, что война будет состоять из совместных операций на суше и на море, поскольку Япония переместила войска и ресурсы с островов на поля сражений на континенте. Военные стратеги стран Восточной Азии отдавали предпочтение идее превен-

---

[17] Военный атташе Германии в Токио Гюнтер фон Этцель (1862–1948), военное донесение № 69/03, Токио, 26.11.1903. BArch MArch RM 5/5763; Срочный доклад: Даст ли Японии преимущество начало войны зимой. Берлин, 05.12.1903. BArch MArch RM 5/5763.

[18] Военный атташе Германии в Токио Гюнтер фон Этцель, военное донесение № 69/03, Токио, 26.11.1903. BArch MArch RM 5/5763.

тивной атаки, дававшей преимущество на начальной фазе войны [Spance 2004: 9–10]. Во всем мире атака на Порт-Артур рассматривалась как «вопрос тактической смекалки» [Bellivaire 2007: 129], тем более что Россия упорно отказывалась принимать предложения Японии по мирному урегулированию конфликта и не хотела пересматривать свою позицию касательно политики открытых дверей в Маньчжурии. С началом войны в обеих странах появились патриотическая поддержка и волны национализма, поскольку провоенные лоббисты навязывали простым людям положительное восприятие славной войны [Bartlett 2008: 8; Shimazu 2008: 36–37]. Сакураи описывает чувства простых солдат во время мобилизации: «При этом известии мы, японские солдаты, возликовали: наконец, настала так долго ожидаемая минута отмщения. <...> Мы ждали приказа о нашей мобилизации с трепетной надеждой, как землепашец ждет благодатного дождя во время засухи» [Сакураи 1909: 8–9].

Действия Японии противоречили существовавшему международному праву, поскольку она начала войну без предупреждения, кроме того, ею был нарушен нейтралитет Кореи. Однако международное сообщество это проигнорировало, главным образом потому, что Великобритания и США были на стороне слабой Японии [Howland 2011: 59–65][19]. В среде японской интеллигенции эти действия признавали правильными, поскольку Россия отказалась следовать международному праву, не желая выводить войска из Маньчжурии, тем самым заявив о непризнании политики открытых дверей в регионе, о которой договорилось мировое сообщество во главе с США и Великобританией [Katō 2005: 34–75; Окамото 2003: 612–627]. Такой взгляд был полностью принят великими державами, которые официально легитимизировали действия Японии [Rey 1906:]. Критические комментарии, как, например, опубликованные в «Münchner Neueste Nachrichten» в Баварии (Германия), выглядели неубедительно:

---

[19]   О проблеме нейтралитета Кореи во время войны см. [Sunhan 2005].

Начав войну, Япония утверждает, что была вынуждена прибегнуть к незаконным действиям. Но вина внезапного начала войны лежит только на ней одной, и как следствие Россия не должна опускать оружия, пока Япония не искупит вину за свои — на наш взгляд — возмутительные действия[20].

Вне зависимости от того, чей взгляд казался публике более убедительным, несколько недель после неожиданной атаки прошли довольно спокойно. Гюнтер фон Этцель доложил о японской мобилизации и дальнейших приготовлениях к войне в середине марта 1904 года:

Мобилизация и транспортировка по железной дороге и по морю идут непрерывно, но поразительно медленно. <...> Возможно, японцы все еще не могут поверить в свое господство в море; кроме того, обледенение берега в Маньчжурии не позволяет еще провести наземные операции в выбранных для них местах; наконец, необходимо доставить большое количество ресурсов и амуниции на материк до переброски войск[21].

В то же время немецкий атташе добавил:

Японцы радостно ожидают предстоящих событий, с внешним спокойствием и крепкой верой в превосходство своего оружия на земле. Они определенно знакомы с текущим положением дел русской стороны и, кажется, уверены в безоговорочном поражении русских. <...> Японцы обладают значительным преимуществом перед русскими, а именно безупречной организацией линий снабжения. Все подготовлено идеально[22].

Тем временем Китай объявил о своем нейтралитете [Guodong 2014: 15–36], однако впоследствии препятствовал попыткам

---

[20] Der japanisch-russische Krieg // Münchner Neueste Nachrichten, 23.10.1904. BArch R 8034-II/8170.

[21] Военный атташе Гюнтер фон Этцель императорскому военному министру, Берлин. Донесение № 23/04, Токио, 17.03.1904. BArch MArch RM 5/5766.

[22] Там же.

японцев воспользоваться Амоем в качестве военно-морской базы против России, которая была необходима Японии для поддержания господства в море до организации надежной линии морских поставок[23]. Несмотря на нейтралитет Китая — очевидно, исключая Маньчжурию, на территории которой происходили сражения, — его население было сильно вовлечено в войну, так как Япония и Россия использовали китайцев в зоне военных действий в качестве шпионов [Wolff 2005: 327–328]. Сама война состояла как из наземных, так и из морских сражений, что создавало воюющим странам проблемы сразу по нескольким направлениям. Однако казалось, что политические и военные лидеры России проигнорировали значение этого конфликта и недооценили требуемый объем подготовки к нему, что вызвало обвинения в излишней самоуверенности[24].

Командование в Маньчжурии принял А. Н. Куропаткин (1848–1925). До войны он выступал против «безобразовской клики», а после начала боевых действий выбрал скорее оборонительную тактику борьбы с японцами. Алексеев же намеревался защищать Порт-Артур и продолжать обороняться в море [Семёнов 2008: 52; Steinberg 2005: 110]. Однако Куропаткин помнил о том, что русской армии потребуется от пяти до семи месяцев на полное развертывание сил на полях сражений Восточной Азии, поскольку Транссибирская магистраль была одноколейной, кроме того, войскам предстояло преодолевать Байкал [Der Russisch-Japanische Krieg 1904: 64][25]. Русский адмирал высказал ту же обеспокоенность морскому атташе Паулю Хинце (1864–1941):

> Думаю о проблеме снабжения армии из 300 000 человек
> в Маньчжурии при помощи однопутной железной дороги.
> Из расчета один вагон на 1000 человек в день для снабжения

---

[23] Посол Китая в Берлине Иньчан статс-секретарю Министерства иностранных дел Фрайхгерру фон Рихтхофену. Берлин, 13.02.1904. BArch MArch RM 5/5774; Императорское посольство Германии в Китае канцлеру фон Бюлову. Пекин, 31.05.1904. BArch MArch RM 5/5774.

[24] Tägliche Rundschau. № 393. 23.08.1904. BArch R 8034-II/8170.

[25] См. также [Goltz 1906: 192; Menning 2005: 145; Military Correspondent 1905: 89–90].

провизией потребуется 300 вагонов или 10 поездов в день. И это не считая фуража для лошадей, амуниции и других необходимых вещей[26].

В результате российская армия была вынуждена приостановить переброску войск для отправки ресурсов на Дальний Восток [Die Verpflegung 1906: 657]. Мука закупалась в европейской части России, а скот в Монголии [Die Verpflegung 1906: 658–659]. Количество русских войск росло с каждой неделей; таким образом, снабжение оставалось серьезной проблемой на протяжении всей войны. Однако доставка продовольствия была не единственной проблемой русской армии. Ее военачальникам нередко не хватало информации о врагах и географии мест сражений. Русская пресса часто публиковала секретные данные, которыми пользовался японский главный штаб при планировании следующих кампаний [Sergeev 2005: 293–294].

Напротив, японская армия стремилась не предоставлять международным корреспондентам и военным наблюдателям никакой информации. Отправлявшихся в Маньчжурию в 1904 году инструктировали о сохранении военной тайны[27], и «каждый находящийся в походе человек мог отправить не более десяти телеграмм в день. В каждой телеграмме содержалось не более 100 японских иероглифов или 50 слов, если она была написана на европейском языке»[28]. Участники же военных действий подчинялись еще большему количеству правил и ограничений:

Необходимо, чтобы военные тайны Японии не передавались через частные письма третьей стороне. Сообщения в газеты, журналы и учреждения, открытые для посещения широкой

---

[26] Морской атташе скандинавских стран Хинце статс-секретарю военно-морского ведомства Германии. Берлин, Санкт-Петербург, 20.06.1904. BArch MArch RM 5/5776.

[27] Комура Дзютаро графу фон Арко ауф Валлей. Токио, 06.06.1904. BArch MArch RM 5/5772.

[28] См. там же.

публике, должны цензурировать сопровождающие офицеры. Владельцев фотоаппаратов необходимо предупреждать
о запрете на фотографию в определенных случаях[29].

Немецкий морской атташе в Японии Конрад Трумлер пользовался для получения данных о мобилизации японских крейсеров
в 1905 году секретной информацией, поскольку ему больше не
сообщали официальных новостей[30]. В августе 1904 года он жаловался, что «новости никогда не были такими скудными и неполны-
ми. Японцы не хотят сообщать ничего о событиях в Порт-Артуре,
пока крепость не падет. Некоторые могут подумать, что крупных
боев на земле и на море не происходит, а те, что происходят, отнюдь
не кровавые»[31]. Во время войны русские также развили секретную
деятельность [Сергеев 2010] и преобразовали свою разведыватель-
ную службу так, что «военная разведка именно в заключительные
месяцы войны, оправившись от урона, понесенного под Мукденом,
достигла высокого профессионального мастерства своей деятельности» [Sergeev 2005: 303]. Однако в русской армии на начало
войны только одиннадцать человек могли переводить с японского
и только двое могли читать сообщения, написанные от руки [Wolff
2005: 318]. Такие различия в обучении и подготовке должны были
очень быстро проявиться во время войны.

Итак, в следующем разделе я произведу обзор основных сражений войны на суше и на море, разделив их на военные и морские кампании.

Война на суше

В первом наземном сражении армия генерала Куроки Тамемо-
то (1844–1923), состоящая из 42 000 человек, встретилась с русской армией, насчитывающей приблизительно 19 000 человек, на

---

[29] См. там же.

[30] Морской атташе Трумлер статс-секретарю военно-морского ведомства
Германии. Токио, 20.02.1905. BArch MArch RM 5/5772.

[31] Морской атташе Трумлер Его Величеству Императору Германии и Королю
Вильгельму II. Доклад № 10. Токио, 09.08.1904. BArch MArch RM 5/5767, 1.

реке Ялу[32]. Сражение закончилось разгромным поражением для русской армии, и сразу стало ясно, что японская армия не похожа ни на одного из врагов, которых западная великая держава встречала в своих прошлых колониальных кампаниях[33]. Задачей русского командующего М. А. Засулича (1843–1910) было как можно дольше затруднять японцам переправу через реку, а затем отойти на Ляоян. Однако Императорская армия Японии переправилась через реку в первую же ночь и 1 мая 1904 года осуществила широкомасштабную атаку на русские войска. Более чем из «120 японских орудий был открыт одновременно <...> подавляющий огонь. Немногочисленные русские орудия пытались отвечать на огонь, но вскоре принуждены были замолчать» [Теттау 1907, 1: 81–82]. Японцы несли потери, сдвигая русских с позиций, но успешная переправа, огневое превосходство и настолько быстрое продвижение вперед разрушили представление о превосходстве русских. В русской армии была настолько плохая координация действий, что та понесла потери в сотни убитых и раненых в результате стрельбы по своим. Японские войска были лучше обучены и экипированы, но наблюдателям также было ясно, что наступила новая эра ведения войны, поскольку расход боеприпасов превосходил всякие ожидания [Haldane 1908: 129; Hume 1908: 15–18; Steinberg 2005: 112]. Жертвы русской армии составляли 2000 человек, а японской — почти 900. По этим цифрам можно было представить величину потерь будущих кампаний [Der Russisch-Japanische Krieg 1904: 100; Hume 1908: 19].

Это уже была современная война, опрокидывающая тактику и героические образы прошлого. Бой на реке Ялу показал, что классическое применение кавалерии для прямых атак устарело. Однако лошадей использовали для перевозки ставшей более важной артиллерии, для разведки, для охраны стратегических позиций или для преследования врага после успешного сражения

---

[32] Численность указана в соответствии со [Steinberg 2005: 111]. Однако у Теттау [Теттау 1907: 80] приведены другие цифры: 5600 русских и 36 000 японцев. Подробное описание подсчета численности участников битвы см. в [Теттау 1907: 76–95].

[33] Buren-und japanische Tatkik // Der Tag. № 445. 22.09.1904. BArch R 8034-II/8170.

[Haldane 1908: 112–116; Hume 1908: 16–17]. Помимо этого не произошло ничего впечатляющего, что можно было бы отразить в докладах[34], хотя сторонники конных сражений описывали успех японских кавалерийских частей[35].

У японцев на вооружении были винтовки Тип 30 с патронами калибра 6,5 × 50 мм, пули которых оставляли раны меньшего размера, чем российские 7,62-мм пули. Хотя наблюдатели описывали «очевидную гуманность этих довольно ужасных пуль»[36], поскольку казалось, что меньшие по размеру раны быстрее заживут, ими был недооценен более значительный внутренний ущерб, который наносят пули меньшего размера, бо́льшая кинетическая энергия которых способна разрушать органы целиком.

В конце мая генерал Оку Ясуката (1843–1930) провел японскую армию рядом с деревней Наньшань и продолжил наступление на север. Тем временем Императорская армия захватила порт Дальний, перекрыв таким образом прямое сообщение между русскими войсками на севере и Порт-Артуром [Steinberg 2005: 112–113]. Куропаткин, однако, не стал атаковать японские войска, чтобы помочь защитникам Порт-Артура, несмотря на просьбу Алексеева. Это было объяснимо, поскольку в Балтийском море уже была создана Вторая Тихоокеанская эскадра, которая могла прибыть на Дальний Восток для освобождения стратегически важной гавани. В то время как Первая, Вторая и Четвертая японские армии двигались на север, генерал Ноги Марэсукэ (1849–1912) и Третья японская армия направились к Порт-Артуру с целью его захвата. С 24 августа по 4 сентября 1904 года длилось кровопролитное сражение при Ляояне между армиями Японии и России [Теттау 1907: 243–307]. Сообщалось, что Куропаткин не хочет начинать наступление до начала октября[37], по-прежнему следуя оборонительной стратегии, несмотря на то

---

[34] Berliner Börsen Zeitung. № 123. 14.03.1905. BArch R 8034-II/8170.

[35] Das japanische Pferd, des Besieger Rußlands // Rheinische Volkszeitung. № 200. 30.08.1904. BArch R 8034/II/8170.

[36] Norddeutsche Allgemeine Zeitung. № 202, 28.08.1904. BArch R 8034-II/8170.

[37] Vom Kriegsschauplatz in Ostasien // Berliner Lokal Anzeiger. № 468, 05.11.1904. BArch R 8034-II/8170.

что русские солдаты имели численное преимущество — около 140 000 русских против 120 000 японцев. У японцев было преимущество в артиллерии: 520 орудий, множество мортир и 10,5-сантиметровых пушек [Теттау 1907: 259]. Кроме того, японские войска были более маневренными: «Несмотря на численное преимущество противника, японцы решили атаковать хорошо укрепленные позиции русских, а также приняли смелое решение, заключавшееся в том, что часть их войск должна была обойти русские позиции незаметно» на севере. Это свидетельствует о том, что «японский генералитет [был] особенно осторожен при планировании, но решителен при исполнении» [Ferguson 2010: 529], что стало залогом победы для Императорской армии Японии. В последующих публикациях японских солдат хвалили в равной степени и за дух, и за их способности [Official history 1906–1909, 1: 16; 2: 695]. Напротив, русские солдаты, казалось, были обречены на неудачу[38], и все большее число наблюдателей начинало осознавать возможность поражения Российской империи. Однако японская армия, потерявшая 23 000 солдат, тоже была истощена. Так, японские солдаты оказались неспособны преследовать русские войска, которые отступили сначала к реке Шахе [Jukes 2002: 53–57], а затем, после очередного поражения, к Мукдену, где они заняли новую оборонительную позицию. К этому времени Япония уже понесла большие потери при осаде Порт-Артура, которая не была закончена, что делало объединение четырех армий невозможным.

Порт-Артур называли «русской цитаделью в Восточной Азии» [Peters 1944б: 350] и «восточным Гибралтаром» [Elman 2013: 144], и все, кто интересовался этим конфликтом, казалось, понимали, что эта крепость имеет стратегическое значение[39]. Об этом в октябре 1906 года японской общественности напомнило издание «Кокумин симбун», описывая крепость следующим образом:

---

[38] Völlige Niederlage des Generals Kuropatkin // Berliner Lokal Anzeiger. № 415, 04.09.1904. BArch R 8034-II/8170.

[39] Посол в Санкт-Петербурге фон Альвенслебен канцлеру фон Бюлову, Санкт-Петербург, 15.12.1903. BArch MArch RM 5/5763.

2. Русско-японская война на суше и на море

Генерал Куропаткин однажды сказал: «Порт-Артур можно с легкостью оборонять в течение трех лет даже от самой сильной армии в мире». Наша армия планировала атаковать эту неприступную крепость в течение трех дней, чтобы заставить ее капитулировать <...>. Доступно было пять наземных дивизий <...> против вражеского гарнизона, ожидавшего за закрытым кольцом из 57 больших и маленьких батарей. Только тяжелых орудий крепость насчитывала 200 единиц — число других орудий, пулеметов и др. составляло еще несколько сотен единиц. <...> Наша осаждающая армия хотела завоевать крепость даже ценой жизни солдат[40].

Тадаёси Сакураи, наш проводник по этой войне, также описал русскую крепость:

Каждый холм, каждая возвышенность имели особые своеобразные укрепления, были вооружены орудиями и пулеметами и были в состоянии отразить атаку с любой стороны, не говоря уже о том, что доступ к ним был почти невозможен ввиду заложенных повсюду мин, фугасов и проволочных заграждений. <...> С другой стороны, наше положение было весьма неблагоприятно: мы должны были карабкаться на крутые горы или спускаться в глубокие ущелья, прежде чем добраться до какого-либо форта [Сакураи 1909: 39–40].

Проблемы, с которыми столкнулись японские солдаты при осаде, очевидны: у японцев не было информации об изменениях, которые произвели русские с 1898 года; им приходилось следовать строгому плану, чтобы предотвратить высадку в Порт-Артуре Второй Тихоокеанской эскадры с подкреплением и чтобы объединиться с тремя другими армиями на севере; количество амуниции также было ограниченно в соответствии с точными расчетами при планировании [Matsukata 2005: 184]. Решено было положиться на высокий боевой дух японцев. Массовые штурмы с солдатами в качестве «живых ядер» (nikudan kōgeki) должны были принести победу. Эта тактика, «в большей степени отра-

---

40 Memorandum: «Die Verwendung der Landungsbateilung der scherweren Schiffsartillerie beim Anglish auf Port Arthur» // Kokumin Shimbun. 1906. 6–30 October. BArch MArch RM 5/5771.

жающая некомпетентность, чем отчаянную смелость» [Matsu-
kata 2005: 180], в конечном счете стоила тысяч жизней и одновременно с этим спровоцировала интерес к бусидо на Западе[41]. Немецкий вице-адмирал Курт фон Притвиц (1849–1922) сообщил
Вильгельму II о ситуации в августе и указал на то, что судьба
Порт-Артура определит исход всей войны[42].

Ноги предпринял три генеральных штурма: 19 августа, с 19 по
22 сентября и с 30 октября по 2 ноября 1904 года — с целью заставить русских капитулировать. Однако, несмотря на невероят-
ное число потерь — 14 000 человек только за первую атаку, —
положение русских не было достаточно ослаблено. Сакураи
также описывает это кровопролитное сражение:

> ...мы явили миру пример смелой блестящей атаки, а русские
> столь же смелой, упорной и отчаянной обороны крепости.
> Мы страшной ценой купили свою победу, но мы превратили
> укрепления Порт-Артура в груды развалин, обрушили его
> земляные брустверы, избороздили склоны холмов и гор
> и взяли крепость только живыми ядрами, пущенными силой
> духа Ямато Дамаши! <...> Все выше и выше росли груды
> человеческих тел; все стремительнее лились потоки крови!
> <...> Несмотря на массу израсходованных снарядов — а, глав-
> ное, несмотря на громадное количество пущенных в дело
> живых ядер — штурм крепости, которую русские считали
> неприступной, на этот раз нам не удался. И позднее, еще
> несколько больших штурмов Порт-Артура не дали благо-
> приятных результатов, хотя и стоили нам потоков крови
> наших неустрашимых воинов. Понятно, что первые штурмы,
> хоть и неудачные, все-таки сделали свое дело: стратегические
> соображения требовали скорейшего окончания осады Порт-
> Артура; взять его надо было какою бы то ни было ценою, —
> поэтому главнокомандующий, хотя и с болью в сердце
> и с горькими слезами на глазах, решился пустить на неприя-
> теля живые ядра [Сакураи 1909: 189, 198–199].

---

[41] Бусидо стало узнаваемой эмблемой японской культуры в западном мире
вследствие Русско-японской войны.

[42] Вице-адмирал Курт фон Притвиц Вильгельму II. Чжифу, 10.08.1904. BArch
MArch RM 5/5774.

Воля и стойкость японцев легли в основу историй об их храбрости и героизме по всему миру, но о «костях, белеющих в долинах и на горах» [Сакураи 1909: 235], широкая общественность узнавала редко. Пройдет целое десятилетие, прежде чем Европа столкнется с подобными картинами жестокости и разрушений на полях сражений на Западном фронте Первой мировой войны.

Несмотря на потери японской армии, ситуация в гарнизоне Порт-Артура стала отчаянной[43]. Генеральный штаб Японии нуждался в переброске артиллерии, задействованной в осаде, на север и решил изменить тактику Ноги, не унижая его. На поле сражения отправили Кодаму Гэнтаро (1852–1906), быстро оценившего значимость высоты 203, с которой можно было бы легко бомбардировать гавань и город Порт-Артур. Поскольку блокада гавани никогда не была полной, гарнизон на регулярной основе получал ресурсы, и даже в декабре 1904 года русские пытались отправить в крепость по морю амуницию[44]. В итоге осада длилась дольше запланированных двух с половиной месяцев, а японские военачальники отчаянно нуждались в результатах [Die Verpflegung 1906: 664–665]. Понеся тяжелые потери, японцы штурмом взяли высоту и наконец смогли простреливать все позиции русских[45]. Это вынудило генерала А. М. Стесселя (1848–1915) сдать крепость японцам в январе 1905 года.

Для защитников крепости это стало спасением. В последние дни осады они были вынуждены питаться лошадьми и мулами, а из-за недостатка амуниции им приходилось проявлять изобретательность. Позже солдаты доложили лейтенанту флота Хейне о том, что им приходилось собственноручно изготавливать гранаты в мастерских на верфях. Для производства самодельных

---

[43] Die Lage Port Arthurs verzweifelt // Berliner Tageblatt. № 431. 25.08.1904. BArch R 8034-II/8170.

[44] Морской атташе Скандинавских стран Хинце статс-секретарю военно-морского ведомства Германии. Берлин, Санкт-Петербург, 11.01.1905. BArch MArch RM 5/5769.

[45] Erstürmung des 203-Meter-Hügels vor Port Arthur // Berliner Lokal Anzeiger. № 564. 01.12.1904. BArch R 8034-II/8170.

гранат использовались остатки от корпусов израсходованных гранат, наполнялись самоделки взрывчаткой из выброшенных на берег не сработавших торпед. Затем они добавляли запал и использовали новые гранаты против японцев[46]. Солдаты также рассказали Хейне о том, что они применяли японские неразорвавшиеся снаряды, стреляя ими обратно в японцев при помощи орудий того же калибра, — около 50 штук в день[47]. Захват высоты 203 5 декабря 1905 года быстро положил изобретательности русских конец. Город и гавань начали обстреливать из 280-миллиметровых орудий, и оставшиеся корабли были потоплены. Менее чем через месяц русский гарнизон сдался [Luntinen, Menning 2005: 244; Matsukata 2005: 194–195]. Япония одержала победу ценой потери более чем 60 000 человек, так что осада «показала летальность оружия, которое будет широко использоваться в сражениях Первой мировой войны» [Sisemore 2003: 2]. В 1894 году крепость была взята за 24 часа, а в 1904 году на это потребовалось гораздо больше времени. Современные технологии полностью изменили сражения и жизнь солдата на войне, превратив ее в то, что порой называют «кровавой бойней»[48].

Несмотря на потери, осада завершилась успешно, и Ноги смог увести армию на север для поддержки трех других армий. Впоследствии его будут изображать как национального героя, в частности потому, что он совершит ритуальное самоубийство после смерти императора Мэйдзи в 1912 году. Даже Ян Гамильтон позднее описывал Ноги в целом в позитивном ключе, приписывая ему то, что хотел бы видеть в себе после Дарданелльской операции:

> Он, я уверен, человек большого благородства, наделенный философским героизмом, пронизывающим мягкое достоинство его манер и внешнего вида. Он производит впечатление человека до крайности простого и не испорченного

---

[46] Подполковник ВМС Хейне. Доклады офицеров о последних днях Порт-Артура. Токио, 09.01.1905. BArch MArch RM 5/5769, 2–3.

[47] Там же, 3.

[48] Das Ellend der russishen Offizere // Kleines Journal. № 336. 03.12.1904. BArch R 8034-II/8170.

успехом. Хотя по времени своего рождения он стоит среди военачальников старой школы, при этом он никогда не тратил ни времени, ни усилий на то, чтобы соответствовать своей эпохе. Он прочитал огромное количество современных военных трудов. Если бы я был японцем, я бы преклонялся перед Ноги. Удачлива та армия, в которой есть такой генерал, как и счастлив такой народ [Hamilton 1907: 317].

Долгая осада Порт-Артура — одно из немногих событий этой войны, во время которых русских солдат не обвиняли в трусости или отсутствии боевого духа. Однако она не изменила исход войны, поскольку русские армия и флот не смогли воспользоваться продолжительностью осады; в частности, не было предпринято попытки использовать флот, сохранившийся в Порт-Артуре, совместно с кораблями из Владивостока. Кроме того, Вторая Тихоокеанская эскадра все это время совершала кругосветное путешествие навстречу своей судьбе у острова Цусима. Теперь японская армия получила возможность направиться на север для участия в сражении, которое, как думали японцы, приведет их к победе.

За сражение при Ляояне, сражение на реке Шахе и осаду Порт-Артура японская армия заплатила чрезвычайно высокую цену. Военные стратеги в Токио признавали необходимость победы в генеральном сражении, подобному франко-прусской битве при Седане — победы, которая положит конец войне и вынудит Россию сесть за стол переговоров. Части Куропаткина также несли потери, но к нему прибывали новые войска, и он построил новые оборонительные позиции в Мукдене. У японцев не было другого выбора: они поставили все на заключительную стадию наземной войны. Это было одно из самых крупных сражений в истории человечества[49]: приблизительно 275 000 русских ожидали 200 000 японцев. По итогам сражения, которое продолжалось с 20 февраля по 10 марта 1905 года, потери японцев составляли

---

[49] Die größte Schlacht der Weltgeschichte // Vossische Zeitung, 11.03.1905. BArch R8 8034-II/8170. См. также [Steinberg 2005: 126].

70 000 человек, а русских — 90 000[50]. Однако это не стало битвой за Седан, как того хотели японцы, поскольку русская армия не была разбита и все угрожала японским войскам, даже несмотря на то, что в результате угрозы революции внутри страны дальнейшая мобилизация в России прекратилась. В то же время Россия была неспособна на финальное наступление[51] в Маньчжурии и пребывала в оборонительной коме. В 1904 году невозможно было представить быстрое истощение финансовых и военных возможностей Японии[52], но в 1905 году ущерб, нанесенный войной, положил конец новым атакам. Россия не победила ни в одном наземном сражении. Однако Российская империя перебросила в Маньчжурию больше войск, чем кто-либо мог представить в 1904 году, и эти войска продолжали представлять собой угрозу, пока армия оставалась непобежденной [Nish 2005б: 17; Towle 1980б: 111]. Также Япония не могла организовать блокаду России [Betts 1934: 593]. На суше, как это описал в 1909 году Уилкинсон Д. Берд, огромный европейский Голиаф «был, таким образом, вынужден принять поражение от более слабой нации, которая путем тщательной подготовки и умелой организации, что немаловажно для успеха военного предприятия, при помощи рассудительных союзников оказалась способна побить более сильного соперника» [Bird 1909: 65].

Наблюдатели пытались объяснить это различными факторами, например тем, что амбиции России на Дальнем Востоке не были национальными, а выражали личные цели различных представителей руководства страны, среди которых были и вероломные фигуры [Bird 1909: 65]. В качестве другой причины называют оборонительный характер ведения войны Россией:

> Весь ход военных операций снова доказывает, что не так сложно спланировать, как сложно придерживаться решения, а именно это требуется для успешного ведения войны; хотя,

---

[50] Краткое исследование этого сражения см. в [Jukes 2002: 66–68].

[51] Berliner Tageblatt, 04.02.1905. BArch R 8034-II/8170.

[52] Der japanische Bauer und der Krieg // Bayrische Rundschau. № 208. 06.09.1904. BArch R 8034-II/8170.

естественно, хороший и отлично исполненный план — это недостижимый идеал. <...> Ценность и значимость инициативы — вот еще один урок этой войны [Bird 1909: 66].

Также Берд видит причину поражения России в сомнениях Куропаткина:

Куропаткин не был дураком, как это обычно считается. Люди, знавшие его, говорили, что он казался умным, культурным человеком, изучившим военную литературу. О нем отзывались как о решительном человеке, в значительной степени обладавшем так необходимым опытом в военном деле, и ранее отличившемся на службе. Казалось, что, таким образом, у него есть все качества, которые требуются генералу. Тем не менее он проиграл. Груз ответственности оказался слишком велик для него, ему не хватило характера, чтобы воплотить свои планы в жизнь, навязать волю оппоненту [Bird 1909: 69].

Берд не был одинок в своей оценке. Немец Эберхард фон Теттау (1857–1922), находившийся при русской армии и наблюдавший за ней, поделился плохим впечатлением от боевого духа и результативности русских. Он также винил в поражении офицеров, а не рядовых солдат:

Русский солдат человек верный, самоотверженный, относящийся к начальству с полным доверием — поэтому он в руках хороших руководителей представляет собой такой материал, какой едва ли может дать другая армия в мире. <...> Что этот материал все же не оправдал себя, — на это существует много причин, которые кроются собственно в подготовке и применении этого материала [Tettay 1907, 1: II–III].

Согласно различным описаниям, русские солдаты значительно уступали в боевом духе японцам. Кроме того, у русских не было такой же сильной поддержки тыла, что, очевидно, является результатом географического расположения. Но если российские наземные операции оцениваются как просто крайне неудачные, то морские кампании русского флота оказались настоящей катастрофой.

Война на море

Во время Японо-китайской войны 1894–1895 годов японский флот одерживал невероятно быстрые победы над флотом Китая, даже правительство и командование модернизированного флота Японии не ожидали подобного[53]. Китайский флот был слишком разделен, и его адмиралы больше спорили друг с другом, чем сражались с Японией [Elman 2013: 157]. Во время этой войны, как заключил Бенджамин Эльман, «Япония доказала свое превосходство в военно-морском командовании, маневренности кораблей и наличии разрывных снарядов» [Elman 2013: 159]. В 1904 году, однако, Япония столкнулась с великой западной державой с превосходным флотом, постоянно развивавшимся на протяжении всего XIX века [Papastratagakis 2011]. На тот момент, когда Россия арендовала Порт-Артур, ее флот значительно расширился, чтобы уравновесить военно-морскую силу Японии [Der Russisch-Japanische Krieg 1904: 6–7][54]. Военные учения в Российской морской академии в 1896 году показали, что русский флот уступает японскому, но это планировалось поправить уже к 1905 году. Когда война наконец началась в 1904 году, в количественном отношении флоты обеих стран сравнялись [Lieven, Papastratagakis 2005: 223], но японские корабли были новее, быстрее и лучше оснащены [Luntinen, Menning 2005: 232]. Кроме того, у русских не было общей стратегии, потому что Алексеев отказывался согласовывать свои действия с Морским министерством в Санкт-Петербурге [Lieven, Papastratagakis 2005: 206–216]. Русские офицеры также жаловались на его характер:

---

[53] The Japan Weekly Mail, 04.08.1894. О развитии флота Китая в XIX веке см. [Rawlinson 1967].

[54] См. также [Lieven, Papastratagakis 2005: 209; Luntinen, Menning 2005: 229].

Алексеев преследовал исключительно собственную выгоду; общее благо ничего для него не значило. Он не терпел, если люди приходили к нему с жалобами или своим мнением. Он поощрял тех, кто безоговорочно подчинялся ему, и тех, кто разделял его роскошный образ жизни. Как следствие, в Восточно-Сибирской армии и Дальневосточном флоте не было ни одного способного адмирала или генерала[55].

В 1903 году правительство России определило роль русского флота на случай войны. Военные корабли должны были пытаться препятствовать транспортировке японских войск и уходить от прямой конфронтации с неприятельским флотом. Предполагалось, что командиры будут ждать подкрепления из Европы для достижения численного преимущества перед атакой на японские военные корабли. Обе страны в 1903 году начали покупать уголь за рубежом[56], но Россия столкнулась с проблемой логистики из-за своего континентального расположения. У японцев было очевидное преимущество в коротких линиях поставки, в частности в том, что касается расположения верфей и угольных портов [Der Russisch-Japanische Krieg 1904: 5]. Следовательно, адмирал Того был свободнее в своих действиях, чем русские командиры. По итогам всех морских кампаний напрашиваются два вывода: большого флота недостаточно для победы в войне на море; и, цитируя Уильяма Р. Спанса, «легче преуспеть, если твой оппонент страдает от тактической и стратегической близорукости» [Gross 2014: 120].

Несмотря на внимание к неожиданной атаке на Порт-Артур в ночь на 8 февраля 1904 года, первый морской бой состоялся 8 февраля у Чемульпо[57]. Позже русские моряки докладывали, что первые выстрелы японцев не достигали цели, но японские сна-

---

[55] Капитан корвета Функе. Записки по донесениям русских офицеров. Циндао, 31.08.1904. BArch MArch RM 5/5768, 1.

[56] Копия морского атташе Англии. Статс-секретарю военно-морского ведомства Германии. Берлин, Лондон, 26.10.1903. BArch MArch RM 5/5763.

[57] Подполковник фон Фёрстер и капитан Хофман. Доклад о морском бое у Чемульпо. Берлин, 14.04.1904. BArch MArch RM 5/5765.

ряды все равно доставляли большие проблемы, потому что были начинены лиддитом (пикриновой кислотой) и на моряков обрушивалось бесчисленное количество осколков[58]. Атака на севере потребовалась для безопасной транспортировки первых войск, которая должна была начаться одновременно с атакой на Порт-Артур на юге. Японские торпеды повредили только три русских корабля — «Паллада», «Ретвизан» и «Цесаревич»; для русских моряков это скорее был психологический удар. Использование пикриновой кислоты привело к многочисленным потерям и уже давало ясное представление об использовании новых технологий, доступных в морских войнах[59]. Один из членов экипажа «Цесаревича» позднее описывал момент атаки:

> В 11:38 командир услышал в кабине приказ «противоторпедная оборона». За две минуты он оделся и вышел на палубу. За это время они открыли огонь <...>. Оказавшись на палубе, командир сразу увидел две японские миноносцы позади <...> и торпеду, направленную в корабль со стороны порта. Секундой позже произошел взрыв[60].

Сообщения о том, что русские оказались застигнуты врасплох и офицеры отсутствовали на палубе, позже были опровергнуты, а адмирал О. В. Старк (1846–1928) утверждал, что знал о вероятном нападении. Дело снова было в Алексееве, который не верил, что Япония объявит войну, и, казалось, абсолютно не беспокоился из-за угрозы нападения[61]. Однако консульство Германии в Москве также отправило доклад, согласно которому «русский

---

[58] См. там же.

[59] Посол в России фон Альвенслебен. Министерству иностранных дел. Санкт-Петербург, 11.02.1904. BArch MArch RM 5/5763.

[60] Расшифровка донесения морского атташе в Порт-Артуре. Берлин, 21.03.1904. BArch MArch RM 5/5777.

[61] Секретное донесение морского атташе в Порт-Артуре, Хепман, его величеству королю Вильгельму II. Порт-Артур, 22.04.1904. BArch MArch RM 5/5777, 7; Императорское германское консульство в Москве, Рехтбенберг, канцлеру Бюлову. Москва, 10.03.1904. BArch MArch RM 5/5765.

флот был абсолютно не готов к нападению, а японские миноносцы <...> могли уничтожить все русские корабли, если бы продолжили атаку»[62]. Согласно русским докладам, избежать большего ущерба помогло только решение капитанов о запуске двигателей и начале движения, поскольку иначе у японских миноносцев было бы достаточно времени, чтобы достичь своей цели[63].

В последующие недели японский флот регулярно возвращался в Порт-Артур, но каждый раз уходил оттуда, потому что встречал комбинированный удар русских военных кораблей и орудий береговой артиллерии из крепости[64]. Японское руководство и адмирал Того знали, что успех этой внезапной атаки был относительно незначителен в масштабах всей войны[65].

Пока русский флот находился в Порт-Артуре, не было гарантии безопасности транспортировки войск. Также Того отлично понимал, что он не сможет легко заменить потерянный военный корабль. Таким образом, японцы старались удержать русский флот в Порт-Артуре, но также боялись более агрессивной тактики русских командиров. Поэтому японцы несколько раз пытались заблокировать вход в гавань и для этого топили там старые корабли и торговые пароходы [Der Russisch-Japanische Krieg 1904: 48–50, 69–70]. Немецкое издание «Marine-Rundschau» («Морской вестник») так описывало впечатления от этих неоднократных попыток японцев:

> Многочисленные причудливые авантюры, которые предпринимали японцы против Порт-Артура, говорят о том, что они не чувствуют себя достаточно уверенно для главного удара. С другой стороны, отчаянные попытки заблокировать вход в гавань говорят о том, что русский флот все еще представ-

---

[62] См. там же.

[63] Die Seeschlacht vom 27. Januar (9. Februar) // Nowoje Wremja, 26.02/10.03.1904. BArch MArch RM 5/5765.

[64] Телеграмма посла в Санкт-Петербурге, Альвенслебен, Министерству иностранных дел. Санкт-Петербург, 25.02.1904. BArch MArch RM 5/5777.

[65] Императорское германское консульство в Египте, Йенич канцлеру Бюлову. Каир, 03.03.1904. BArch MArch RM 5/5774.

ляет для них угрозу и японцы, несмотря на их успех в первых морских столкновениях, стараются парализовать его любой ценой [Der Russisch-Japanische Krieg 1904: 70].

Того не удавалось удержать русский флот, в частности, потому, что корабли из Владивостока также не бездействовали на протяжении тех месяцев, в которые продолжалась война. Однако он телеграфировал в Японию, что транспортировку войск можно начинать беспрепятственно [Steinberg 2005: 108].

В «Marine-Rundschau» это действие прокомментировали скорее с одобрением:

> Несомненно, для строительства на фундаменте, который еще не заложен, необходим определенный авантюризм. И если бы русская эскадра, опираясь на данные разведки, обошла главные японские силы на море и атаковала один из кораблей, транспортирующих войска, она могла бы уничтожить этот корабль, несмотря на защиту ВМС, и это помешало бы как наземной, так и морской кампаниям врага [Der Russisch-Japanische Krieg 1904: 10].

При прочтении доклада подполковника Акиты о японской линии снабжения и ее пропускной способности становится очевидно, что при большем морском вмешательстве России так бы и произошло[66]. Но японцам везло, поскольку адмирал В. К. Витгефт (1847–1904) держал все военные корабли в Порт-Артуре, потому что он сомневался, что сможет прорваться через японские силы или что сможет нанести им серьезный ущерб[67]. Корабли оставались в гавани, и их орудия не применялись, а это могло бы изменить ход войны [Der Russisch-Japanische Krieg 1904: 9]. Русское руководство не понимало, что японцы не могли себе позволить потерять ни одного корабля, и это вынуждало Того быть очень осторожным.

---

[66] Донесение подполковника Акиты, главы генерального штаба второй тыловой зоны Второй армии. Ляоян, 15–29.11.1904. BArch MArch RM 5/5771.

[67] Der Krieg in Ostasien // Deutsche Tageszeitung. № 391. 20.08.1904. BArch R 8034-II/8170.

Предполагалось, что ход морской войны в Восточной Азии изменит ветеран успешной войны с Османской империей адмирал С. О. Макаров (1849–1904). Он прибыл в Порт-Артур 7 марта 1904 года [Steinberg 2005: 108–109], и морской атташе Хинце писал в своем докладе из Санкт-Петербурга, что он возродит победный дух в русских войсках, в частности потому, что «в Порт-Артуре появился 21 готовый к бою миноносец»[68]. Хинце несколько раз подчеркивал, что у Макарова есть опыт, благодаря которому он воспользуется своим любимым оружием лучше, чем когда-либо.

Несмотря на все ошибки России в войне, нельзя не признать, что ее также преследовали неудачи. 13 апреля 1904 года во время боя с японским флотом корабль Макарова «Петропавловск» подорвался на мине, и человек, который призван был победить японцев, погиб в огромном взрыве вместе с экипажем. Морские офицеры, отправленные в Порт-Артур военно-морским ведомством Германии, 22 апреля 1904 года составили доклад, в котором подробно описывали обстоятельства трагической гибели Макарова:

> В 2,5–3 морских милях напротив входа в гавань произошел взрыв под носовой частью корабля в районе носовой башни, но этот взрыв ощущался слабо. За ним немедленно последовал второй взрыв, который был такой силы, что носовая орудийная башня, мостик и все надстройки подлетели в воздух. Секунду спустя взорвались котлы, упали первая дымовая труба и мачта, и корабль затонул <...>. Весь процесс от первого взрыва до момента, когда корабль скрылся под водой, занял от 1 до 1,5 минут[69].

Макаров — человек, на котором держался боевой дух Порт-Артура, которого любили матросы и офицеры, погиб до того, как смог принять в войне активное участие. Его гибель стала тяжелым

---

[68] Морской атташе скандинавских стран Хинце статс-секретарю военно-морского ведомства Германии, Берлин. Санкт-Петербург, 06.04.1904. BArch MArch RM 5/5776, 10.

[69] Секретное донесение морского атташе в Порт-Артуре, Хепман, его величеству королю Вильгельму II. Порт-Артур, 22.04.1904. BArch MArch RM 5/5777, 5.

ударом в самое сердце русского флота[70]. История не знает сослагательного наклонения, но я предполагаю, что дальнейшие действия Макарова по крайней мере привели бы к тому, что японский флот противостоял бы на море более сильному врагу. Однако история — это факты, а не придумывание альтернативных и желаемых сценариев.

Помимо потери для русского флота, этот эпизод напомнил об опасности использования морских мин. Некоторые из них так и не взорвались, некоторые были позднее выброшены на берег. Известен случай, когда русские солдаты проверяли подобную мину и погибли, поскольку она взорвалась, и от 12 человек не осталось ничего, кроме одной головы, рук и маленьких кусочков тел[71]. Оставались неразорвавшиеся мины и после войны — в частности, в водах около Владивостока[72], — и они представляли опасность для торговых судов в Восточной Азии[73]. Рыбацкие лодки также становились жертвами неразорвавшихся мин в водах у берегов Японии[74], но подробного исследования инцидентов, связанных с подрывами на минах, оставшихся после Русско-японской войны, проведено не было.

В результате гибели Макарова миноносцы не применялись с максимальной эффективностью и по большей части оставались в гавани[75], хотя Владивостокский отряд крейсеров и продемон-

---

[70] См. там же, 4. См. также [Corbett 2015, 1: 184].

[71] Секретное донесение морского атташе в Порт-Артуре, Хепман, его величеству королю Вильгельму II. Порт-Артур, 22.04.1904. BArch MArch RM 5/5777, 7. Описание устройства механизма внутри мины см. там же на с. 12.

[72] Инспектор компании «North German Lloyd» Мессель. «Das Ansteuern von Wladiwostock und die Minengefahr». Гонконг, 20.02.1906. BArch MArch RM 5/5771.

[73] Донесение № 35 морского атташе посольства Германии в Токио начальнику адмиральского штаба ВМС. Токио, 17.06.1907. BArch MArch RM 5/5771; Е. Шиппер консулу Германии в Китае. Мороран, 01.02.1906. BArch MArch RM 5/5771.

[74] Приложение к А. 180: Список происшествий с подрывом на минах и обнаружений мин. BArch MArch RM 5/5771.

[75] Морской атташе скандинавских стран Хинце статс-секретарю начальнику адмиральского штаба ВМС Германии, Берлин. Санкт-Петербург, 15.06.1904. BArch MArch RM 5/5776.

стрировал, что неожиданные атаки со стороны русских — это лучший способ нанести урон японским ВМС и напомнить Того, что у него нет полного контроля над водами Восточной Азии[76]. Несмотря на то что в докладе военно-морскому ведомству Германии сообщалось, что японский флот истощен месяцами боев в водах Восточной Азии[77], русские командиры не начинали крупных операций. Время от времени производились атаки с использованием миноносцев; однако русские не применили потенциал комбинированного удара и не совершили общей атаки[78]. Ночным атакам также не уделялось серьезного внимания[79]. Потенциал быстрых и маневренных миноносцев, которые впоследствии нанесут большой урон Второй Тихоокеанской эскадре, был полностью проигнорирован морским командованием царского флота. После финальной попытки 10 августа 1904 года покинуть морскую осаду в Порт-Артуре для воссоединения с владивостокским отрядом крейсеров остатки Первой Тихоокеанской эскадры находились в гавани для поддержки крепости, осажденной японскими войсками [Luntinen, Menning 2005: 241–242]. Вся надежда России была теперь возложена на адмирала З. П. Рожественского (1848–1909), который осуществлял в это время кругосветное путешествие.

История путешествия Второй Тихоокеанской эскадры[80] заставляет обратить внимание на одну из главных проблем России во время войны: расстояние от столицы и экономических центров империи до театра военных действий [Spance 2004: 6]. Одним из

---

[76] Срочное донесение: «Русско-японская война», Берлин, 21.06.1904. BArch MArch RM 5/5776. См. также [Luntinen, Menning 2005: 239–240].

[77] Статс-секретарь военно-морского ведомства вице-адмиралу Императорского флота, начальнику адмиральского штаба ВМС Бюхзелю. Берлин, 26.07.1904. BArch MArch RM 5/5772.

[78] Морской атташе Трумлер его величеству императору и королю Вильгельму II, донесение № 10. Токио, 09.08.1904. BArch MArch RM 5/5767.

[79] Капитан корвета Функе. Записки по докладам русских офицеров. Циндао, 31.08.1904. BArch MArch RM 5/5768, 3.

[80] Планы России об отправке подкрепления не могли остаться в тайне. Таким образом, у японцев было дополнительное время для планирования действий против Второй эскадры.

самых насущных вопросов была доставка к театру военных действий угля [Der Russisch-Japanische Krieg 1904: 44–45] — ведь кораблям требовалось обойти Африку и пройти через Индийский океан только для того, чтобы столкнуться с японским флотом, потому что, когда русское подкрепление достигло Желтого моря, у Порт-Артура больше не было безопасной гавани. Таким образом, Вторая Тихоокеанская эскадра словно оказалась участницей античной трагедии, поскольку ее герой Рожественский мог заранее как минимум подозревать о судьбе своего флота. В докладе Хинце из Санкт-Петербурга говорилось: «Россией объявлено о том, что путешествие в Восточную Азию будет быстрым <...>. Посмотрим, насколько долгим окажется путь знаменитой эскадры»[81]. Морской атташе Германии уже тогда сомневался в исполнимости задачи русского адмирала, и это задолго до того, как флот даже был готов покинуть гавань. В июле 1904 года Рожественский уже высказал мнение, что у русских нет надежды удержать Порт-Артур до того времени, когда туда прибудут его силы[82]. Хинце в другом отчете, адресованном адмиралу Альфреду фон Тирпицу (1849–1930), дал подробное описание поведения царского адмирала:

> Его отношение к ситуации вступает в конфликт с расслабленным поведением большинства других высокопоставленных морских офицеров и резко отличается от уверенного настроя, который, кажется, распространен здесь повсеместно. Я думаю, что адмирал чувствует бо́льшую ответственность за судьбу флота на Дальнем Востоке, чем большинство его коллег. У него слишком критический ум, чтобы верить в неожиданный поворот военной удачи, в который нравится верить русскому обществу[83].

---

[81] Die Ausfahrt der baltischen Flotte // Vorwärts. № 215. 13.09.1904. BArch R 8034-II/8170.

[82] Статс-секретарь военно-морского ведомства вице-адмиралу Императорского флота, начальнику адмиральского штаба ВМС. Берлин, 05.07.1905. BArch MArch RM 5/5766.

[83] Морской атташе скандинавских стран Хинце его превосходительству адмиралу императорского флота, государственному министру и статс-секретарю фон Тирпицу. Санкт-Петербург, 19.08.1904. BArch MArch RM 5/5766, 1.

Также Хинце описывает задержку формирования Второй Тихоокеанской эскадры, отправление которой было отложено на сентябрь, после чего потребуется еще от четырех до пяти месяцев для доукомплектования, чтобы достичь театра военных действий[84]. Немецкий атташе, как и сам Рожественский, хорошо понимал, что долгое путешествие станет для флота тяжелым испытанием.

Кроме того, русский адмирал сталкивался с политическими проблемами, влиявшими на маршрут путешествия до Дальнего Востока. США, Великобритания — в том числе ее заморские владения — и другие европейские колониальные державы объявили о том, что они не позволят эскадре заходить в свои гавани более чем на сутки[85]. В британских колониях, например в колонии Наталь, администрации порта был дан четкий приказ относительно поставки угля:

> 1. Во время боевых действий запрещено поставлять уголь военным кораблям какой-либо из сторон конфликта без письменного разрешения капитана порта с указанием количества угля, разрешенного к поставке.
> 2. Перед выдачей разрешения на поставку угля какому-либо военному кораблю, участвующему в конфликте, капитану порта необходимо принять письменное заявление, подписанное офицером, который является командиром такого военного корабля, с указанием направления следования корабля и количеством угля, имеющегося на борту[86].

Власти Португалии также запретили заходить в свои порты, в случае если на борту русских кораблей будут военнопленные. Запрещено было и нанимать в экипаж людей в портовых городах и улучшать вооружение корабля[87]. В результате Рожественский

---

[84] См. там же, 1–3.

[85] Der Seekrieg und die Neutralen // Deutsche Tageszeitung. № 392. 22.08.1904. BArch R 8034-II/8170.

[86] Императорское германское консульство в Дурбане, Летенбауер, канцлеру Бюлову. Дурбан, 22.02.1904. BArch MArch RM 5/5774.

[87] Diario de Governo № 38, 19.02.1904, Лиссабон, 20.02.1904. BArch MArch RM 5/5774.

столкнулся с большими трудностями, которые ухудшили ситуацию, в частности потому, что за длинное путешествие члены экипажа получали травмы, покидали корабль и набирались революционных идей, что позднее Сергей Эйзенштейн (1898–1948) изобразит в своем знаменитом фильме «Броненосец "Потемкин"» (1925). Таким образом, адмирал отправился в путешествие намного позднее запланированного срока и с плохо подготовленным флотом, состоящим из кораблей разного времени постройки, и с неопытным экипажем. Также ему приходилось полагаться на поставку угля транспортами немецкой компании «Гамбург — Америка Лайн» [Luntinen, Menning 2005: 246–247].

События, произошедшие в Северном море в ночь с 21 на 22 октября 1904 года — так называемый Гулльский инцидент, — вызвали тяжелый дипломатический кризис, который чуть не привел к войне с Великобританией [Corbett 2015, 2: 27–40]. Русский экипаж панически боялся, что японские миноносцы атакуют эскадру в европейских водах. Когда на пути у флота оказались британские рыболовные суда, их по ошибке атаковали, и несколько британских подданных погибло. Для расследования инцидента была созвана международная следственная комиссия, в конечном итоге заключившая следующее:

> Как следует из показаний, после отправления из Ревеля корабли адмирала Рожественского принимали особые меры предосторожности, так как они должны были быть абсолютно готовы в море или на якоре к ночной атаке миноносцев. <…>. В час ночи 22 (9) октября 1904 года было довольно темно, в воздухе местами клубился легкий низкий туман. Иногда из-за облаков показывалась луна. Дул умеренный юго-восточный ветер, поднимавший длинную волну, из-за которой корабли давали крен 5 градусов с каждой стороны. Эскадра направлялась на юго-запад и, как показали события, два ее последних отряда прошли поблизости от обычного места рыбного промысла гулльской флотилии траулеров, состоявшей из приблизительно тридцати маленьких пароходов, располагавшихся на территории в несколько миль. Как следует из единодушных свидетельств британских очевидцев, на всех судах было включено соответствующее

2. Русско-японская война на суше и на море | 55

освещение, велся отлов рыбы по всем правилам под руководством «Адмирала» с соблюдением сигналов, которые подавались обычными ракетами[88].

Военного конфликта удалось избежать только благодаря вмешательству Франции — Россия принесла извинения и выплатила компенсации членам семей погибших. Было необходимо произвести ремонт в британских гаванях, во время остановок в которых дезертировали первые моряки. Затем флот отправился в Африку и разделился у Марокко. Корабли меньшего размера смогли воспользоваться Суэцким каналом, тогда как большие броненосцы отправились в долгий путь вокруг африканского материка. 9 января 1905 года, когда Порт-Артур уже капитулировал, две эти части встретились у Мадагаскара. С известием о сдаче места их назначения на Дальнем Востоке настроение моряков ухудшилось еще больше. Но на этом беды не закончились. За 4500 морских миль от Мадагаскара до Сингапура во флоте было зарегистрировано 70 механических поломок [Luntinen, Menning 2005: 251]. Прибыв в Индонезию, Рожественский отдал приказ ожидать Третьей Тихоокеанской эскадры, потому что русское руководство приняло решение отправить дополнительные корабли для подкрепления, несмотря на то что они были старыми и это давало время японцам для подготовки своих броненосцев к решающему морскому бою с истощенным врагом. Таким образом, дожидаясь прибытия других кораблей, Рожественскому приходилось раз в сутки выходить из гаваней французской колонии и возвращаться обратно. При дальнейшем движении вперед нельзя было получить уголь из Сайгона, поскольку судовладельцы опасались, что японцы конфискуют груз в соответствии с правилами применения оружия[89].

---

[88] Инцидент в Северном море. Международная следственная комиссия. Депеша от британского агента с донесением членов комиссии. Февраль 1905 года. BArch MArch RM 5/5778, 4–5.

[89] Морской атташе скандинавских стран Хинце статс-секретарю военно-морского ведомства Германии, Берлин. Санкт-Петербург, 25.05.1905. BArch MArch RM 5/5769.

У русского флота изменился курс. Теперь корабли направлялись во Владивосток, из-за чего срок путешествия сильно увеличился и потребовалось вести уголь с собой; поэтому корабли стали более тяжелыми, менее маневренными, медленными и чрезвычайно грязными. Это не только влияло на боевой дух экипажа, но и было очевидно по внешнему виду кораблей. Как заметил Трумлер во время посещения русского корабля «Орел» в июне 1905 года, после его захвата японцами:

> Уголь хранился повсюду, где ему могли найти место, поэтому на корабле было очень грязно. Уголь хранили у стен кают, в некоторых помещениях, столовой, каждый гамак на палубе был наполнен углем. Корабль выглядел так, будто был загружен боеприпасами — он погружался в воду на три фута ниже обычного[90].

Перегруженные, истощенные, находящиеся на пределе физических и моральных сил, русские броненосцы наконец прибыли на Дальний Восток — лишь для того, чтобы их разгромили японские орудия в Цусимском сражении, завершившем мытарства Рожественского и его флота [Corbett 2015, 2: 240–311; Luntinen, Menning 2005: 254–257].

То, что стали называть «восточным Трафальгарским сражением», наконец «убедило русских в необходимости заключения мира» [Chapman 2004: 42] и определенно стало ударом по имиджу военной мощи России. Японские корабли оказались лучше, экипаж натренированней, а адмирал Того достаточно умен и подготовлен к любым возможным вмешательствам Второй Тихоокеанской эскадры [Berry 2008: 15][91]. Японские моряки были не только лучше обучены, но и проявили благородство, в частности потому, что они сделали все возможное для спасения русских моряков, когда корабли начали тонуть [McCully 1977: 186]. Согласно Перт-

---

[90] Морской атташе Трумлер его величеству императору Германии и королю Вильгельму II. Донесение № 35. Токио, 17.06.1905. BArch MArch RM 5/5770.

[91] Образ японского адмирала стал широко известен благодаря англоязычным публикациям. См. [Wright 1905; Villiers 1905: 68].

ти Лунтинену и Брюсу В. Меннингу, Рожественский оценивал финальную трагедию следующим образом: «...японцы просто превзошли его в превосходной тактике, боевом опыте, вооружении и до какой-то степени в технологиях» [Luntinen, Menning 2005: 255]. Цусимское сражение не только вынудило Россию заключить мир, но также привело к уничтожению 22 русских броненосцев, лишив Российскую империю статуса морской державы на многие годы [Berry 2008: 1; Nish 2005б: 18; Otte 2007: 99].

Цусимское сражение стало последним в череде побед Японии на суше и на море в войне, которая стоила ей 1,7 миллиарда иен, в которой принимали участие более миллиона солдат и матросов, 80 000 из которых погибли [Partner 2007: 179]. В результате войны оказался мобилизован экономический потенциал деревень, усилился японский национализм, а всеобщая военная служба сыграла роль в единении населения[92]. Война началась на территории Китая при нападении на Порт-Артур, а закончилась подписанием мирного договора в США. В то время как Япония одержала много побед, которые стали широко известны и изображались на гравюрах для широкой общественности [Ulak 2005: 386], единственным ее поражением стало само заключение мира[93]. Несмотря на растущий страх перед «желтой опасностью» в Азии[94], Япония наконец была признана великой восточноазиатской державой [Dickenson 2005: 523–524]. В самой Японии с победой усилились националистические чувства, в том числе произошло возвышение святилища Ясукини в Токио. Однако в течение нескольких лет после войны появилась также тенденция к интернационализации[95]. Неверно будет утверждать, что япон-

---

[92] Женщины также были вовлечены войной в японское националистическое движение. См. [Yamada 2015]. Многие из них работали медсестрами, поскольку часто женщины были добровольцами на войне (Медсестры-добровольцы в Японии во время Русско-японской войны. Дипломатические архивы Министерства иностранных дел, B07090568600).

[93] Подробный анализ событий, происходивших в Портсмуте, и их последствий см. в главе четвертой.

[94] См. [Byram 1908] — вот только один пример из Франции.

[95] См. [Konishi 2013: 92] — о буме эсперанто после войны в качестве примера.

ское общество единодушно поддерживало войну. Японские социалисты, хотя и составляли меньшинство, использовали свое издание «Хэймин синбун» для критики войны и выражения симпатии русскому народу[96]. Однако за их деятельностью внимательно следила полиция, а затем эту газету запретили как следствие объявления военного положения после Хибийских беспорядков в 1905 году [Kublin 1950: 331; Shimazu 2008: 38].

Беспорядки начались после подписания Портсмутского мирного договора, поскольку многие японцы были недовольны тем, что Россию не вынудили выплачивать контрибуцию, и считали постыдным получение в качестве военного трофея Сахалина, в частности потому, что в войне погибло более 80 000 японцев. По сравнению с Японо-китайской войной десятилетием ранее, после которой японское правительство получило и контрибуцию, и территории, новый мирный договор был воспринят как неуважение к справедливым требованиям Японии [Kowner 2007г: 22–23]. Беспорядки были подавлены, но осадок остался. После войны ее героев чествовали как живые примеры японского превосходства, а Русско-японская война послужила «причиной и поводом к возникновению нового национального представления о себе» [Kowner 2007г: 38], который транслировался в популярных романах и СМИ [Ragsdale 1998: 229]. В результате получения успешного военного опыта также возник запрос на дальнейшую милитаризацию и началось соперничество между армией и флотом за влияние при реализации последующих экспансионистских планов, вплоть до начала Второй мировой войны в Азии в 1937 году [Dickinson 2005: 543; Schencking 2005: 566].

Война оказала большое влияние на Азию. Китай начал отправлять студентов в Японию, даже несмотря на то, что в среде китайской интеллигенции не все рассматривали победу в войне как успех Азии, в частности потому, что Япония быстро установила свой порядок в регионе вместо западного. Корея определенно стала жертвой Русско-японской войны, поскольку события 1904–1905 годов завершились окончательной аннексией страны

---

[96] Heimin Shimbun. № 18. 14.03.1904. Цит. по: [Kublin 1950: 330].

Японией в 1910 году [Podoler, Robinson 2007; Schiffrin 2007][97]. Однако в других колониях после войны появилась надежда на модернизацию, укрепление и независимость в будущем [Marks 2005]. Победа Японии проложила путь для радикальных революционных движений во Вьетнаме [Shichor 2007: 211–213] и стимулировала развитие националистических движений в Юго-Восточной Азии, например на Филиппинах [Rodell 2005: 636–643]. Сунь Ятсен (1858–1925) следующим образом описал чувства многих людей в Азии, наблюдавших победу Японии:

> Когда Япония начинала реформы, это была очень слабая страна <...>. А теперь Япония — одна из сильнейших держав в мире. Ее народ избавился от старых предрассудков, выучил уроки Запада, реформировал государственное управление, создал армию и флот, организовал финансовую систему — и все это за пятьдесят лет. <...> Следовательно, если мы возьмем за основу эти стандарты и взаимосвязи, Китай сможет стать могущественным государством [Sun 1953: 65].

Напротив, Карл Петерс в Германии выразил опасения европейцев насчет пробуждения Азии: «"Азия для азиатов" станет лозунгом протеста, имеющим практическое значение для Великобритании, которая сейчас с улыбкой потирает руки, наблюдая за поражением России, а потом почувствует на себе волну желтого потока в Восточной Индии, где уже начались первые подвижки» [Peters 1944б: 347]. Итак, влияние войны на Азию стало очевидно уже во время самой войны. Однако она оказала огромное влияние на историю XX века в целом, поэтому далее я сфокусируюсь на том, как события Русско-японской войны отразились на трех главных темах последующих десятилетий: на революции в России, отношениях между США и Японией, а также на политике и военном развитии Германии. Поскольку в результате войны стали очевидны военные и политические проблемы России, было бы разумно после обсуждения взгляда на нее Азии рассмотреть революционное движение в Российской империи в 1904–1905 годах.

---

[97] Япония начала проводить в Китае и Маньчжурии политику в духе культурного империализма сразу после окончания войны. Один из примеров см. в [Davidann 1996].

3. Азия и Русско-японская война

Русско-японская война разделила историю Азии на «до» и «после». В результате этой войны отчасти изменилось соотношение политических сил, и Япония неожиданно добилась гегемонии в Восточной Азии, тогда как победы азиатской державы над западной империалистической армией пробудили амбиции в странах Восточной и Юго-Восточной Азии, живших под колониальным управлением. При рассмотрении международных последствий событий 1904–1905 годов естественно будет изучить ситуацию в Азии, прежде чем переходить к другим частям света. События, которые привели к войне между Японской и Российской империями, были предопределены тремя важными факторами в Восточной Азии: слабостью Китая и империалистическими амбициями других милитаристских режимов; открытием Японии и ее быстрой индустриализацией благодаря Реставрации Мэйдзи; а также экспансией России на Дальний Восток, которая привела к конфликту интересов с Японией [Roxby 1920: 142].

С началом войны пробудилась надежда народа на то, что западному угнетению будет положен конец, а Япония зачастую рассматривалась как первая азиатская держава, которая борется за свободу жителей Азии [Shimazu 2008: 34]. Как утверждает Ихцак Шихор, этот конфликт «проложил путь радикальным и революционным способам мышления и действия» [Shichor 2007: 199]. Успех модернизированной азиатской армии воспринимался как начало конца колониального мироустройства; «Японию воспринимали как союзника, модель, метод» [Shichor 2007: 217]. В Южной и Юго-Восточной Азии многие представители интеллигенции вдохновлялись действиями Японии, надеясь, что и их страны смогут повторить путь, который Япония прошла за предшествующие пять десятилетий [Laffan 2007: 220–221].

Однако война также повлияла на японское общество и показала, что Японская империя не ведет войну во имя угнетенных, а сама превратилась в империалистическую экспансионистскую державу. Корея окончательно потеряла независимость именно в результате Русско-японской войны, а в среде китайской интеллигенции даже пришли к выводу, что Японию больше нельзя рассматривать как защитника интересов Азии. В настоящей главе будет рассмотрено влияние войны на Японию, Корею, Китай и Индию и то, как события 1904–1905 годов повлияли на историю этих регионов.

Япония

Для Японии война с Российской империей стала «колоссальным предприятием <...> во многих отношениях» [Partner 2007: 179]. На Русско-японскую войну было потрачено более 1,7 миллиарда иен; эти затраты легли финансовым бременем на японское общество на многие годы, а поскольку в армию и флот Японии было призвано более миллиона человек, значительная доля населения приняла непосредственное участие в этой войне. Этот конфликт унес жизни многих жителей островного государства — погибло около 80 000 японцев. Учитывая масштаб войны, для успеха в жестоком конфликте с Россией была необходима серьезная мобилизация экономических и человеческих ресурсов, поэтому прямо или косвенно этими событиями было затронуто множество людей. Таким образом, неудивительно, что во время войны усилился японский национализм, направленный против иностранной державы, которая угрожала интересам Японии в регионе. Также ввиду успеха в сражениях приобрели особое значение открытые притязания Японии на власть [Dickinson 2005: 523–524] и доминирующее положение в Корее [Kokaze 2004: 10–12]. Японцы смогут проявить солидарность со своей страной, поддержав войну, а понятия *кокка* (государство)[1] и *кокумин* (народ)[2] станут важны как для солдат на фронте, так и для людей в тылу [Shimazu 2006: 41][3].

Однако, несмотря на националистическую волну поддержки конфликта, более глубокий анализ японского общества во время и после Русско-японской войны не только выявляет разные соперничающие группы интересов, но также показывает, что многие в японском обществе того время испытывали к войне своего рода презрение. Наоко Симадзу убедительно объясняет сосуществование этих двух противоположных чувств: «Как известно, патриотическая лихорадка бросалась в глаза в публичном пространстве, но за этим фасадом скрывалась глубокая обеспокоенность войной, которую испытывало большинство» [Shimazu 2008: 35]. Также она подчеркивает, что во время войны японское общество было «плюралистичным и динамичным» [Shimazu 2008: 35], имея в виду, что более внимательное рассмотрение японского общества военного времени может в результате привести к лучшему пониманию конфликтов между основными группами интересов той эпохи. Эти конфликты существовали еще до войны, когда руководители страны делились на две фракции, провоенную и антивоенную, и обе пытались влиять на политический курс Японии [Окамото 2003]. Кажется естественным, что пропагандистская борьба между этими двумя лоббистскими группами должна была продолжиться и во время войны.

В то время как группы давления правого крыла, такие как «Гэнъёся» («Общество темного/черного океана»), «Кокурюкай» («Амурский союз») и «Тайгай кодосикай» («Общество сильной внешней политики»), которая позднее стала называться «Тайро досикай» («Общество противников России»), требовали защи-

---

[1] О понятии *кокка* см. [Doak 2007б: 530–533]. См. также [Ragsdale 1998: 229].

[2] О понятии *кокумин* см. [Doak 2007a: 164–177].

[3] Подробный анализ см. в [Shimazu 2009]. Война также оказала сильное влияние на японскую культуру. Исследования на тему этого влияния см. в [Komori et al. 2004; Matsuyama 2004].

тить национальную гордость Японии, вступив в борьбу с Российской империей, сохранить влияние в Корее и заставить правительство действовать в национальных интересах Японии [Shimazu 2008: 36][4], некоторые антивоенные голоса пытались обратить внимание японской общественности на негативные последствия конфликта. Таким образом, японское общество совсем не было идеологически однородным, даже несмотря на то, что условия для формирования разных мнений отнюдь не были благоприятными. Конфликт критиковало «маленькое, но громкое антивоенное лобби» [Shimazu 2008: 37], опиравшееся на христианские, гуманитарные и социалистические идеалы. «Хэймин синбун» («Газета простолюдинов») станет главным изданием протеста в военные годы, в котором журналисты будут критиковать не только саму войну, но и ее капиталистические корни, призывая к всемирному объединению тех, кто верит в социалистические идеи борьбы с капитализмом. Несмотря на то что тиражи «Хэймин синбун» не были большими — сначала 3500 экземпляров, затем до 8000, — ее призыв к объединению пролетариата Японии и России для окончания войны показался настолько опасным, что государство установило за изданием надзор и предпринимало к нему меры воздействия.

Социалистические идеи проникли в Японию после Японо-китайской войны (1894–1895), но это движение не получало развития, поскольку правительство стремилось предотвратить критику со стороны потенциально опасных левых сил [Kublin 1950: 323]. Становление левого движения произошло главным образом во время индустриализации Реставрации Мэйдзи, в особенности после войны с Китаем и импорта иностранных идей с Запада. Это были в том числе работы Карла Маркса (1871–1911) и Фридриха Энгельса (1820–1895), публикация которых в Японии — а именно Коммунистического манифеста в переводе Котоку Сюсуя (1871–1911) и Сакаи Тосихико (1871–1933) — совпала с началом Русско-японской войны в 1904 году

---

4 О «Гэнъёся» и «Кокурюкай» см. [Jacob 2014b]. О подготовке этих обществ к Русско-японской войне см. [Jacob 2016].

[Uchida 2010: 205][5]. Поскольку социалистическое движение в Японии набирало обороты как реакция на изменившиеся социально-экономические условия в результате открытия Японии, Реставрации Мэйдзи и волны индустриализации после Японо-китайской войны, Русско-японская война сопровождалась серией протестов против глобального конфликта, вызванного капитализмом. Как отмечает Хайман Кублин, немногочисленные пионеры социализма в Японии «обнаруживали основную эмоциональную, прагматическую и философскую мотивацию, характерную для социалистических движений на Западе», а «христианская любовь к человеку, сентиментальный утопизм, радикальный либерализм, профсоюзная и трудовая сознательность и чистый интеллектуальный дилетантизм образовали мозаику идеализма и доброй воли» [Kublin 1950: 324]. Именно Русско-японская война изменила характер японского социализма, внедрив воинствующую и радикальную форму марксизма, который появился как побочный продукт антивоенной критики, сформулированной социалистами военного периода. В то время как «отцы-основатели» японского социализма, как и их западные коллеги, происходили из среднего класса, под влиянием Русско-японской войны и трудностей, которые она создавала для широких масс населения, в Японии число последователей и сочувствующих социализму расширилось.

В 1898 году в Японии было организовано Общество изучения социализма («Сякайсюги кенкюкай») для обсуждения и определения того, подходит ли социализм японскому обществу. По иронии судьбы, его участники познакомились в Унитарианской церкви в парке Сиба в Токио. Кублин характеризует его как «чуть большее, чем благородное дискуссионное общество, действующее в рамках фабианства, собирающееся раз в месяц для прослушивания лекций и поддержания дискуссий о жизни и трудах западных социалистов, как утопистов, так и ученых» [Kublin 1950: 325].

---

5   О Котоку см. [Notehelfer 1971]. О Сакаи см. его автобиографию [Sakai 1926]. См. также [Kawaguchi 1983]. О раннем социализме в Японии в целом см. [Sprotte 2001].

Будущий лидер коммунистической партии, Сэн Катаяма (1859–1933), издавал газету для рабочих «Родо секай» («Рабочий мир»), в которой подвергалось критике классовое деление в японском обществе[6]. Также он выступал за право рабочих на забастовку[7]; в последующие годы было образовано несколько профсоюзов и организованы первые небольшие забастовки рабочих тяжелой промышленности и железнодорожников. Правительство ответило на эти попытки принятием Закона о поддержании мира 1900 года для предотвращения забастовок в будущем. Как следствие, большинство японских социалистов поддерживали создание политической партии, которая могла бы добиться разрешения протестов и социальных изменений законным путем, то есть через парламент. В мае 1901 года была основана Социал-демократическая партия («Сякай минсю-то»), ее платформа была опубликована в «Родо секай»[8]. Однако сразу после ее учреждения правительство запретило эту партию и ее публикации, а также подвергло преследованию сотрудников связанных с ней газет. После запрета партии ведущие социалисты того времени продолжили свою просветительскую деятельность, основав Социалистическую лигу («Сякайсюги кёкай»), а также множество новостных и иных периодических изданий, которые продолжали публиковать критические работы на социальные темы[9]. Несмотря на критику в отношении социальных и трудовых вопросов, большинство социалистов, даже Катаяма, чувствовали национальную гордость за победу Японии над Китаем в 1895 году. Однако с ростом поддержки социализма и его антивоенных ценностей также возрастал потенциал критики в отношении японской агрессии в Восточной Азии. В рамках двух из восьми

---

[6] Например: Родо секай. № 2. 02.12.1897.

[7] Родо секай. № 8. 10.03.1898. С. 73–74; Родо секай. № 11. 11.05.1898. С. 104. Позднее Катаяма опишет его деятельность и японское рабочее движение в [Katayama 1918].

[8] См. перепечатанную программу в [Asahi 1930: 211–213].

[9] Список публикаций о социальных вопросах в Японии в этот период см. в [Shimoide 1928–1930].

ключевых идей Социал-демократической партии, сформулированных в 1901 году, утверждалась необходимость братства людей, разоружения и искоренения конфликтов [Kublin 1950: 328]. Котоку и Сакаи также хотели продвигать левые политические идеи и повышать осведомленность о них, поэтому они в первую очередь перевели труды Маркса и Энгельса. Кроме того, для распространения социалистических идей и требования мира было создано Общество простолюдинов («Хэминся»). Для обеспечения прозрачности идеалов общества была основана газета «Хэймин синбун» («Газета простолюдинов»), редактором и издателем которой выступил Сакаи. Газета объявляла своей целью «пробудить чувства масс»[10].

Во время войны в «Хэймин синбун» критиковали эксплуатацию японского народа в военных целях[11] и требовали изменений в поведении представителей армии, которое включало в себя такие нарушения закона, как отказ капитанов оплачивать провиант или разрушение сотнями японских солдат борделя в Хиросиме[12]. В других статьях утверждалось, что японские солдаты оторваны от реальности, а патриотизм — это бремя для обычных людей[13]. Однако после публикации в газете критики подъема налогов в номере от 28 марта 1904 года власти вмешались и запретили его продажи и тираж. Сакаи были предъявлены обвинения, и он был приговорен к трем месяцам тюрьмы. Впоследствии было вынесено официальное решение, запрещающее выпуск «Хэймин синбун», но его успешно обжаловали. В результате Сакаи провел в тюрьме только два месяца, а газета продолжила свое существование, но после этих событий и к ее журналистам, и к ее читателям стала приходить полиция. В результате тираж газеты снова резко упал[14].

---

[10] Хэймин синбун. 15.11.1903.

[11] Хэймин синбун. 27.11.1904.

[12] Хэймин синбун. 14.02.1904; 13.03.1904; 23.03.1904; 17.04.1904.

[13] Хэймин синбун. 21.02.1904; 07.03.1904.

[14] Количество экземпляров снизилось до 4500, из которых на 1000 была оформлена подписка.

Несмотря на арест Сакаи, в газете продолжили критиковать войну с Россией; как утверждает Наоко Симадзу, «газета справлялась с каждым препятствием, которое создавало ей государство, а также с постоянными финансовыми проблемами, не говоря уже о личных невзгодах и лишениях» [Shimazu 2008: 37]. Газета выжила только потому, что ее издатели не действовали официально от лица политической партии, а управляли ею как частной компанией. Однако, поскольку правительство опасалось распространения идей социализма в войсках, полиция следила за всеми журналистами, писавшими для «Хэймин синбун». Несмотря на это, социалистическим активистам удалось организовать в 1904 году более ста антивоенных собраний [Shimazu 2008: 37–38], а некоторые из них даже ездили по сельской местности Японии, распространяли там брошюры и рассказывали местному населению о негативных последствиях войны. Одновременно с этим, однако, подписчиков «Хэймин синбун» терроризировала полиция, требуя отмены подписки, а распространителям советовали прекратить продажу этой газеты. 12 июня 1904 года «Хэймин синбун» выпустила обращение по поводу этих угроз:

> Если предположить, что в Японии не более двухсот открыто заявляющих о своей позиции социалистов, кажется странным, что правительство так беспокоится об их пропагандистской деятельности. <...> Если бы социалисты были настолько безумны, что прибегали бы к насилию, то было бы разумно со стороны правительства использовать полицию для установления гражданского мира, но их нельзя обвинить ни в чем подобном. Разве не они все время занимаются отрицанием войны, поскольку считают, что насилие никогда не находит оправдания? Мы можем сказать без какого бы то ни было преувеличения, что все японские социалисты в крайней степени миролюбивы и они точно не те люди, за которыми надо следить полиции. Наш девиз — гласность, и мы ничего не скрываем[15].

Тем не менее в глазах правительства социалисты продолжали оставаться угрозой для якобы единодушной поддержки войны

---

[15] Хэймин синбун. 12.06.1904. Цит. по: [Kublin 1950: 330].

в Японии, в особенности потому, что их лидеры выражали симпатию русским рабочим, подчеркивая, что они «товарищи, братья и сестры, и нет причин бороться друг с другом». Японские социалисты скорее выступали за порицание «милитаризма и так называемого патриотизма», чем за участие в войне[16]. Однако на фоне растущих потерь в Порт-Артуре и призывов на борьбу с врагом жесткие меры правительства против антивоенных идей издания кажутся логичными. Когда в юбилейном выпуске от 13 ноября 1904 года газета опубликовала перевод Коммунистического манифеста вместе с портретами Маркса, Энгельса и других важных политических фигур левого движения, таких как Август Бебель (1840–1913) и Фердинанд Лассаль (1825–1864), полиция вмешалась, запретив тираж номера с Коммунистическим манифестом [Kublin 1950: 332]. Наконец газета объявила о самороспуске, и ее заменило издание «Тёкуген» («Прямой разговор»), ставшее новым официальным рупором социалистического движения Японии. Однако движение потеряло своих лидеров, поскольку Сакаи и Котоку находились в трюме, и антивоенное движение стало затухать. Хотя «Тёкуген» издавали до самого конца войны, эта газета никогда не была такой же популярной, как «Хэймин синбун».

Несмотря на то что японское правительство рьяно преследовало социалистов в стране, война оказала на них некоторое положительное влияние, поскольку, в частности, интернационализация японских левых ускорилась и усилилась. Если Катаяма «нес знамя международного социализма от Америки до Европы» [Kublin 1950: 333][17], то война также стала причиной роста интереса к международным левым организациям в Японии. Некоторые левые, выступающие против войны, в результате давления правительства еще более радикализировались. Лучшим примером такой трансформации может быть случай Сюсуя Котоку. После нескольких месяцев в тюрьме он превратился из марксиста

---

[16] Хэймин синбун. 14.03.1904.

[17] См. также [Kublin 1950: 334–337] о деятельности Катаямы в США. Более подробное описание его жизни и деятельности см. в [Kublin 1964].

в радикального анархиста, отрицающего политический и общественный порядок современной ему Японии. Кроме того, он утверждал, что критику правительства и изменение общества следует готовить и осуществлять тайно [Kublin 1950: 338]. Следовательно, давление правительства на левых в Японии увеличило радикальный потенциал этого политического спектра и вымостило дорогу к более агрессивному противостоянию в будущем. Когда «Хэймин синбун» официально закрыли в октябре 1905 года, произошло это потому, что издатели были вынуждены так поступить из-за военного положения, объявленного после беспрецедентных протестов против условий Портсмутского мирного договора. Как верно заметила Наоко Симадзу, несмотря на ее краткость, «антивоенная кампания "Хэймин синбун" представляла собой самую безжалостную критику войны, обнаруживающую ее тяготы, о которых ранее никто не говорил» [Shimazu 2008: 38]. Также в этой газете критиковали публикации других СМИ, из-за которых у населения появилась надежда на большие контрибуции и территориальные завоевания благодаря войне, а поскольку затем эти надежды не оправдались, все это спровоцировало недовольство мирным договором. Однако издательства уже получили прибыль от продажи газет и специальных выпусков о войне, нажившись на торговле героическим японским национализмом.

События Русско-японской войны были масштабно визуализированы в СМИ. Под влиянием газет, гравюр [Ulak 2005: 386] и японских фильмов японцы испытывали эмоциональную привязанность и патриотические чувства к военным событиям, битвам и «героям». Конечно, такое изображение войны поощрялось государственной властью и распространялось через медиакорпорации, которые получали экономическую выгоду от подобных материалов. Эти продукты, однако, были искусственными, поскольку «совместная работа государства и коммерческого сектора создавала образы, не соответствующие действительности, увеличивая этим пропасть между искусственно созданным миром "доброй войны" и трагической реальностью военного опыта, переживаемого людьми» [Shimazu 2008: 38]. Война с Россией воспринималась как «удача для [печатной] индустрии, и ни одно издательство не упустило [такой] большой коммерческой возможности» [Shimazu 2008: 39], а газеты и журналы в равной степени извлекали выгоду из патриотизма, увеличивая продажи. Запрос населения, однако, приводил не только к большему освещению событий в новостях, но также к использованию фотографий для передачи изображений полей сражений читателям в тылу. В январе 1905 года первые новостные фотографии были напечатаны в издании «Осака майнити синбун», в том же году публике были представлены военные фотографии на выставке в столице. В итоге война стала чем-то происходящим здесь и сейчас, а ее события, хоть и отдаленные географически, стали частью жизни и информационных потоков многих горожан. Также во время Русско-японской войны вновь начали создавать гравюры в традиционном стиле, поскольку интерес общественности к визуальным СМИ — особенно к отображению хода сражений — стимулировал их производство [Kaneko 2003: 187][18]. Помимо того что было продано от 2000 до 5000 гравюр, большими тиражами (40–50 тысяч копий за выпуск) раскупались и новые формы СМИ, такие как «Kinji gahō» с самыми свежими фотографиями и иллюстрациями, которые были призваны помочь гражданам представить события военного времени. Поэтому, согласно Эндрю Гордону, «такие иллюстрированные издания стали важнейшими источниками, посредством которых война и ее последствия отпечатывались в воображении японцев» [Gordon 2014: 6].

Независимо от успеха в печатном секторе, от войны с Российской империей выиграл и японский кинематограф. Во время Русско-японской войны цены на билеты взлетели до небес, а в фильмах также транслировалось патриотическое послание для японского народа. В документальных фильмах в общих чертах объяснялись события, происходящие в Китае, а зрители

---

[18] См. изображения в: Japanese Prints of the Russo-Japanese War (Japan: 1903–1904). Sp Coll e159, Glasgow University Library. Более подробный анализ см. в [Lompolo 1996; Sheffield 2006]. Более широкое обсуждение карикатур и сатиры в военные годы см. в [Hotwagner 2012].

как будто перемещались на поля сражений, что позволяло им лучше понять, как жили солдаты за пределами родины. Для того чтобы узнавать последнюю информацию и понимать, что происходит на войне, все больше и больше людей посещало кинотеатры, в том числе гастролирующие, приезжавшие даже в самые отдаленные уголки страны. Такие компании, как «Ёсидзава сётэн» и «Ёкота сётэн», даже отправляли съемочные группы[19] на поля сражений для съемок оригинального материала непосредственно там, где осуществлялись военные действия. Такое освещение событий в СМИ удовлетворяло запрос общества на отображение действительности и повлияло на освещение событий в новостях в будущем. Таким образом, кинематограф был важным фактором в истории войны, «поскольку технологическая революция позволила зрителям прожить войну так, как если бы они видели ее своими глазами» [Shimazu 2008: 40]. При этом кино было не единственным инструментом мобилизации японцев.

Война не только привела к политической радикализации и более активному освещению в СМИ событий, происходящих вдали от дома, но также изменила устройство общества, разрушив традиционный порядок, в частности в сельской местности, поскольку жителей деревень призывали в армию и даже принуждали к труду для нужд фронта. Снабжение питанием солдат за границей, а также населения дома было крайне важно для правительства, поэтому необходимо было, чтобы отдаленные японские деревни влились в общество для мобилизации национальных ресурсов в войне с Россией. Однако, как это наглядно описал Саймон Партнер, многие деревни оказались не готовы к такой роли:

Деревни были источником новобранцев для армии и флота. <...> Деревни предоставляли лошадей, которые были так необходимы для армии <...>, у них были сбережения, которыми правительство намеревалось дополнительно финансировать работы для нужд фронта. Еще в 1904 году боль-

---

[19] Некоторые кинооператоры даже были захвачены в плен русской армией. См. [Shimazu 2008: 40].

шинство японских деревень находилось в достаточно отдаленной местности. Железная дорога только начинала проникать в большие города. Дороги, ведущие из деревни в город, чаще всего были узкими, грязными и не мощенными. Телеграф связывал города, но редко встречался в деревнях. Телефон все еще был экзотическим новшеством. Большинство деревенских жителей никогда не видели электричества, автоматизированных фабрик, трамваев, автомобилей, кино и других символов современного мира, быстро менявших японские города [Partner 2007: 179–180].

Именно империалистические цели Японии в войне с Россией способствовали широкой интеграции деревни в государство, поскольку для обеспечения работы военной машины требовалась развитая инфраструктура[20]. Однако, несмотря на попытки официальной власти мобилизовать жителей сельской местности, их больше интересовала повседневная жизнь, чем возможная победа Японии в континентальной части Азии [Partner 2007: 186].

Представители низшего класса в большей степени беспокоились об утрате рабочих рук — главным образом через мобилизацию мужей и сыновей, — чем о возможной потере чести и достоинства в войне с Россией. Многие семьи в деревнях стали страдать после «потери кормильца» [Shimazu 2008: 41] даже больше, чем раньше. Следовательно, «господствующая в стране обеспокоенность войной происходила от практических социально-экономических проблем, которые война создавала» [Shimazu 2008: 41]. Призывники часто совершали преступления в попытке избежать военной службы, не только чтобы поддержать свою семью, но и чтобы избежать гибели на полях сражений. Некоторые мужчины дезертировали целыми группами, потому что беспокоились о том, что их семьи будут без них голодать. Хотя люди в результате войны страдали от бедности, в газетах продолжали публиковать призывы поддержать армию во имя чести и славы. В это же время возросло количество самоубийств в тылу, поскольку

---

[20] Анализ этой взаимосвязи на примере провинции Гифу см. в [Lone 2010]. Также о Русско-японской войне см. [Lone 2005].

женщинам не удавалось поддерживать семейный доход в отсутствие мужей и сыновей, призванных в армию; кроме того, старшее поколение не хотело быть обузой для солдат на войне [Shimazu 2008: 43]. Помимо прочего, война разрушила многие семьи. Когда женщина с детьми оставалась одна и не имела больше возможности их обеспечивать, муж давал своей жене развод, чтобы она могла вернуться в родительскую семью за поддержкой. Таким образом, государство эксплуатировало своих граждан и вынуждало их бросать семьи: часто японские семьи были слишком бедны и не могли поддерживать быт после призыва мужчин в армию — действия, которое государство так никогда и не компенсировало семьям. Следовательно, единодушной поддержки войны со стороны японского общества не существовало; многие страдали в результате этого конфликта, но не имели достаточного влияния или власти, чтобы ему противостоять. Для лучшего понимания трудностей, с которыми столкнулось японское население, будущим исследователям стоит обратить особое внимание на личные документы вместо обзора прессы, которая, за исключением «Хэймин синбун», поддерживала государственную повестку.

Ирония состоит в том, что согласно прогнозам газет Япония должна была получить огромную выгоду от этой войны, тогда как по Портсмутскому мирному договору страна ничего не приобрела. Территории, которые Япония получала по этому договору, не были действительно важны для нее; острова к северу от нее всегда были предметом интереса России, и даже если в более ранних договорах могло быть четко определено, какая из двух стран ими владеет, в результате Русско-японской войны у Японии появилась возможность беспрепятственно расширить свои границы в этом направлении [Chang 1998: 171][21]. Когда Япония по договору получила половину острова Сахалин, многие ее жители испытали разочарование, поскольку договор не предусматривал выплаты Российской империей контрибуций. Война

---

[21] Вопрос принадлежности северных остров и сейчас представляет собой дипломатическую трудность. См. [Morris-Suzuki 1999: 57].

без единого поражения на поле брани казалась теперь проигранной из-за переговоров в Портсмуте. Последовавшая за этим вспышка гнева, начавшаяся с Хибийских беспорядков, ознаменовала собой начало долгой череды народных протестов, которые продолжатся вплоть до эпохи Тайсё и начала эпохи Сёва [Lewis 1990]. Многие политики, преподаватели и журналисты выражали крайнее недовольство условиями мирного договора, а такие правые организации, как «Кокурюкай» или «Гэнъёся», требовали бо́льших территориальных приобретений и выплаты контрибуций. Эти и другие правые общества организовали митинг в парке Хибия в знак протеста против Портсмутского мирного договора и для выдвижения своих требований [Gordon 2014: 7; Sabey 1972: 226–228].

5 сентября 1905 года в том же парке собралось большое количество людей под предводительством «Ассоциации против мира» («Кова хантай кокумин тайкай») с целью устроить демонстрацию против условий, о которых договорились участники переговоров, проходивших при посредничестве президента США Теодора Рузвельта. Под ее прикрытием пришли и члены нескольких шовинистических и националистических организаций, чтобы настроить общественное мнение против мира с Россией. Также протестом руководило японское правительство, представителей которого объявили виновными в потерях Японии за столом переговоров. В конечном счете митинг «стал самым крупным эпизодом уличных беспорядков в истории Японии» [Shimazu 2008: 47], а волнения распространились не только на весь город, но и на всю страну. Ситуация усугублялась настолько быстро, что на следующий день было объявлено военное положение, продолжавшееся до конца ноября. После хаоса, устроенного участниками беспорядков в японской столице, были запрещены к публикации более чем 40 газет и журналов. Разъяренная толпа разрушила около 70 % всех полицейских зданий в Токио, а более 300 человек в результате конфликта было арестовано. Участники беспорядков пропорционально представляли японское общество: 41,2 % составляли рабочие, 34,8 % — кули или рикши, 10,3 % — торговцы, 8 % — предприниматели и 5,7 % — работники интеллектуального

труда (юристы, студенты, журналисты и другие) [Gordon 1972: 3; Shimazu 2014: 47]. Однако группами бунтующих часто управляло небольшое количество радикалов, которые будоражили массы и провоцировали их на агрессивные действия. Среди арестованных две трети были моложе 30 лет, 500 участников беспорядков в Токио пострадали, в том числе 17 погибли. Со стороны правительства также было много пострадавших среди полицейских. Насилие пришло в Японию из-за границы, и, согласно Эндрю Гордону, «казалось, что война как будто пришла в дом» [Gordon 1972: 3]. Беспорядки и демонстрации имели место не только в столице Японии; по всей стране было организовано более 250 собраний. В итоге было подписано более 230 резолюций, требующих проведения новых переговоров по мирному соглашению с рассмотрением более подходящих для Японии условий.

Следует подчеркнуть, что, хотя Русско-японская война в послевоенные годы возвеличивалась — как правительством, так и школьными учебниками [Ienaga 1993–1994: 120], — непосредственно в военный период она не находила единодушной поддержки японского общества. Конечно, были люди, которые верили военной пропаганде, но многие японские граждане напрямую страдали от последствий войны. Японское общество военного времени было намного сложнее, чем принято думать. Вне зависимости от этого, Русско-японская война оказала на него огромное влияние; в результате конфликта островное государство было вынуждено продолжить экспансию на Азиатский континент для покрытия финансовых потерь — главным образом потому, что Россия не выплачивала контрибуцию, — а у молодого поколения радикально настроенных офицеров появилось стремление к военной славе. Однако исход Русско-японской войны повлиял драматическим образом не только на Японию. Главной жертвой поражения России стала не Япония, а Корея [Podoler, Robinson 2007; Schiffrin 2007][22].

---

[22] Японцы стали проводить в Корее и Маньчжурии своего рода империалистическую политику сразу после войны. Один из примеров таких мер см. в [Davidann 1996].

Корея

Для Японии с Корейским полуостровом был связан главный вопрос безопасности в восточноазиатском регионе. В Японии опасались, что с территории Кореи может начаться вторжение в страну, поэтому Корея представлялась кинжалом, направленным в сторону Японских островов. Таким образом, сохранение контроля над Кореей было важнейшей целью внешней политики Японии со времен Реставрации Мэйдзи [Conroy 1966: 338]. Установление подконтрольного Токио правительства стало следствием опасений Великобритании, что Россия может расширить свою территорию на этот регион, а поскольку Лондону требовался союзник во избежание чрезмерного напряжения собственных военных сил, выбор естественным образом пал на Японию. Англо-японский союз 1902 года не только укрепил положение обеих стран, но и сделал Русско-японскую войну возможной [Agarwal 2006: 267]. Хотя борьба за гегемонию в Корее уже привела к войне с Китаем в 1894 году, Япония не могла закрепить ее в Русско-японской войне, главным образом потому, что Российская империя оспорила японские территориальные завоевания в ходе Тройственной интервенции[23]. Если бы Россия не противостояла контролю Японии над Кореей, доступ России к Тихому океану мог оказаться ограничен, поэтому она инициировала интервенцию для сохранения возможности экспансии в регионе [Lensen 1962: 338]. В царском правительстве верили, что, убрав Японию со своего империалистического пути, Россия укрепит престиж и усилит влияние в Китае. Однако решение об интервенции также породило антагонизм в отношениях России и Японии, что в конечном счете спровоцировало последующий конфликт. После окончания Японо-китайской войны в 1895 году правительство Японии стало опасаться русской интервенции в Корею, поэтому японские агенты убили прорусски настроенную королеву Мин (1851–1895). Однако в 1896 году бегство короля Коджона в русскую миссию вследствие этих событий предоста-

---

[23] О Тройственной интервенции и ее последствиях см. [Beasley 1987: 69–84].

вило Российской империи еще один шанс на интервенцию на Корейский полуостров. Поскольку переговоры между Россией и Японией, закрепленные в сеульском меморандуме Вебера — Комуры и в протоколе Лобанова — Ямагаты, не привели к понятному решению относительно статуса Кореи, напряжение между этими двумя странами нарастало [Lensen 1962: 340]. В Токио решили начать войну с Россией, поскольку она не соглашалась с тем, чтобы Российская империя контролировала Маньчжурию, а Япония — Корею. Начало войны было вопросом времени, и когда она началась, она ознаменовала «смертельный удар по суверенитету Кореи» [Podoler, Robinson 2007: 185].

После окончания войны Япония вынудила правительство в Сеуле подписать несколько соглашений, из-за которых Корея теряла независимость. В течение нескольких месяцев после Русско-японской войны Япония установила в Корее контроль над средствами связи (включая почтовую систему, телеграфную сеть и поставщиков телефонных услуг). По договору от 17 ноября 1907 года она даже получала право контролировать внешнюю политику Кореи. После того как Японская империя стала посредником в международных вопросах, Корея де-факто потеряла свой суверенитет. В декабре по указу японского императора № 267 была учреждена должность генерал-резидента Кореи, и эта мера привела к колонизации Кореи Японией посредством направления в страну ее официальных лиц [The Annexation 1910: 923]. Дело было не только в том, что, «установив протекторат над Кореей в 1905 году, Япония нарушила <....> национальную целостность Кореи» [Brudnoy 1970: 157], но также и в том, что такие действия привели к росту корейского национализма и выказыванию презрения к империалистическим амбициям Японии [Lee 1963: 275]. Однако протесты корейцев против Японии не встретили понимания за рубежом, в особенности потому, что Япония и США защищали сферы интересов друг друга на основании соглашения Кацуры — Тафта, подписанного в 1905 году, в соответствии с которым Япония получила полную свободу действий в Корее взамен на соблюдение интересов США на Филиппинах [Esthus 1959]. Более того, западные наблюдатели были убеждены, что японское правление на Корейском полуострове необходимо, поскольку корейское правительство неспособно самостоятельно провести модернизацию. Следовательно, экспансионистские амбиции Японии поддерживались колониальным дискурсом, в частности потому, что теперь, после победы над Россией, Японию на Западе стали рассматривать как равную империалистическую державу.

Если соглашение, которое Корея была вынуждена подписать в 1905 году, привело к «фактической аннексии» [The Annexation 1910: 923], то договор от 29 августа 1910 года означал официальную аннексию Корейского полуострова и интеграцию его в восточноазиатскую Японскую империю. Японское правительство объясняло это тем, что аннексия призвана принести мир и стабильность в Корею — согласно официальной риторике, японское правление должно было принести нации процветание и модернизировать отсталый регион, руководство которого получало возможность стать частью «цивилизованного» мирового сообщества. Профессор политологии Тоёкити Иэнага сконфуженно объяснял в 1912 году, что именно произошло и каковы причины случившегося:

> Япония торопилась сделать решительный шаг и аннексировать Корею по следующим причинам, которые легко понять: 1) для обеспечения национальной безопасности; 2) для сохранения мира на Дальнем Востоке путем исключения одного из самых активных источников тревожности в регионе; 3) для улучшения благосостояния и благополучия корейцев; 4) для избавления от административных и финансовых недостатков двойной системы управления — аппарата генерал-резидента и корейского правительства; 5) для консолидации общих интересов Японии и Кореи на Дальнем Востоке путем слияния двух народов, что представляется возможным ввиду одной расы и общего культурного прошлого [Iyenaga 1912: 201].

Также он подчеркнул, что важна была безопасность японского правительства, поскольку «со стратегической точки зрения Корея по отношению к Японской империи — это как копье, направленное в сердце» [Iyenaga 1912: 201]. Аннексия виделась неизбежной «для устранения в Корее любых проблем, связанных с возможной новой иностранной интервенцией» [Iyenaga 1912: 202] с целью использовать полуостров для угрозы Японии. Иэнага также поддержал усиление роли генерал-губернатора в 1907 году и расширение его власти:

> Генерал-резидент, представляющий правительство Японии, должен жить в Сеуле. Сначала у него была просто консультативная функция. Но вскоре выяснилось, что подход с возможностью выбора обречен на провал, поскольку корейское правительство, если существует выбор принять или отклонить предложение генерал-резидента, обычно его отклоняет, <...> соглашением от 1907 года его полномочия были заметно расширены. Ему была дана власть инициировать и направлять административные меры, устанавливать законы и указы и придавать им законную силу, назначать и снимать с должности высокопоставленных чиновников Кореи, а также назначать официальных лиц на любые посты [Iyenaga 1912: 202].

Таким образом, согласно официальной риторике Японии, в событиях, которые привели к аннексии, обвиняли корейцев; их нежелание следовать современным стандартам и японским «советам» якобы не оставили другого выбора правительству в Токио, как вмешаться. В действительности ситуация была далеко не такой сложной, а отношение корейцев к Японии тоже совсем не было однородным. Проанализируем события 1904–1905 годов подробнее.

Япония надеялась получить поддержку Кореи, которая выступила бы в качсстве модели для модернизации. Однако, как подчеркивает Стюарт Лоун, корейскую элиту такая риторика не убедила, в особенности потому, что «японское технологическое превосходство воспринималось как поношенное платье с западного плеча»; чтобы убедить большую часть населения полуострова в правильности происходящего, «Японии необходимо было осуществить быстрые и заметные изменения» [Lone 1991: 143]. В результате от правительства в Токио для претворения в жизнь этого амбициозного плана был отправлен один из самых опытных его представителей — Ито Хиробуми (1841–1909)[24]. Корейцы не могли понять, действует ли Ито во имя модернизации их страны или прокладывает путь для аннексии [Itō 2009: 538–542; Kurokawa 1996: 312–313; Unno 2000: 347]. Генерал-губернатор должен был подчиняться королю Кореи, которого использовали в интересах Японии как марионетку, но, как было ясно с самого начала, аннексия вызвала среди корейцев протест против колониального правительства. Когда король Коджон в июле 1907 года отрекся от престола и Корея приблизилась еще на один шаг к японскому контролю, Ито подчёркивал, что у Японии нет намерений аннексировать Корею: «Аннексия несет много трудностей, Корее необходимо самоуправление. <...> Мы были бы рады видеть, как наши флаги развеваются рядом» [Komatsu 1927: 455–459]. Истинные намерения генерал-губернатора оставались неясны. С одной стороны, он уверял в заинтересованности Японии в развитии Кореи; с другой стороны, он применял силу для подавления несогласия с японскими правилами. Эта двойственность и недостаточная ясность не ограничивались действиями и заявлениями Ито.

В Корее существовали не только антияпонские силы, но также и группы, заинтересованные в правлении Японии и быстрой аннексии Кореи. Члены «Ильчинхве», прояпонской организации, насчитывавшей от 50 до 100 тысяч участников, «не только принимали доминирование Японии, но даже приветствовали его, считая единственной доступной силой, благодаря которой могут произойти настоящие эффективные изменения в политической системе Кореи» [Lone 1991: 147]. Членами «Ильчинхве» были корейцы, которым олигархическое общество корейского дворянства не позволяло обрести влияние; поэтому они поддерживали реформистскую идею Японии о том, что Корея придет к независимости как сильное модернизированное национальное государство. Политический лидер «Ильчинхве» Сон Бён Чжун (1857–1925) часто высказывал это пожелание, критикуя Японию за то, что она

---

[24] Краткую биографию Ито см. в [Takii 2010: 372–376].

делает для модернизации Кореи недостаточно. Помимо того, что эта организация поддерживала аннексию, также она выступала против монархии, поэтому она была слишком радикальна и не соответствовала планам Ито касательно медленного слияния Кореи и Японии. Независимо от этих опасений, «Ильчинхве» представляла собой противовес группам антияпонского сопротивления, таким как корейские «патриотические войска» [Lone 1991: 148]. На полуострове развились партизанские движения, в особенности когда все больше японских фермеров стало приезжать в Корею для освоения все новых сфер влияния на азиатском материке после Русско-японской войны.

Лидер «Кокурюкай» Рёхэй Утида, неофициальный советник Ито, выступал за более тесное сотрудничество с «Ильчинхве» для эффективного проведения аннексии и критиковал генерал-губернатора за слабую политику в отношении местного населения. Он собрал материалы и отправил их правительству в Токио для дискредитации позиции Ито, настаивая на срочной аннексии Кореи [Hiraoka 1972: 42–43; Kan 1965; Uchida 2008: 226–227][25]. Можно было заключить, что у «Кокурюкай», члены которого поддерживали японскую армию во время Русско-японской войны[26], теперь был живой интерес в захвате Корейского полуострова для возмещения последствий Портсмутского мирного договора. Использовав свои связи в «Ильчинхве», стремившейся к быстрой аннексии, Утида надавил на Ито, чтобы тот начал действовать. Ито пытался отойти от радикальной позиции Утиды, но согласился с ним, когда глава «Кокурюкай» получил по военным каналам 100 000 иен для дальнейшего влияния на «Ильчинхве» и подготовки фундамента для аннексии. На первый взгляд действуя наперекор своим первоначальным планам, генерал-губернатор в дальнейшем стал придерживаться политики избегания конфликтов с прояпонским населением Кореи и с чле-

---

[25] Об отношениях Утиды и *Ильчинхве* см. [Kokuryūkai 1966: 12–53].

[26] См. Ивакура Ёсизиса. Донесение. 24.02.1909 // Gaimushō gaikōshiryōkan B-5-2-17-21_001; и Rikugun tsûyaku Takai Yoshiki. Ryuishun ōshū yūbinbutsu kōshin. 29.04.1905 // Bōeishō bōeikenkyūjo, Daihonei-Nichiroseneki-M38–34–147.

нами своего штаба, поддерживающими аннексию [Sabey 1972: 220–244]. Ито предпочитал медленное реформирование, но его цивилизационная политика (*бунмей сейсаку*), конституционализм (*хоти-сюги*) и медленные, но надежные меры (*дзенсин-сюги*) провалились [Jacob 2013: 187]. Хотя попыткам Утиды политически его дискредитировать генерал-губернатор мог противостоять, он не смог убедить народ Кореи в правильности своих идей. Отречение корейского императора в июле 1907 года и роспуск корейской армии вынудили его прибегнуть к более жестким мерам против политических восстаний населения и партизанских атак. С целью вернуть поддержку населения Ито предложил организовать поездку по стране императора Сунджона в январе 1909 года, утверждая, что он «неоднократно обращался к группам, представляющим дворянство Кореи, с просьбой забыть о прошлых обидах и начать работать вместе» [Lone 1991: 156].

Несмотря на эти попытки, ведущие государственные деятели Японии — Коцура, Комура и Ито — в конечном итоге договорились об аннексии Кореи, хотя все еще было непонятно, когда она произойдет. Поскольку данный вопрос затрагивал интересы других империалистических стран, Япония обратилась к ведущим европейским державам для согласования этого процесса, так как стране было важно соответствие процедуры аннексии международному праву [Dudden 2005: 2][27]. Была организована встреча в Маньчжурии с российским министром финансов В. Н. Коковцовым для обсуждения судьбы Кореи, но 26 октября 1909 года, до того как он успел обсудить этот вопрос, Ито убили в Харбине [Lone 1991: 161]. Вследствие этого симпатия международного сообщества осталась на стороне Японии и правительства в Токио, которое приняло официальное решение аннексировать Корейский полуостров. Как только это произошло, «Ильчинхве» была распущена во избежание дальнейшей критики колониального правительства Японии, которое не было заинтересовано ни

---

[27] Более подробный анализ положения Кореи между расширяющимися империями в Восточной Азии см. в [Schmid 2002].

в модернизации Кореи, ни в свободном и равном Японии соседе[28]. Несмотря на то что аннексия вызвала всеобщее одобрение у высшего руководства Японии, в самой Корее на этот инцидент была особая реакция. В договоре о присоединении сказано следующее:

> Статья 6. В связи с вышеупомянутым актом присоединения, правительство Японии принимает всю исполнительную и административную власть в Корее и обязуется предоставлять полную защиту прав личности и собственности корейцам, не нарушающим законы, действующие в Корее, чтобы способствовать их благополучию.
> Статья 7. Правительство Японии, в соответствии с обстоятельствами, наймет на государственную службу Японии в Корее тех корейцев, которые примут новую власть лояльно и добросовестно и будут достаточно квалифицированы для такой службы [Text 1910: 247].

Несмотря на различное отношение населения к корейскому вопросу[29], Япония добилась присоединения, которое рассматривалось как вопрос жизненной важности со времен Реставрации Мэйдзи. Кроме того, была создана «империя, в которой население выросло на 15 миллионов человек, а территория стала на треть больше, чем до присоединения Кореи» [Schmid 2000: 951], и появились возможности для дальнейшей экспансии в Маньчжурию, поскольку проживавшие там корейцы-беженцы рассматривались как граждане Японии [Kitano 2004: 54][30]. Интерес Японии к конкретно этой части Китая также определит ее политику в отношении данной страны после окончания Русско-японской войны, в частности потому, что война, ставшая низшей точкой исторического развития за последние десятилетия, продемонстрировала, что Китай потерял статус великой и уважаемой восточноазиатской державы.

---

[28] В американской традиции, однако, аннексия описывалась вплоть до 1930-х годов как положительное для Кореи событие. См. [Ladd 1912; Treat 1934: 514, 542–543].

[29] Более подробный анализ см. в [Conroy 1956: 445].

[30] См. также [Jacob 2015].

Китай

Китай также стал жертвой Русско-японской войны, в частности потому, что, по выражению Готелинд Мюллер, «иностранцы принимали решения и сражались за Китай и в Китае, который де-юре являлся суверенным государством, но де-факто не имел своего голоса и при этом был озабочен преимущественно уменьшением своих издержек. В те дни едва ли кто-либо за рубежом сочувствовал Китаю» [Müller 2013: 3][31]. Хотя с точки зрения Китая эта война виделась лишь локальной катастрофой, произошедшей после опиумных войн, ее необходимо рассматривать как одно из поворотных событий, которое привело к Китайской революции 1911 года. Маньчжурия была не более чем северо-восточной периферией Китая, но то, что там развернулась война, а также то, что у Японии по окончании войны возникнут финансовые потребности, которые приведут к дальнейшему проникновению в регион, необходимо учитывать при оценке последствий войны для этой страны. Для Китая русская угроза на севере[32] сменилась, таким образом, японской угрозой на востоке.

Несмотря на то что Китай и Япония шли к модернизации разными дорогами, эти страны объединяло общее традиционное культурное наследие, а многочисленные представители интеллигенции обеих стран выступали за сотрудничество с целью недопущения доминирования западного мира в Азии[33]. Япония, однако, признавала опасность, которую представлял собой Запад для ее государственного суверенитета, и проводила быструю индустриализацию, чтобы преодолеть технологический и экономический разрыв, существовавший между ней и Западом в середине XIX века. В то время как Япония уже переняла военные технологии, стратегии и тактику у западных стран, Китай этому сопротивлялся. Это происходило потому, что, опираясь на тра-

---

[31] Обсуждение Китая, если не указано иное, основано на анализе Готелинд Мюллер.

[32] Исследование русско-китайских отношений см. в [Paine 1996; Лукин 2007].

[33] См. [Miyazaki 1902]. Это только один из примеров такого мнения.

диционное мировоззрение, Китай и его правительство отказывались полагаться на помощь «варваров» [Hacker 1977: 49–50]. Прежде Китай был способен противостоять империалистическим державам и их экспансионистским амбициям, но война страны, когда-то обладавшей гегемонией, с Японией в 1894–1895 годах закончилась унизительным поражением[34]. Вследствие этих событий, как точно указывает Бартон К. Хакер,

> некоторые официальные лица Китая против желания увидели причинно-следственные связи, ведущие от огнестрельного оружия и кораблей к угольным шахтам, чугунолитейным заводам и железным дорогам; от военных технологий к индустриализации; от западного оружия к вестернизации [Hacker 1977: 52].

Раздел Китая западными державами, Боксерское восстание и в особенности Русско-японская война не только повлияли на последствия Японо-китайской войны, но и показали слабость Китайской империи Японии, которая ранее верила в превосходство этой страны. Поскольку антагонизм между Россией и Японией вследствие ослабления положения Китая нарастал, легко проследить взаимосвязь между Японо-китайской и Русско-японской войнами. Более того, если бы Китай не ослаб, он мог бы противостоять экспансионистским амбициям России и Японии в регионе [Fujimura 1995: 269].

По мере нарастания напряженности США и другие иностранные державы стали подталкивать Китай к объявлению нейтралитета, поскольку вмешательство Китая с учетом условий англо-японского и франко-русского союзов могло привести к распространению войны на другие страны. Войну необходимо было локализовать в Маньчжурии, и правительство в Пекине было вынуждено согласиться с условиями Вашингтона и других западных столиц. Министр Японии в Китае Утида Косай (1865–1936) также советовал правительству Китая сохранять нейтралитет:

---

[34] Подробное и необычное обсуждение военного развития Китая после изобретения пороха см. в [Andrade 2016].

> Необходимо отметить, что сам по себе нейтралитет накладывает на государство, декларирующее его, позитивные обязательства по соблюдению нейтралитета как самим государством, так и воюющими сторонами; следовательно, Китаю следует предпринять все необходимые меры для отражения любых возможных попыток нарушения нейтралитета воюющими сторонами; Китаю следует не допустить, чтобы на его территории за исключением Маньчжурии проходили военные операции или использовались гавани для отхода, ремонта и снабжения кораблей воюющих сторон[35].

Хотя китайская интеллигенция могла бы рассматривать Японию как модель для развития своей страны, после начала войны многие официальные лица в Пекине не были уверены в том, что Япония может одержать верх над «русским медведем» в открытом конфликте. Следовательно, двор стремился избежать конфликта, в частности потому, что Китай был неспособен удержать воюющие державы от столкновения в Маньчжурии. Любые союзы казались опасными, поэтому Китай принял «совет» Запада и провозгласил нейтралитет, по крайней мере в большей части страны. Таким образом, целью Китая было невмешательство и сохранение независимости и суверенитета страны. Для удержания превосходства в Маньчжурии ему была невыгодна как победа России, так и победа Японии, поскольку в обоих случаях Китай мог потерять территориальную целостность.

Когда стало ясно, что в войне победит Япония, ее победы в сражениях стали воспринимать как победы всей «желтой расы». В противовес европейской идее «желтой опасности»[36], Китай был склонен оценивать военные успехи Японии как шанс «желтой солидарности» против гнета западных держав в Азии. Развитие революционных настроений в России, которые будут подробно рассмотрены ниже, воспринималось не только как признак скорой смерти русского царизма, но и как предостережение о неполноценности русской политической системы, которая

---

[35] Цит. по: [Reid 1915: 48].

[36] Свежее обсуждение этого понятия, а также список первоисточников см. в [Wei Tchen, Yeats 2014].

стала казаться архаичнее и неадекватнее, чем когда-либо. Все
больше и больше китайских граждан хотели выбрать правящую
династию, поскольку им казалось, что правительство Китая
уступает японскому правительству и его успехам. Некоторые
китайские студенты путешествовали в Японию в поисках вдох-
новения, поскольку островное государство «превратилось
в ролевую модель для достижения успеха в современном мире»
[Müller 2013: 12]. В то время как победами японских солдат вос-
хищались, причисляя их к азиатским победам в целом, Россия
стала символом поражения, отсталости и коррупции; по этой
причине правительство Китая воспринималось как ее «зеркаль-
ное отражение». Радикально настроенные представители интеллигенции и бывшие студенты, жившие в Японии, планировали
антирусские кампании и критиковали нейтралитет Китая по
отношению к Российской империи. В газете «Эши цзинвэнь»
(«Тревожные вести из России»), которую начали издавать в феврале 1904 года, призывали к интервенции во имя китайцев, погибших на войне в Маньчжурии[37]. Русскую армию обвиняли
в жестокости к мирному населению региона, а издатели газеты
требовали от пекинского правительства активной интервенции.
Более того, в газете подвергали критике народ Китая, который
полагался на слабое и коррумпированное правительство, вместо
того чтобы действовать в своих интересах.

Лян Кичао (1873–1929), живший в изгнании в Японии после
ста дней неудавшихся реформ в 1898 году, издавал журнал «Синь-
минь цунбао» («Журнал новой нации»). Поскольку он выходил
в Японии, издатель опирался на японские информационные доклады, тем самым обнажая настоящие мотивы Японии в развя-
зывании войны. В его статьях подчеркивалось, что Японская
империя действовала не из солидарности с народом Китая или
Китайской империей, а с целью распространения влияния на
Корею и Маньчжурию, которая стала символом войны в 1895 го-

---

[37] Эши цзинвэнь. 20.02.1904; 23.02.1904. Позднее газета изменила название на
Цзинцзун жибао («Набат»), перестала быть антироссийской и стала, наоборот, подчеркивать опасность войны для Китая.

ду. Журнал предупреждал читателей, что Япония просто займет место России и станет экспансионистской державой, если достигнет своих военных целей, но Лян тем не менее относился к Японии благосклонно; поскольку у двух стран было общее традиционное культурное наследие, он верил в возможность их сотрудничества. Также многие в Китае читали другое издание: ежемесячный журнал «Дунфан цзачжи» («Восточный журнал») — в нем печатали самые разные материалы с более широким взглядом на события. Сначала в статьях этого журнала предостерегали от симпатии к Японии, утверждая, что она не может победить в этой войне, поскольку Запад никогда не позволит азиатской стране победить одного из своих. Однако в журнале приводились и прояпонские, и антинейтральные точки зрения; что делало его самым либеральным изданием, позволяющим читателям самим прийти к политическим выводам. Однако этот журнал можно было обвинить в распространении наивных идей о войне:

> Издатели «Дунфан цзачжи» утверждали, что победа Японии приведет к изменениям в России, которые, в свою очередь, приведут к сокращению вооружений в России, а это приведет к сокращению вооружений в других державах. Следовательно, Китай сможет продолжить политику реформ, и наконец будет положен конец обсуждениям раздела Китая, поскольку войска больше никому не понадобятся [Müller 2013: 27].

Тем не менее Китай призывали следовать примеру японской модернизации для приобретения большей силы и престижа.

Хотя такие идеи были широко распространены, победа Японии и события после 1905 года пролили свет на империализм Японии в Китае, который был следующей страной в списке ее военных задач. Хотя Китай официально мог поддерживать свой суверенитет в Маньчжурии, согласно Портсмутскому мирному договору Япония имела право отправлять свои войска в этот регион для защиты Южно-Маньчжурской железной дороги. Более того, несмотря на то что Китай был непосредственно затронут условиями мирного договора, его дипломаты не были приглашены на переговоры в Портсмут. Политическая слабость правительства в Пекине была так же очевидна, как требование нейтралитета иностранными дипломатами за полтора года до этого. Война доказала внутреннюю слабость Китая и его правительства, которое собственное население обвиняло в том, что оно похоже на правительство России. Реформаторы, как и революционеры, хорошо осознавали, что конец Китайской империи близок, несмотря на то что пути этих групп по окончании Русско-японской войны разошлись: «...в то время как реформаторы надеялись на сотрудничество с правительством, которое, как они предполагали, "проснулось", и на революцию "сверху" по модели Японии, революционерам было более чем понятно, что с текущим правительством будущего не будет [Sic!]» [Müller 2013: 34]. Китайские революционеры, однако, изначально были склонны следовать примеру Японии, куда ездило для изучения азиатской ролевой модели все больше и больше студентов. Сунь Ятсен (1866–1925), как говорилось выше, также был под впечатлением от исхода Русско-японской войны [Sun 1953: 65]. Он основал в 1905 году в Токио организацию «Тунмэнхой» («Китайский революционный союз») и наладил контакт с ведущими паназиатскими обществами Японии [Schiffrin 2007: 169][38]. «Кокурюкай» и «Гэнъёся» поддерживали его финансово, но он не мог получить поддержку от японского государства, которое стало великой державой, не заинтересованной в революции в Китае. Хотя «Кокурюкай» организовал транспортировку оружия в Китай для поддержки революции, чтобы получить большее влияние в постреволюционном китайском правительстве, японская полиция не позволила этой транспортировке состояться. Китай требовал в 1907 году высылки Сунь Ятсена из Японии, но хотя Министерство иностранных дел оплатило отъезд революционера, в дальнейшем никакой поддержки он не получал. Таким образом, очевидно, что правительству в Токио была безразлична судьба революции в Китае и оно не поддерживало народ Китая в борьбе с архаичной и кор-

---

[38] Более подробный анализ отношений Сунь Ятсена и паназиатов см. в [Jansen 1970].

румпированной системой [Sabey 1972: 229–233]. Следовательно, шанс на более тесное сотрудничество Китая и Японии в Восточной Азии был упущен, и с ростом националистических чувств в крупных китайских городах японцы стали восприниматься как враги [Hando 2010: 22]. Наиболее же заметное влияние Русско-японской войны на Китай было оказано в Маньчжурии.

Маньчжурия

Поскольку ее политический статус отличался от статуса других китайских провинций, Маньчжурия интегрировалась в их систему только после Русско-японской войны. Несмотря на то что Маньчжурия имела официальный статус провинции Китая, Япония начала активно в нее инвестировать, так как планировала проводить экспансию в этом направлении. Это стало прямым последствием войны, которая закончилась для Японии лишь экономическим истощением, а не приобретениями в виде российских контрибуций. С точки зрения Японии экспансия в Маньчжурию была необходима для восстановления экономики, но она могла привести к конфликту с США в том, что касалось политики открытых дверей непосредственно в этом регионе [Müller 2013: 35]. Для экономической и стратегической безопасности Японии требовалось усиление контроля над Маньчжурией и предотвращение конкуренции за регион, которая могла бы угрожать ее национальной безопасности и доминирующему положению [Honda 1913: 129]. Поскольку в период от Боксерского восстания до начала Русско-японской войны Маньчжурией владела Россия, правительство в Пекине надеялось получить регион назад, чему Япония после подписания Портсмутского мирного договора очевидно противостояла. Экономический интерес США в Маньчжурии усилил бы напряжение между двумя соперниками в Восточной Азии; иными словами, как это описывает Хонда Масудзиро, «любезные американцы обнаружили, что Япония стала лидером, тогда как раньше она представлялась слабой по сравнению с Китаем и Россией» [Honda 1913: 131–132].

Если учесть, что Маньчжурия — это типичный пограничный регион, развитие современной экономики которого происходило между 1860 и 1930 годами, то есть тогда, когда границы между Китаем, Японией и Россией обрисовались отчетливей, в регионе появилось больше поселений, а политическое присутствие стало более явным, становится очевидно, что события 1905 года привели к высокой международной конкуренции за контроль над территорией, экономическая заинтересованность в которой росла [Eckstein et al. 1974: 239]. Индустриализация внутри Маньчжурии привлекла иностранный капитал, но поскольку Токио оценивал Маньчжурию как еще одну Корею, которая будет снабжать островное государство ресурсами, японскому правительству не нравилась заинтересованность других стран. Однако политика династии Цин долгое время препятствовала появлению поселений китайцев в регионе, поэтому там появились поселения русских, монголов, корейцев и японцев. Во второй половине XIX века в регионе было просто основать поселение, поэтому Маньчжурия стала настоящим плавильным котлом, когда после Русско-японской войны туда прибыла волна поселенцев из Кореи. Люди, переселяющиеся в Маньчжурию, часто стремились сбежать от своих правительств, как, например: сибирские ссыльные из России, корейцы, убегающие от колониального правления Японии, или китайцы, уезжающие подальше от коррумпированных чиновников. Однако имперские чиновники, нуждающиеся в дополнительных деньгах, постепенно усложняли въезд на некоторые территории Маньчжурии, ставшей для многих «краем надежды и мечты» [Eckstein et al. 1974: 239][39]. Ситуация не поменялась и после Русско-японской войны, за исключением того, что Япония решила воспользоваться этим обстоятельством для создания в 1930-е годы марионеточного государства Маньчжоу-Го[40]. Как справедливо заметил Асада Масафуми, «Маньчжурия оста-

---

[39] Всего за несколько лет до Русско-японской войны были отменены ограничения на поселение в провинциях Гирин (1902) и Хэйлунцзян (1904).

[40] О Маньчжоу-Го см. [Duara 2003]. Рассказ современника о Маньчжоу-Го см. в [Woodhead 1932].

валась пороховой бочкой в Восточной Азии» [Asada 2010: 1283] даже после окончания Русско-японской войны. Российская, Китайская и Японская империи, каждая из которых стремилась к господству в северно-восточной провинции Китая, разместили в регионе свои войска. Для России, Японии и даже США Маньчжурия была не естественной частью Китая, а, скорее, некоей пристройкой, которую легко можно ассимилировать в свою империю [Li Narangoa 2002: 5]. Следовательно, империи делали все для сохранения своего лидерства в борьбе за влияние.

Одним из симптомов империализма в Маньчжурии была борьба за контроль над железными дорогами. Японцам после войны с Россией досталась не только Южно-Маньчжурская железная дорога, но и линия Дайрэн — Чанчунь, которая была частью Китайско-Восточной железной дороги. Кроме того, японские военные построили во время войны линию Аньдун — Мукден, которая позднее также использовалась для перевозок [Hsu 1932: 133]. Эти железные дороги использовались как повод для размещения войск в Маньчжурии, и позднее они станут причиной основания Маньчжоу-Го и начала Второй японо-китайской войны (1937–1945). Таким образом, Русско-японская война в значительной степени повлияла на историю Маньчжурии, став причиной многих событий, которые определят ее будущее на несколько десятилетий.

После обсуждения этого региона Восточной Азии я бы хотел перейти к другой азиатской стране, на которую война повлияла косвенно, но ощутимо; речь идет об Индии.

Индия

Победа Японии изменила представления множества интеллектуалов по всему миру, в частности тех, кто жил в колониях под управлением западных держав; Япония доказала, что небелые и незападные державы могут не только модернизироваться, но и победить одну из таких держав в сражении. После победы Японии стало ясно, что азиатская страна на периферии может достичь того, о чем мечтали многие в странах-колониях: оказать сопротивление и победить [Coloma 2014: 72]. Следовательно, как выразился Т. Р. Сарин, Русско-японская война не только «ввела новые силы в мировую историю» [Sareen 2007: 239], но также «успех [Японии] возымел грандиозный психологический эффект на Индию» [Sareen 2007: 241]. Однако британское правительство Индии и военные стратеги боялись, что Россия может напасть на Индию или Афганистан после поражения от Японии, чтобы вернуть себе военный авторитет. Слабость армии России «как никогда заставляла Британию беспокоиться о защите северо-западной границы Индии» [Towle 1980б: 111]. В 1902 году главнокомандующим армии Индии был назначен Горацио Герберт Киченер (1850–1916), подготовивший войска к развертыванию в Афганистане в случае нападения России. Вследствие нервозности Британии из-за Русско-японской войны новый командующий трансформировал армию: из охраняющей внутренний порядок она превратилась в армию, готовую к внешнему нападению на северных границах.

Кроме того, в войну распространились некоторые идеи, оказавшиеся опаснее потери Афганистана; она внушила индийцам мысли о временах без британского правления. Ирония состоит в том, что Великобритания сама дала средства для распространения таких идей. Для управления растущей Британской империей колониальные власти создали телеграфную сеть, соединявшую территории империи по всему миру. Однако, как подчеркивает Дэниел Хедрик, «эта сеть стала средством, при помощи которого бросали вызов создавшей ее империи, подрывали ее фундамент» [Headrick 2010: 52][41]. Телеграфная сеть в прошлом оказывалась полезной для подавления восстаний (как в 1857 году), но она создавала также сферу общения, которую Карл В. Дойч (1912–1992) называл необходимым элементом становления национализма [Deutsch 1953]. Таким образом, народ Индии получил возможность свободно обмениваться идеями, и все больше периферийных частей страны интегрировались в эту систему. Эта сеть имела общую протяженность 28 000 километров в 1865 году и стала еще в три

---

[41] Телеграфная сеть уже играла важную роль во время восстания сипаев в 1857 году. См. [Shridharani 1953: 21; Majumdar 1995: 252].

раза длиннее к 1900 году. В Индии было около 5000 связанных между собой телеграфных станций, что говорит о все более тесном общении разных регионов [Headrick 2010: 53]. Свобода общения сыграла решающую роль в годы Русско-японской войны, которые стали «ключевыми годами в истории индийского национально-освободительного движения [Headrick 2010: 59]. Когда вице-король Индии лорд Керзон разделил богатую провинцию Бенгалию на две провинции поменьше, население Индии выразило недовольство, а местные газеты начали кампанию против этого колониального акта. В Калькутте было организовано движение «Свадеши» («Своя страна»), требовавшее, чтобы индийское население бойкотировало британские товары в качестве протеста против британского правления. Дешевизна телеграфа также позволила лидерам протеста донести свои идеи до всего населения Индии и таким образом преобразовать локальное движение в общенациональное.

В период усиления этого кризиса Индостана достигли новости о победах Японии. В то время как британское правительство с радостью наблюдало за поражениями русского врага и за тем, как его унижает Япония, флот которой был обучен британскими офицерами, индийское национально-освободительное движение также вдохновлялось военным успехом Японии. Среди тех, кто наблюдал за событиями в Восточной Азии и радовался им, был и Джавахарлал Неру (1889–1964), написавший в своей автобиографии, что успех Японии «вызвал [у него] энтузиазм <...> [и он] с нетерпением ждал выхода свежих ежедневных новостных газет»[42]. Как только азиатская страна показала силу и военную отвагу, люди в Индии захотели свободы и для своей страны. Другой лидер индийского национально-освободительного движения Мохандас Карамчанд Ганди (1869–1948) также наблюдал за этими событиями с радостью[43]. Япония, завоевывающая большие тер-

---

[42] Цит. по: [Deshpande 2006–2007: 5408].

[43] Следовательно, Ганди и Неру одинаково оценивали Русско-японскую войну, несмотря на то что впоследствии их взгляды могли отличаться. См. [Rothermund 2005]. Считается, что Ганди называл революцию 1905 года в России, произошедшую вследствие войны, «величайшим событием века» и «большим уроком для нас всех». См. [Headrick 2010: 60].

ритории, в том числе восточные регионы России, естественным образом впечатлила таких людей, как Неру, мечтавших о подобном величии и для Индии [Nehru 1958: 29]. Индийские газеты также подробно освещали происходящее в Восточной Азии и информировали об этом большое количество людей. В калькуттской «Daily Hitavadi», например, следующим образом комментировали победу Японии в Мукдене 28 марта 1905 года: «С победой Японии стали видимы признаки пробуждения новой жизни <...> [и] возможность пользоваться равными правами с белыми жителями Великобритании». В «Бенгали», выходившей в Банерджеа, 14 июня 1905 года был опубликован подобный комментарий: «Мы чувствуем, что мы уже не те люди, какими были до победы Японии <...>, впервые в мировой истории Азия одержала верх над Европой и отстояла свое равенство в искусстве, зародившемся в Европе и сделавшем ее тем, чем она стала»[44].

Некоторые индийцы вдохновились отчетами об успехах Японии и событиями, происходившими в России, и это вдохновение привело к первому этапу Индийской революции. Однако были и индийские радикалы, выступавшие за применение насилия против колониального правительства, в том числе подрыв бомб и убийства. 12 августа 1907 года в радикальной газете «Югунтар» («Новая эра») опубликовали следующее: «...есть и другой способ получения силы оружия. Многие видели, что в революции в России участвовало много партизан и революционеров, действовавших в царских войсках. Эти войска присоединятся к революционерам с различным оружием» [Headrick 2010: 60]. Таким образом, неудивительно, что радикальные индийские революционеры, такие как Раш Бихари Бос (1886–1945), после неудачной попытки осуществить революцию в 1915 году будут искать поддержку и убежище в Японии[45]. В противовес радости, которую испытывали люди в Азии, поскольку одна из азиатских стран смогла победить в войне, Карл Питерс описывает страхи европейцев перед поднимающейся Азией: «"Азия для азиатов" станет лозун-

---

[44] Обе газеты цит. по: [Headrick 2010: 60].

[45] О его пребывании и круге общения в Японии см. [Bose 1940].

гом протеста, имеющим практическое значение для Великобритании, которая сейчас с улыбкой потирает руки, наблюдая за поражением России, а потом почувствует на себе волну желтого потока в Восточной Индии, где уже начались первые подвижки» [Peters 1944b: 347]. Такие страхи были небезосновательны, поскольку война принесла надежду на модернизацию, силу и независимость в других колониальных сферах [Marks 2005]. Победа Японии также расчистила путь для радикальных революционных движений Вьетнама [Shichor 2007: 211–213] и стимулировала дальнейшее развитие националистических движений в других частях Юго-Восточной Азии, например на Филиппинах [Rodell 2005: 636–643]. Однако одним из самых заметных революционных движений, вызванных событиями в Восточной Азии, было движение в России, которое необходимо подробно рассмотреть для более глубокого понимания глобального влияния Русско-японской войны.

4. Дорога к революции

С самого начала было очевидно, что амбиции России в Восточной Азии должны привести ее к взаимодействию с Японией. Однако было непонятно, как это взаимодействие будет выглядеть, поскольку вероятна была и дружба [Lensen 1962: 347], если бы Россия учитывала потребность Японии в безопасности — наподобие той, что будет достигнута в результате Русско-японской войны. Однако война привела не только к двусторонним и равным отношениям после противостояния двух армий, но и к серьезным изменениям внутри России, расчистив путь для революции. Для понимания событий 1917 года нельзя обойти стороной и 1905 год, поскольку русскую революцию необходимо рассматривать как исторический процесс, а не как отдельное событие. Успех большевиков в ходе Октябрьской революции изменил мир на десятилетия благодаря возникновению идеологического конфликта между западным либеральным капитализмом и советским коммунизмом, конфликта, который завершился только в 1991 году с падением Советского Союза. Мы можем обозначить в качестве отправной точки 1905 год, когда представители революционных движений решили, что Русско-японскую войну можно использовать для стимулирования политических изменений в царском правительстве [Kusber 1994: 217]. Этой мысли придерживались и японские военные стратеги, отлично видевшие связь между войной и революционными тенденциями в России. Как следствие нам необходимо обратить внимание на особую взаимосвязь между Русско-японской войной и развитием русской революции, коренным образом изменившей ход истории XX века.

Борьба между Японской и Российской империями в самых разных областях повлияла на культурные аспекты русской истории [Bartlett 2008: 9][1], в особенности потому, что она изменила представление в России о Японии, которая раньше казалась незначительной страной [Bartlett 2008: 11]. Великой евразийской державе пришлось признать тот факт, что ситуация в Восточной Азии изменилась и теперь для предотвращения дальнейших территориальных споров в регионе необходимо иметь дело с японским правительством. Островное государство, попавшее в область зрения русской интеллигенции достаточно поздно [Bushkovitch 2005: 352–356], не казалось раньше чем-то важным, поэтому до столкновений в Маньчжурии и Корее мало кто из русских учил японский язык. Однако в 1904 и 1905 годах интерес к Японии возрос, в особенности потому, что для критики режима и непрекращающихся поражений требовалось также описать врага. Свидетельством этого влияния являются антивоенные произведения, например «Красный смех» Л. Н. Андреева (1905) и «Одумайтесь!» Л. Н. Толстого (1904). Если в русской сатирической журналистике во время конфликта боевой дух японских солдат изображали как низкий, а в газетах изначально старались принизить успехи Японии, то на литературу того времени события в Маньчжурии оказали сильное влияние, и это было заметно даже в более позднюю сталинскую эпоху [Филиппова 2012; Sherr 2005: 427].

Российские политические лидеры, «казалось, были в полном неведении о том, что происходило в стране» [Сакураи 1909: 36]. Эта проблема возникла в результате все новых поражений в войне, с которой не соотносило себя большинство рядовых жителей Российской империи. Кроме того, ухудшалось финансовое положение России, поскольку ожидаемые победы так и не состоялись, и это негативно повлияло на финансовую надежность России на площадках международных фондовых бирж. Россия потратила на войну более 6,5 миллиардов рублей, что стало причиной финансовых затруднений как во время войны, так и после [Ananich 2005: 450]. Если бы Россия одерживала победы, на финансирова-

---

[1] Это относится и национальным меньшинствам, на представителей которых события в Восточной Азии также оказали влияние. См. [Crowley 2008].

ние войны потребовалось бы меньше заграничных займов, но уже в апреле 1904 года министр финансов Коковцов запросил займы в банке Париба и других финансовых учреждениях Франции [Ananich 2005: 452]. Было предоставлено 800 миллионов франков, из которых 400 миллионов были выплачены немедленно. Витте добивался также дополнительного сотрудничества с немецкими банками для сохранения свободы России, поскольку чрезмерная зависимость от французских денег могла привести к политическому давлению в будущем. В декабре 1904 года 500 миллионов марок наконец предоставил банк Мендельсонов, который собрал эти деньги из нескольких банков Германии и Дании. Сначала банки предоставляли России займы без каких-либо трудностей, поскольку все верили в ее победу в войне. Затем, после нескольких поражений, такому отношению пришел конец, и новый запрос о займе, сделанный российским правительством в марте 1905 года, был отклонен. Под натиском побед Японии надежность Российской империи размывалась, на это в том числе повлияла сдача Порт-Артура в январе 1905 года, в связи с которой корреспондент «Таймс» Люсьен Вольф задал в марте вопрос, беспокоивший всех: «Платежеспособна ли Россия?»[2]

Витте уже осознавал международные последствия финансового бремени войны, поэтому он предостерегал правительство от ее продолжения, выступая за то, чтобы при помощи посредника заключить скорый мир. Он был в этом отношении прав, но его позицию не разделяли император и другие ведущие политики, все еще верящие в победу России. Революционное движение 1905 года росло и ухудшало финансовое положение в результате общих забастовок и затрат на подавление революции, которые несла Россия. Даже несмотря на то, что революция не достигла таких масштабов, как в 1917 году, и императору удалось в обмен на обещания реформ сохранить политическую власть, игнорировать финансовые потери больше не представлялось возможным. В 1906 году правительство Франции предоставило еще один заем, который России было необходимо погасить по итогам

---

2   The Times. 11.03.1905.

войны; в обмен Россия должна была поддержать позицию Франции на Альхесирасской конференции, на которой решалась судьба Марокко. Последующие годы были омрачены для России необходимостью выплачивать займы, и к 1909 году правительство в Санкт-Петербурге выплатило 6,1 миллиарда рублей для покрытия 1,9 миллиарда рублей, полученных в связи с Русско-японской войной. Таким образом, финансовые потери в результате войны составили 4 миллиарда рублей [Ananich 2005: 462].

Из-за финансовой слабости государства выросло число частных предприятий, обладавших достаточным капиталом для инвестиций, например, в морские или военные технологии. Государство не хотело терять позиции в этих областях, но не могло удержать свою монополию в таких мощных секторах экономики, в особенности потому, что правительство сосредоточилось на выплате внешних долгов [Gatrell 1990: 256]. Однако вместе с тем в результате войны возникла необходимость в новых инвестициях, прежде всего в военный сектор. Во время Цусимского сражения Российский флот лишился всех броненосцев, общая стоимость которых составляла 230 миллионов рублей, что равнялось двухлетнему бюджету флота [Gatrell 1990: 257]. Питер Гатрелл объяснил это следующим образом:

> Цусимское сражение оказало травматичное воздействие, и не только на тех, кто занимался планированием и осуществлением российских морских стратегий. Для большей части образованной публики поражение в Цусимском сражении стало катастрофой, после которой необходимо было пересмотреть всю царскую систему управления [Gatrell 1990: 257].

Русские морские офицеры не считали случившееся трагедией, в частности потому, что, как они думали, старые корабли все равно нельзя было больше использовать. Флоту требовалось 900 миллионов рублей для покрытия военных расходов и модернизации, армии — 2,5 миллиарда. Но у России не было средств для быстрой модернизации, так как внешний долг в 1908 году достиг 8,5 миллиарда рублей.

Военное командование столкнулось после войны не только с финансовой проблемой; борьба с Японией вызвала серьезную дискуссию о модернизации российских армии и флота [van Dyke 1990: 131–154]. Согласно экспертам по военному развитию России во время и после войны Брюсу Меннингу и Джону У. Стайнбергу, «трагедии Мукдена и Цусимы сами по себе были ужасны, но представляли собой лишь самые яркие мазки в общей картине военного провала» [Menning, Steinberg 2008: 77]. Выдающиеся офицеры указывали в своих публикациях на слабость военной структуры России[3], а плохое командование было объявлено главной причиной поражения в сражениях с уступающим на первый взгляд по силам противником [Schimmelpenninck van der Oye 2008a: 80]. Офицеры требовали выделения денег на реформы, но министр финансов Коковцов смог заблокировать их требования до 1912 года, когда в России началась масштабная программа военной модернизации. С 1905 по 1914 год экономика росла стабильно и быстро, демонстрируя миру, что «русский мотор еще не заглох» [Gatrell 1990: 258] и что русского военного катка еще стоит бояться.

Хотя Россия восстановилась относительно быстро, влияние Русско-японской войны на рост революционных настроений в стране продолжало сохраняться [Bushnell 2005: 334]. После критических описаний политической системы России во время войны [Tolstoy 1904] изменилось и восприятие Японии [Yuan 1904: 158–159]. Кроме того, позднее в советской историографии 1905 год станет считаться отправной точкой революций [Oleinikov 2005]. Война описывалась как «абсолютный кровавый кошмар»[4], в котором виновно некомпетентное руководство, вобравшее в себя худшее от автократии. Кроме того, поражение стало темным пятном на прошлом страны, которое не могли стереть вплоть до победы СССР над Японией в 1945 году[5]. В российской

---

3   Поиск виновного в поражениях России напоминал своего рода охоту на ведьм.

4   Речь. 25.02.1911. Цит. по: [Cohen 2010: 388].

5   Обращение Сталина к народу, 02.09.1945 // Über den Großen Vaterländischen Krieg der Sowjetunion. Moskau: Verl. f. fremdsprachige Literatur, 1946. S. 230–232.

и советской историографии Японию описывали как агрессора в этой войне, но в национальном контексте большее значение придавали ее политическим последствиям, поскольку тогда были посеяны семена революции, давшие ростки к 1917 году [Kusber 1994: 234]. Русско-японская война стала «метафорой недостатков автократии Романовых» и символом слабой связи между царем и его народом [Schimmelpenninck van der Oye 2008a: 79]. В Японии решили, что эти события могут повлиять на исход войны, и стали способствовать развитию в России революционных тенденций.

Акаси Мотодзиро и стратегия Японии в отношении русской революции

Акаси Мотодзиро (1864–1919)[6] служил военным атташе в России и после начала войны был переведен в Швецию. Этот японский офицер окончил Японскую военную академию (1881) и Академию Генерального штаба (1887). В 1889 году его зачислили в Генеральный штаб, затем он был военным атташе в Париже в 1901 году и в Санкт-Петербурге в 1902 году [Inaba 1988a: 17]. Акаси, получивший образование «эксперта по иностранным делам» [Inaba 1988a: 18], казался подходящим человеком для того, чтобы подобраться к врагу как можно ближе, поскольку он напрямую подчинялся Генеральному штабу в Японии; он также был выбран для связи с революционными движениями по всей Российской империи с целью возможного саботажа работы Транссибирской магистрали. Лучшим местом для такой работы являлся Стокгольм, и непосредственно по приезде Акаси связался со своим шведским коллегой Нильсом Давидом Эдлундом, чтобы получить рекомендации по поиску талантливых шпионов, которые могли ему понадобиться [Kujala 1988: 170–171]. Создание шпионской и саботажной сети позволило бы Генеральному штабу напрямую использовать революционеров в качестве пятой

---

[6] См. [Komori 1928]. Исследование его деятельности во время Русско-японской войны см. в [Futrell 1967].

колонны в России, в случае если из-за ухудшения военной ситуации понадобились бы другие средства ослабления позиций России в войне [Kujala 2005: 261].

Акаси изначально создал сеть из семи шпионов и пяти помощников, которые поддерживали связь с революционными движениями в разных частях Российской империи [Inaba 1988б: 13–14]. Сначала работали только шведы, но позднее в шпионское сообщество вошли и представители российской оппозиции. Однако Акаси верил, что самую качественную информацию приносят шпионы, работающие просто ради денег. Он не ограничился финансированием какой-то одной организации, а тратил деньги максимально широко [Fält, Kujala 1988: 5]. Члены этих организаций могли существенно помочь делу, поскольку в Японии не были уверены в победе. В течение нескольких десятилетий о связях японских военных и лидеров оппозиционных групп в России не было широко известно, потому что в основном они были описаны в мемуарах финнов и поляков. Акаси оставил отчет о своей деятельности на японском языке; однако этот документ[7] был лишь неполной копией исходных докладов. Вероятно, позднее он стремился подчеркнуть свою собственную роль, добавляя или убирая отдельные детали [Inaba 1988б: 11–15].

Сначала Акаси установил контакты с финской оппозицией; ему казалось, что ее можно использовать, чтобы ослабить Россию изнутри. В Швеции активно действовала финская Конституционная партия, пытавшаяся руководить сопротивлением российскому правлению на родине [Akashi 1988: 35; Kujala 2005: 264][8]. Главным его контактом был Конни Циллиакус (1855–1924), жизнь которого «достойна экранизации» [Kirby 2011: 152][9]. Циллиакус придерживался концепции, которая в равной степени устраивала русских революционеров, финских конституционалистов и япон-

---

[7] Akashi M. Falling Flowers and Flowing Water. May, 1938 // B12080958600.

[8] Благодаря работе Акаси в Финляндии в последующие годы сложился положительный образ Японии. См. [Fält 1988: 180].

[9] Обзор биографии финского политика см. в [Kujala 1988: 88–91]. Первая встреча этих людей описана в [Zilliacus 1920: 97].

ских военных. Несмотря на то что, как пишет Антти Куяла, «он действовал практически как японский агент» [Kujala 1988: 99], Циллиакус осознавал, что Япония была способна финансировать предполагаемые революционные действия, тем более что движению были необходимы деньги, чтобы выйти на новый уровень. Акаси запросил 100 000 иен на финансирование деятельности различных движений, и Генеральный штаб в Токио утвердил эту сумму в конце августа 1904 года [Akashi 1988: 57; Kujala 2005: 265]. Хотя Циллиакус взял деньги у японцев, он не хотел отказываться от своих идей; он пытался использовать Акаси и в особенности его деньги для личных целей. Вероятно, чтобы в будущем получить новые средства, он также представил Акаси русских революционеров в эмиграции [Павлов 2011: 73]. Российскому правительству отчасти было известно о происходящем в Швеции, но японский агент в Стокгольме, как казалось, не представлял для Российской империи серьезной угрозы. Однако шпионская и саботажная сеть разрослась, потому что Циллиакус познакомил своего японского союзника с представителями польского движения борцов за независимость. Акаси хорошо понимал, что нуждается в помощи своего финского контакта, так как

> ...все так называемые оппозиционные партии являются тайными обществами, в которых никто не может отличить противников режима от русских агентов и даже узнать имена и адреса лидеров оппозиции. Сложно определить настоящих активистов оппозиции, потому что у них есть несколько псевдонимов, которые они часто меняют на новые [Akashi 1988: 33][10].

Также он понимал, что особый интерес для планов Японии может представлять Польша, поскольку поляки стремились создать независимое и суверенное государство и испытывали агрес-

---

[10] В Восточной Азии японские шпионы стали атаковать железнодорожные пути сразу после начала войны. См. Донесение Иноуэ Комуре, Берлин, 15.03.1904. Отзыв японских посольств, консульств и японцев из России во время Русско-японской войны и защита правительства США. Т. 1. Дипломатические архивы Министерства иностранных дел, B07090545400.

сию по отношению к русским оккупантам [Inaba 1988в: 71]. В то время как в польской Национально-демократической партии (Национальной лиге) отказались от насильственных методов достижения этой цели, Польская социалистическая партия была более радикальна и стремилась создать польское национальное государство любой ценой [Akashi 1988: 27]. Акаси контактировал с обеими партиями, а именно с Витольдом Иодко-Наркевичем, Александром Малиновским, Романом Дмовским и Зигмунтом Балицким[11]. И Роман Дмовский, и Юзеф Пилсудский стремились убедить японское правительство в необходимости сотрудничества с Польшей. Дмовский предлагал убедить польских солдат, воюющих за русскую армию в Маньчжурии, сложить оружие и даже ездил в Японию, чтобы представить свой план Генеральному штабу. Пилсудский тоже ездил в Японию, но он пошел еще дальше и предложил организовать в Польше восстание. Японские военные одобрили второй план, но его не поддержало Министерство иностранных дел. Пилсудский даже предлагал министерству подписать меморандум, подтверждающий заключение официального союза между польскими социалистами и японским правительством [Akashi 1988: 38; Inaba 1988в: 71–72; Kujala 2005: 266].

После визита в Японию этих двух поляков стала очевидна одна проблема. Поляки не были едины, как не было единым и революционное движение по всей Российской империи — внутри него за влияние боролись несколько партий с разными взглядами на то, каким должен быть будущий политический курс. В Японии Дмовский действовал против Пилсудского, но неясно, насколько он повлиял на окончательное решение отказать в поддержке плана социалистов. Антти Куяла объяснил это просто: «Японцы рассчитывали не на всеобщее восстание, а на то, что поляки ограничатся организацией саботажа, чтобы помешать продвижению войск и военного снаряжения по Транссибирской магистрали» [Kujala 1988: 101]. Поляки были заинтересованы в долгой войне, которая ослабит Россию, в то время как Японии не было

---

[11] Более подробное исследование японо-польских отношений во время войны см. в [Bandō 1995].

выгодно продолжительное противостояние, которое истощило бы ее военные и финансовые ресурсы. Кроме того, Польша еще не существовала как государство, поэтому было неясно, кто может составить там более-менее надежное правительство. Более того, Япония нуждалась в небольшом восстании, а не в полномасштабной революции, так как ей еще предстояло после победы в войне вести с Россией переговоры [Inaba 1988в: 74; Kujala 1988: 102].

Затем Акаси организовал в Париже для Польской социалистической партии курсы по саботажу, с расчетом на то, что ее представители смогут в будущем повредить пути Транссибирской магистрали [Kujala 2005: 267–268]. Однако результаты оказались ничтожными, поскольку пути легко ремонтировали или заменяли в течение одного дня. Поэтому курсы вскоре были закрыты [Akashi 1988: 38]. Тем временем Циллиакус разработал план конференции для оппозиционных групп в октябре 1904 года. В первые пять дней октября представители русских либеральных и социалистических революционеров, финских конституционалистов, польских националистов и польских социалистов встретились в столице Франции для обсуждения возможностей объединения своих действий с целью нанесения наибольшего урона царскому самодержавию [Akashi 1988: 39–41][12]. Они решили, что им следует сделать следующее:

> — свергнуть самодержавие и восстановить конституционные права Финляндии;
> — заменить самодержавный царский режим демократическим правительством, избранным путем всенародных выборов;
> — принять идею национальной самоидентификации [Kujala 1988: 126].

Польские социалисты хотели для Польши независимости, польская Национальная лига, напротив, требовала только политической автономии. Парижская конференция обернулась

---

[12] См. список присутствующих организаций и их членов в [Kujala 1988: 125; Kujala 2005: 268].

успехом для Циллиакуса, но из-за зависти и конкуренции между отдельными членами оппозиционных групп за возможность представлять нацию и за влияние скоординировать действия оказалось невозможно.

Кровавое воскресенье

В результате продолжительной войны стало очевидно плохое состояние российских армии и флота; кроме того, усилилось экономическое давление на русское население. Рабочие Путиловского завода страдали от плохих условий труда, и священник Г. А. Гапон (1870–1906) начал организовывать этих бедных людей вокруг себя. Рабочие обсуждали войну и начинали осознавать свою собственную нищету, им казалось, что в ней напрямую виновато правительство, тратившее на далекую войну больше, чем на собственный народ. Гапон ясно описывал ситуацию: «Как мало нужно, чтобы утешить этих страдальцев. От одного доброго слова лица их светились благодарностью и надеждой. <...> Полное отсутствие прав, как личных, так и общественных еще сильнее увеличивает ожесточение рабочих» [Гапон 1926: 74]. Эта проблема была для рабочих очевидна: «Каждый стоящий на более высокой ступени, имеет право неограниченного угнетения своих подчиненных» [Гапон 1926: 74].

После того как в декабре 1904 года были уволены четверо членов профсоюза, рабочие Путиловского завода начали забастовку с требованием предоставить им больше прав [Гапон 1926: 79][13]. Гапон надеялся, что такое давление сработает, в особенности потому, что директорам было необходимо, чтобы производство работало на правительственный заказ для снабжения фронта в Маньчжурии. Символично, что забастовка началась одновременно со сдачей русской армией Порт-Артура. Вслед за падением дальневосточной крепости остановилось сердце центра русской индустриализации. Гапон знал, что эту забастовку мож-

---

[13] Подробное описание событий января 1905 года см. в [Sablinsky 1976].

но использовать для давления на правительство; ему показалось, что сдача Порт-Артура — это хороший повод для его движения, чтобы начать действовать. Следовательно, священник решил передать требования рабочих напрямую царю. Он пригласил революционные партии присоединиться к подающим петицию рабочим; шествие к дворцу самодержца с целью достижения мирных изменений было запланировано на 22 января 1905 года. Гапон велел участникам принести портрет царя, чтобы подчеркнуть «миролюбивый и пристойный характер» демонстрации [Гапон 1926: 92].

То, что произошло потом, было настоящим кошмаром [Гапон 1990: 91–104]. Казаки атаковали толпу, солдаты открыли огонь по собственному народу. В истории русских революций это событие стало точкой невозврата. Царь утратил образ заботливого отца нации. Он стал правителем-террористом, убивающим своих же подданных. Когда в 1905 году внешняя политика России обратилась от Восточной Азии обратно к делам Европы [Peters 1944a: 369], в результате войны уже было сформировано революционное движение, участники которого потеряли доверие к царю и стремились не просто изменить политическую ситуацию в стране, но и избавиться от старого символа особых русских взаимоотношений между правителем и теми, кем он управляет. Кровавое воскресенье, как его назовут позже, указало Акаси и Циллиакусу на растущую вероятность революционного взрыва в России в ближайшем будущем. Японский офицер осознал эту возможность и запросил из Японии 450 000 иен для финансирования окончательного удара по Российской империи. Однако в Министерстве иностранных дел сомневались, потому что боялись, что иные силы, заинтересованные в Польше или в стабильной России, могли узнать о планах Японии и использовать этот предлог для начала войны [Inaba 1988в: 77–78]. Сомнения рассеялись, когда японская армия не смогла одержать убедительную победу в Мукденском сражении. Российские войска оставались в Маньчжурии, а военная машина Японии была близка к своему экономическому пределу; все это побудило руководство в Токио обдумать другие способы окончания конфликта и принуждения Российской империи к переговорам. Одновременно с этим японское правительство проинформировали по различным каналам о недостатках такого плана, в частности о недостатке единства среди польских революционных партий. Посланник в Австрии Макино Нобуаки писал в докладе:

> Мой агент, живущий в Кракове, проинформировал меня о следующем:
> Хотя Социал-демократическая партия и социалисты-революционеры без конца стремятся начать революцию, их деятельность хронически терпит неудачу. Партия социалистов-революционеров — наиболее организованная из всех оппозиционных партий и является ведущей силой оппозиционного движения. Другим оппозиционным группам достаточно того, что они следуют за этой партией.
> План по мобилизации резервистов в Лодзе и Варшаве был отложен.
> Торговля и промышленность находятся в полной стагнации по всей России, и экономические проблемы практически неизбежны.
> Все войска заняты охраной железных дорог и городов на военном положении. Весьма маловероятно, что русское правительство будет продолжать войну. Я думаю, что волнения внутри страны продолжатся, несмотря на отпор правительства и сомнения людей в том, что их жизнь улучшится после «политической реформы» правительства [Akashi 1988: 63].

Тем не менее в середине марта запрос Акаси на перевод денег был удовлетворен. На ситуацию повлияло то, что окончательное решение принимали Кацура и Кодама, своими глазами видевшие положение японской армии в Маньчжурии [Inaba 1988в: 80–81].

В апреле 1905 года в Женеве состоялась вторая конференция оппозиционных партий [Kujala 1988: 150]. Было приглашено 17 организаций, но присутствовало только 12. Меньшевики вообще не принимали в ней участия, так как поняли, что это мероприятие финансируется японцами, а большевики покинули конференцию на второй день, поскольку не получили возможности влиять на поставку оружия русским оппозиционным группам. В отличие от Парижской конференции, оставшиеся участники были согласны, что необходимо вооруженное восстание. Кроме того, Финляндия и Польша требовали созыва учредительных собраний, чтобы они, а также Кавказ, могли стать независимыми и суверенными государствами [Akashi 1988: 65; Kujala 1988: 155; Павлов 2011: 84–85]. Ожидалось, что вооруженное восстание пройдет успешно, так как боевой дух в русской армии, казалось, был полностью утерян, в частности после многочисленных поражений в Русско-японской войне [Kujala 1988: 161]. Однако в августе Япония решила прекратить дальнейшую поддержку этих движений, так как она могла навредить переговорам в Портсмуте. Поскольку деньги уже были получены, подготовка восстания продолжилась и без руководства со стороны Японии [Inaba 1988в: 82].

Был зафрахтован пароход «Джон Графтон», а на деньги, которые Циллиакус получил из японских источников — всего он получил миллион иен, — было закуплено оружие. Эти ружья и револьверы требовалось провезти контрабандой в Санкт-Петербург, где предполагалось начать революцию. Абрахам Ашер назвал этот план «самой амбициозной попыткой контрабандного ввоза оружия в Россию во время революции 1905 года» [Ascher 1988: 367]. Однако «Джона Графтона» постигла неудача. Пароход сел на мель в Финляндии, после чего его взорвали члены экипажа [Futrell 1963: 77; Kujala 2005: 275–277; Павлов 2011: 166]. Несмотря на то что перевезти оружие не удалось, «поляки организовали бунты и бесконечную серию экстремистских акций и демонстраций в разных местах» [Akashi 1988: 52]. Эти бунты прошли безрезультатно, и Польше пришлось еще подождать обретения независимости.

Генеральный штаб Японии относился к революционерам как к «наемникам» [Kujala 2005: 277]. После войны Акиси покинул Европу, в значительной степени потому, что российское правительство опубликовало брошюру с описанием деятельности японского военного атташе во время войны [Изнанка революции 1906]. В ней также осуждался цинизм союза японцев и революционеров: «Одни славу оружия запятнали грязью подкупа, другие великое слово свободы осквернили продажей своей родины» [Изнанка революции 1906: 3]. В 1907 году Акаси перевели в Корею, где он стал главой японской военной полиции. После Первой мировой войны его назначили генерал-губернатором Тайваня [Inaba 1988a: 19–20]. Можно с уверенностью утверждать, что деятельность Акаси не повлияла на исход Русско-японской войны, но непреднамеренно она повлияла на рост и объединение революционных движений по всей Российской империи. Хотя пока «революционные партии оказались неспособны нанести царизму последний удар» [Kujala 1988: 85], колесо истории, которое приведет к 1917 году, начало крутиться. Революционерам не повезло, что разные партии не смогли объединить свои усилия, поскольку система царского самодержавия была очень уязвима в военные годы, особенно в 1905 году.

Солдаты, отправленные в Маньчжурию, не могли подавить революцию в континентальной России, и в правительстве осознали опасность дальнейшего набора в армию. После Кровавого воскресенья сформировать новые полки для отправки в Восточную Азию казалось невозможным [Bushnell 2005: 334]. Кроме того, призывников едва ли можно было назвать самыми надежными солдатами в царской армии. С сентября по декабрь 1904 года набор прерывался из-за 123 происшествий с проявлениями насилия, во время которых русское население вымещало свой гнев на евреях. В 1905 году набор объявлен не был [Bushnell 2005: 335–340]. Ко времени Мукденского сражения на Дальний Восток был отправлен миллион солдат, в результате чего русские военные силы оказались разбросаны на огромном пространстве. Из-за этого революционное движение начало представлять для политического руководства настоящую угрозу. У царского правительства не осталось другого выбора, как вступить в переговоры с Японией и надеяться, что его враг желает окончания войны еще больше, чем оно само. Хотя Портсмутский мирный договор и Октябрьский манифест положили конец амбициям Николая II по поводу экспансии в Восточную Азию, его было нелегко убедить задуматься о мире [Bushnell 2005: 344; Frankel 2007: 64; McDonald 2005: 545].

Несмотря на то что его советники после начала общих забастовок молили о мире и о введении конституции, царь не хотел менять своего отношения к правлению. Его «загадочная личность» [Esthus 1981: 396] и общее нежелание принимать серьезные решения [Мосолов 1938: 7–11] все осложняли для тех, кто понимал опасность, которую представляли происходящие одновременно забастовки, революционное движение и война. Витте описывал царя как инфантильного человека, действия которого были обусловлены исключительно влиянием плохих советников. Описанный в одной из предыдущих глав случай с Алексеевым и Безобразовым в Восточной Азии подтверждает умозаключения Витте [Esthus 1981: 396]. Николай искренне верил в то, что он помазанник Божий, несущий ответственность исключительно перед высшей силой. Он верил, что война не начнется просто потому, что он этого не хочет. Естественно, он оказался неправ. Он до конца верил в абсолютный триумф русской армии, даже после сдачи Порт-Артура. Он был плохим военным стратегом; он не понимал значимости времени, логистики, планирования и вынудил Вторую Тихоокеанскую эскадру ждать ненужного подкрепления из старых кораблей, дав японцам достаточно времени для ремонта и тренировки. И даже приняв решение отправить Балтийский флот на войну в Восточную Азию, император не раз менял мнение, и «надежда Николая на победу, вероятно, была в большей степени основана на вере в Бога, чем на уверенности» [Esthus 1981: 398] в русском флоте. Но, несмотря на полученный опыт, он также не увидел революционной опасности в 1905 году и стремился сохранить самодержавие точно в том виде, в каком оно существовало. Только когда его дядя великий князь Сергей Александрович погиб от бомбы террориста 17 февраля 1905 года, император изменил свое мнение и задумался о реформах.

Витте пытался навести Николая на мысль о том, как в реальности развивается ситуация, и о безнадежном положении русской армии в Маньчжурии, отправляя самодержцу длинные письма, в которых он призывал к миру и политическим изменениям. После Мукденского сражения ситуация изменилась в пользу бывшего министра финансов, поскольку в мире осознали, что русская армия не представляет серьезной угрозы и не помешает победе Японии, а поддержка мировыми лидерами решения Николая продолжать войну испарилась. Мария Федоровна, мать императора, также поддерживала стремление к миру и пыталась повлиять на Николая. Поскольку ее сын отказывался прислушиваться к ней, она пыталась связаться с правительством Франции с целью оказания политического, или лучше финансового, давления на ее сына. Но французский посол Морис Бомпар и Теофиль Делькассе во Франции не хотели вмешиваться, опасаясь, что позднее Николай обвинит их в заключении невыгодного мира в результате такого дипломатического вмешательства[14]. В отличие от французских дипломатов, французские банкиры уже признали, что война подходит к концу, и 13 марта 1905 года остановили все переговоры по займам с Россией. Это усилило финансовое давление на царское правительство, поскольку оно не могло продолжать войну без французских денег [Esthus 1981: 400].

После Цусимского сражения свою работу в качестве посредника по восстановлению баланса сил в Восточной Азии наконец начал Теодор Рузвельт. В конце концов обе стороны были вынуждены сесть за стол переговоров из-за внутренних экономических и политических проблем. Однако в Японии смирились с ситуацией раньше, чем это сделал царь, которого президент США недолюбливал за его отношение к мирным переговорам, что он выразил в таких словах: «Этот царь как самодержец над 150 000 000 жителями — нелепое созданьице. Сначала он был неспособен воевать, теперь он неспособен заключить мир»[15]. После Мукденского сражения японские военные обратились к политическому руководству в Токио с просьбой начать процесс заключения мира, потому что в верховном главнокомандовании

---

[14] Деклассе — Бомпару. Телеграмма. 12.03.1905; и Бомпар — Деклассе. Телеграмма. 13.03.1905. France, Ministère des Affaires Etrangeres. Documents diplomatiques français (1871–1914). 2nd series, 1901–1911 (Paris, 1930–1955). T. 6. P. 192–193.

[15] Рузвельт — Хэю. 02.04.1905. См. в [Morison 1951–1954, 4, I: 156–158].

осознавали, что полная победа Японии невозможна теперь, когда военные мощности были на пределе. Хотя японцы понимали, что в таких условиях будет сложно добиться выплат контрибуции, они пытались настоять на этом при заключении мира [Shumpei 1970: 111–118]. Однако царь в аналогичной ситуации, потерпев поражение в Мукденском сражении, все еще надеялся на успех Второй Тихоокеанской эскадры [Bülow 1931–1932, 2: 147]. Только после Цусимского сражения переговоры наконец начались. Престиж России достиг дна вследствие серьезного поражения и практически полного уничтожения флота. Японское правительство обратилось к Рузвельту с просьбой о посредничестве. Однако его убедили сделать это как бы «по собственной инициативе», поскольку правительство Японии опасалось оказаться во время переговоров в слабой позиции, в случае если оно первым их запросит [Esthus 1981: 404]. Рузвельт использовал свои связи, в частности обратился к императору Германии, чтобы оказать давление на царя и убедить его участвовать в мирных переговорах. В сентябре с подписанием Портсмутского мирного договора Русско-японская война была окончена. Однако приведенное в движение колесо революции не остановится до 1917 года.

Некоторые наблюдатели, например немец фон дер Гольц, уверенный в том, что, «несмотря на многочисленные прогнозы, Российская империя выживет без каких бы то ни было значительных потрясений и даже окрепнет в каком-то отношении благодаря реформам» [Goltz 1906: 191], не признавали огромного влияния войны на революционное движение. Конечно, в 1905 году оно было подавлено, но это произошло скорее из-за разобщенности революционеров, чем из-за недостатка потенциала для политических изменений в ходе революции как таковой. Невозможно изучать события 1917 года, не оглядываясь на 1905 год. Революционный цикл продолжался до тех пор, пока потенциал воли народа к изменениям не привел к взрыву, спровоцированному войной, которая была масштабнее и ближе, чем Русско-японская. Японцы установили отношения с разными оппозиционными движениями по всей России [Kuromiya, Mamoulia 2009: 1415–1416], а также обучили как будущих политиков, так и саботажников. До какой-то степени последствием Русско-японской войны станет изменение всего мира. В случае России эффект оказался огромным. Одним из тех, кто признал взаимосвязь войны и русской революции, был Витте [Frankel 2007: 57]. Он отмечал, что «Россия переросла действующий режим и изголодалась по порядку, основанному на гражданских свободах» [Vernadsky 1972: 704]. Ковнер согласился с ним, назвав войну «главным катализатором» революции [Kowner 2007a: 7].

Таким образом, Русско-японскую войну необходимо рассматривать как спусковой крючок, запустивший революционный цикл в России. Несмотря на то что царь издал Октябрьский манифест и даровал конституцию и парламентское представительство — Думу, реформы были половинчатыми, и Николай быстро стал пытаться вернуться к самодержавному стилю правления. Революции 1917 года стали лишь вопросом времени и нуждались в еще одном спусковом крючке, которым в итоге стала Первая мировая война с новой чередой поражений России. Если рассматривать русскую революцию как отправную точку советской истории, а следовательно, как начальное событие, приведшее к холодной войне во второй половине XX века, то Русско-японскую войну необходимо рассматривать как отправную точку для русских революций и, следовательно, как событие, изменившее всю историю XX века, хотя это было и неочевидно для современников. Таким образом, мы можем проследить первое крупное воздействие Русско-японской войны на мировую историю, поскольку последствия для одной из ее сторон в конечном счете повлияли почти на все население Земли в XX веке. Однако это только одна из причин, почему эту войну можно назвать событием, сформировавшим мир последующих десятилетий. При ближайшем рассмотрении отношений Японии и Америки с момента переговоров о мире в Портсмуте мы увидим еще одну интересную перспективу, также поддерживающую эти тезисы.

5. Портсмут: первые шаги к Перл-Харбору

> Портсмутский мирный договор — это удивительное, эпохальное событие, масштабные последствия которого затронут не только непосредственно эти две страны, *но и весь мир* и будут ощущаться напрямую или косвенно во всей Азии и Европе; событие, которое станет великой дипломатической победой для России и еще более великой моральной победой для Японии, а также личным триумфом президента США, подобного которому достигали немногие люди в истории, победой *американских политических идеалов*, которая значительно поднимет престиж США во всем мире[1].
>
> *Джозайя Кинси, 1905 год*

Репортер Джозайя Кинси оказался прав в своей оценке значимости Портсмутского мирного договора, подписанного 5 сентября 1905 года. Однако им оказались упущены негативные последствия мирных переговоров, в особенности для отношений Японии и США в период между подписанием договора и началом военных

---

[1] Quincy J. Japan's Magnanimity Challenges the World's Admiration // The San Juan Islander. 16.12.1904. P. 4. Русско-японскую войну широко освещали в американской прессе, и даже в таких небольших изданиях, как «Сан-Хуан Айленде», всегда печатали последние новости с полей сражений и затем о Портсмутской мирной конференции. Любые издания могли рассказывать читателям о событиях в Восточной Азии, поскольку сообщения о них отправляли в США новостные агентства. Автор решил представить в качестве источников самые разные американские издания, чтобы продемонстрировать, как много газет освещало это событие. Очень часто одни и те же сообщения и доклады можно было найти в ежедневных газетах больших городов на восточном и западном побережьях США.

действий в Тихоокеанском регионе в 1941 году. В этой главе будет показано, до какой степени мирные переговоры и заключенный в результате договор ухудшили отношения между двумя державами, что впоследствии определит судьбу Азиатско-Тихоокеанского региона. То, что воспринималось как личная победа Теодора Рузвельта, фактически положило начало тенденции к ухудшению дружественных отношений. Дружеская атмосфера в отношениях Японии и США, нараставшая на всем протяжении войны с Россией, стала медленно сменяться агрессивной подозрительностью с обеих сторон, по мере того как с растущим числом возможных конфликтов отношения между двумя странами, ставшими в начале XX века империалистическими державами, становились все тяжелее.

После Мукденского сражения война фактически прекратилась. Ни одна из двух держав больше не планировала и не проводила крупных маневров. В ежемесячных отчетах немецких наблюдателей в Китае упоминались только небольшие стычки между русской и японской кавалериями, в результате которых русские войска были оттеснены на север, а японские начали проникать на Сахалин[2]. Но помимо этих незначительных военных столкновений в Маньчжурии ничего не происходило. Ковнер объяснял нежелание продолжать сражаться следствием «того, что обе стороны сражались на своей территории, и каждой из них было что терять дома» [Kowner 2007a: 12]. Таким образом, пришло время для мирных переговоров, и, согласно Меннингу, «Теодор Рузвельт готов был применить силовые методы в борьбе за компромисс» [Menning 2005: 155]. До начала войны в правительстве Японии отказывались принять переговоры и посредничество США[3], но теперь японцы осознали необходимость посредника

---

[2]   Приложение С к Ежемесячному отчету за июль 1905 года: События Русско-японской войны в июле. Циндао, 04.07.1905. BArch MArch RM 5/5770.

[3]   Закрытое письмо Теодора Рузвельта Оскару С. Страусу. 09.02.1904 // Документы Теодора Рузвельта. Библиотека отдела рукописей конгресса. Цифровая библиотека Теодора Рузвельта. Государственный университет Дикинсона. URL: https://www.theodorerooseveltcenter.org/Research/Digital-Library/Record?libID=o187353 (дата обращения: 23.10.2021).

для мирного разговора с Россией. Президент США, как было подчеркнуто в письме британскому государственному деятелю сэру Джорджу Отто Тревельяну (1838–1928) от 9 марта 1905 года, уже обращался к царскому правительству в январе, пытаясь убедить Россию в необходимости мирных переговоров:

> Шесть недель назад я в частном порядке и неофициально дал совет российскому правительству и позднее повторил посредством французского правительства этот совет, который заключался в том, что России необходимо заключать мир. Я сказал им, что, если они уверены, что их флот победит японский флот и что они смогут разместить и снабжать шестьсот тысяч человек в Маньчжурии, мне нечего им сказать, но, по моему убеждению, если они продолжат войну, то в будущем году будут строить такие же ошибочные прогнозы, как и в прошлом, и если они откажутся заключать мир до того, как армия Японии окажется севернее Харбина, то не смогут рассчитывать на такие же выгодные условия, какие японцы все еще готовы предложить сейчас [Bishop 1920: 376].

Однако путь к мирному договору, который позднее назовут «эпохальным событием в мировой истории»[4], был непрост, и не раз казалось, что способностей президента США будет недостаточно, чтобы убедить Россию и США прекратить военные действия. Рузвельт был разочарован ситуацией, поскольку обе стороны не только были против заключения мира, но и отказывались прислушиваться к президенту США. Более того, европейские державы не доверяли друг другу и подозревали друг друга в заговорах. В закрытом письме государственному секретарю Джону Хею (1838–1905) от 2 апреля 1905 года Рузвельт подробно описал эту ситуацию:

> На прошлой неделе я встречался два раза с Кассини [русский посол], по одному разу с Такахирой [японский посол], Дурандом [британский посол] и Жюссераном [французский

---

[4] Treaty of Peace Has Been Signed // The Herald and News. 08.09.1905. P. 1. Подобную оценку см. в [Peters 1944a: 369].

посол] и четыре раза со Шпеком [фон Штернбург, немецкий посол]. Кайзер маниакально стремился пообщаться каждый раз при возникновении малейших подозрений на сговор против его жизни и власти; но в прошлом году это случалось часто, и поэтому теперь он играет в нашу игру или, как мне бы стоило корректней выразиться, его интересы и наши, а также интересы всего человечества в целом, совпадают. Он не хочет, чтобы русско-японские дела налаживало собрание держав. На сегодняшний день я с ним абсолютно согласен и думаю, что правительства Британии и Японии в этом солидарны. Кайзер с облегчением и удивлением узнал, что это верно и для британского правительства. Он искренне верит, что англичане планируют напасть на него и уничтожить его флот и, вероятно, объединиться с Францией для смертельной борьбы с ним. В действительности у Англии нет таких намерений; напротив, англичане сами панически боятся, что кайзер собирается вступить в союз с Францией или Россией, или с ними обеими, с целью разрушить их флот и стереть Британскую империю с лица земли! Я никогда не встречал такого забавного примера взаимного недоверия и страха, подталкивающих два народа к войне [Bishop 1920: 378–379].

Кроме того, открытая поддержка Америкой японской стороны больше не была такой сильной, как во время войны. Рузвельт хотел «видеть [в японцах] важный фактор цивилизации в будущем», однако в то же время президент с тревогой осознавал, что «не стоит ожидать, что они будут свободны от предрассудков против белой расы и недоверия к ней»[5]. Чем дольше шла подготовка к мирным переговорам между Россией и Японией, тем враждебней Рузвельт относился к вовлеченным сторонам. Он беспокоился по поводу переговоров и опасался, что полномочные представители и правительства в Санкт-Петербурге и Токио не поверят, что он действуют исключительно в целях установления мира. Он жаловался на это в своем письме сэру Генри Кэботу Лоджу от 16 июня 1905 года:

---

[5] Рузвельт — Тревелиану. 13.05.1905. Цит. по: [Bishop 1920: 381].

Чем больше я смотрю на царя, кайзера и микадо, тем больше мне нравится демократия, даже если приходится терпеть американские газеты как один из ее компонентов; ответственность — это лучшая ее составляющая. Россия настолько коррумпирована, вероломна, изворотлива и настолько некомпетентна, что я едва ли могу предсказать, заключит ли она мир или выйдет из переговоров в любой момент. Япония, конечно, абсолютно эгоистична, хоть и кажется, что она деликатна, намного лучше понимает, чего хочет, и способна этого добиться. В России, конечно, не верят в искренность моих мотивов и слов; иногда мне кажется, что и в Японии тоже [Bishop 1920: 394].

Пока в Маньчжурии шла война, англо-японский союз и вмешательство Рузвельта удерживали европейские великие державы, в особенности Германию, от вмешательства в конфликт между Японией и Россией [Parsons 1969: 24]. 24 июля 1905 года Рузвельт написал письмо британскому дипломату сэру Сесилу Спрингу Райсу (1859–1918), в котором снова подробно изложил причины невмешательства:

Сразу после начала войны я самым вежливым и тактичным образом уведомил Германию и Францию о том, что в случае возникновения союза против Японии с целью попробовать повторить то, что Россия, Германия и Франция сделали с ней в 1894 году [Sic!], я сразу займу сторону Японии и буду действовать в ее интересах столько, сколько потребуется. Я, конечно, знал, что ваше правительство поступит так же, поэтому не проконсультировался с Британией, перед тем как объявить о своих намерениях[6].

Для Рузвельта совместное вторжение европейских держав, такое как в 1895 году, ослабило бы положение США в Китае и Маньчжурии, в частности потому, что главным их интересом в регионе была политика открытых дверей в Маньчжурии, которую он надеялся поддерживать не слишком высокой ценой,

---

[6] Теодор Рузвельт — Сесилу Спрингу Райсу. 24.07.1905. Цит. по: [Parsons 1969: 21].

опираясь на поддержку Британии и собственного американского флота [Dennett 1925: 143]. Поскольку японцы обещали равные экономические права для всех держав в регионе после победы над Российской империей, было естественно, что президент поддерживал их [Parsons 1969: 25–26].

И наоборот, победа России означала бы угрозу экономическим интересам США в Восточной Азии, и Рузвельт с самого начала боялся ее победы, поэтому он поручил командному составу флота подготовить возможный план действий США против Владивостока [Parsons 1969: 27–28]. Рассматривались совместные военные операции Великобритании и США против возможного союза России и ее европейских сторонников; однако в результате побед Японии стало ясно, что в этих планах нет необходимости. Япония быстро удивила всех, кто сомневался в ее военных способностях. Хотя Рузвельт не подписал официального соглашения о поддержке японского правительства, японские руководители знали, что могут по меньшей мере рассчитывать на позитивный нейтралитет США. Однако исход Русско-японской войны указал Рузвельту на необходимость баланса между угрозой русской экспансии в Маньчжурии и возможной будущей угрозой роста влияния Японии в Восточной Азии. Сначала он решил противостоять реальной опасности, в частности потому, что оккупация Россией Маньчжурии в то время представляла более значимую угрозу интересам США в Маньчжурии, чем Япония. Следовательно, Рузвельт должен был поддерживать Японию до достижения баланса сил [Parsons 1969: 34]. Как и британцы, президент США был сторонником идеи экспансии Японии на север. Протекторат Японии над Кореей обещал больше экономических возможностей для политики открытых дверей в регионе, чем русская оккупация, так как Россия уже показала свои особые амбиции в Китае после Боксерского восстания. В июле 1905 года США и Япония подписали соглашение Кацуры — Тафта, закрепляющее такой сценарий путем обмена сферами влияния в Корее и на Филиппинах между Японией и США [Agarwal 2006: 267–268].

В свете вышесказанного неудивительно, что общественное мнение в Великобритании и США было во время войны на стороне Японии. Японские политики и государственные деятели стремились описать войну как борьбу цивилизованной нации с варварской автократией, а пресса обеих западных стран быстро переняла эту позицию. Войну описывали как грандиозное сражение между конституционализмом и абсолютизмом, поэтому утверждалось, что Япония борется не столько за свои экспансионистские амбиции, сколько за западные идеалы[7]. Олицетворением антироссийских настроений стал Джордж Кеннан (1845–1924) не только благодаря своей книге «Сибирь и ссылка» (1891) [Кеннан 1906], но и из-за публикации во время Русско-японской войны 26 статей[8], в которых он изображал Японию в положительном ключе, а Российскую империю в отрицательном — как страну, в которой «самонадеянность, неверные расчеты и лень привели к беде»[9]. Он подчеркивал, что «Япония лучше обращается со своими врагами, чем Россия со своими сторонниками»[10]; о чем-то подобном он рассказывал в японских лагерях военнопленных для пропаганды революционных идей в России [Travis 1981]. Симпатии общественности были определенно на стороне Японии, что помогало обезопасить финансы Японии во время войны, поскольку правительство в Токио были необходимы иностранные средства для финансирования больших военных кампаний.

---

[7] См. [Military Correspondent 1905: 4; Shimazu 2005: 365–369; Wolff 2008b: 125]. Позиция прессы США не изменится даже во время переговоров в Портсмуте. См. [Thorson 1948].

[8] Kennan G. War by Prearrangement // Outlook. № 77. 13.08.1904; Kennan G. A Japanese Naval School // Outlook. № 77. 27.08.1904.

[9] Цит. по: [Peters 1944г, 3: 73].

[10] Kennan G. Japanese Tea-Houses and Russian Prisoners // Outlook. № 78. 10.09.1904. P. 126. О хорошем обращении с русскими военнопленными см. [Kita 2014; Mōri 2013]. О количестве офицеров, попавших в плен во время Русско-японской войны, см.: Оценка количества и званий японских и русских военнопленных во время Русско-японской войны. Дипломатические архивы иностранных дел, B07090897000. Фотографии см.: Фотографии русских военнопленных. Национальный институт оборонных исследований. Министерство обороны. URL: https://www.jacar.go.jp/english/nichiro/pow.htm (дата обращения: 23.10.2021).

Япония перед Русско-японской войной не была крупным финансовым игроком, хотя страна и получила два крупных займа на свое развитие, а именно на строительство железной дороги и выплату стипендий самураям после начала социальной реформы в 1868 году [Miller 2005: 465–466]. Война стоила дорого, и после того, как на победы в Мукденском и Цусимском сражениях был потрачен миллиард долларов США, Япония стала признанным национальным государством на мировых финансовых рынках [Ono 2013]. Однако первый заем было трудно обеспечить, поскольку мало кто верил в победу Японии. Первые деньги — заем в размере 50 миллионов долларов — дал банк «Kuhn, Loeb & Co» в Нью-Йорке, один из представителей которого, Джейкоб Г. Шифф (1847–1920), поддерживал Японию в надежде наказать Российскую империю за антиеврейскую политику [Cohen 1999]. Следующие друг за другом победы укрепили положение Японии, и она получила еще займы в международном финансовом центре в Лондоне. Итого к июлю 1905 года на фоне постоянных улучшений было выдано 350 миллионов долларов [Miller 2005: 473]. Несмотря на растущую платежеспособность Японии, пределы ее финансовых возможностей, казалось, были достигнуты после Мукденского сражения, когда японцы не смогли преследовать русские войска, уходившие на север, из-за недостатка боеприпасов и финансовых последствий ведения крупномасштабной войны. Оставшихся денег хватило бы только на полгода, поэтому для японцев мирные переговоры были неизбежны[11]. Спекуляции по поводу требований Японии, начавшиеся уже в конце 1904 года, отражены в саркастическом комментарии в «Deutsche Tageszeitung» («Немецкая ежедневная газета»):

> Бедная Япония! Она еще не убила медведя, а уже начала делить его шкуру. Друзья Японии весьма ей помогут, вернув упрямую, воинственную, но многообещающую страну

---

[11] О процессе, который привел к окончательному решению о заключении мира, см. [Kenrō 2013]. Об экономических результатах войны для Японии см. [Ishii 1997].

с небес радости победы на холодную безэмоциональную землю. Японии надо осознать реальное положение дел и баланс сил[12].

Такое пророческое утверждение было в 1905 году актуально как никогда. Японии был необходим мир, а Россия, казалось, не хотела прекращать войну. Царь повторно объявил о своем решении продолжать войну до тех пор, пока правительство не сможет достигнуть устраивающего его результата[13].

Несмотря на такое отношение, поражение в Мукденском сражении в сочетании с революционными тенденциями внутри страны вынудили Россию пойти на мирные переговоры. Рузвельт все больше хотел сохранить Россию в игре в Восточной Азии, чтобы заблокировать будущие амбиции Японии, поэтому русский посол в Вашингтоне Артур Кассини (1836–1913) также пытался убедить правительство в Санкт-Петербурге начать переговоры [May 1957: 349]. Царь, однако, оставался тверд в своем решении, и у Рузвельта начала развиваться к нему личная враждебность. Он написал государственному секретарю Джону Хею (1838–1905): «Сначала он [царь] был неспособен воевать, теперь он неспособен заключить мир»[14]. Когда японцы во время Цусимского сражения разделались с русским флотом, практически полностью его уничтожив, Рузвельт был шокирован таким грандиозным «событием в мировой истории» [Trani 1969: 56], и это дало ему шанс предложить свое посредничество. Россия больше не представляла для Японии угрозы, в то время как сама Япония была истощена в финансовом и военном плане [Saul 2005: 493]. Японское правительство выступало за проведение прямых переговоров между воюющими сторонами, но дало понять, что любое посредничество возможно только как следствие инициативы Рузвельта [Trani 1969: 56]. Переговоры были нужны не только для окончания

---

[12] Aussichtslose Bemühungen // Deutsche Tageszeitung. № 415. 04.09.1904. BArch R 8034-II/8170.

[13] Rußland Entschluss zur Durchführung des Krieges // Berliner Lokal Anzeiger. № 430. 13.09.1904. BArch R 8034-II/8170.

[14] Теодор Рузвельт — Джону Хею. 02.04.1905. Цит. по: [Trani 1969: 53].

войны; также решался вопрос «статуса и имиджа двух империй» [Schattenberg 2008: 11]. Через посла в Санкт-Петербурге Джорджа фон Ленгерке Мейера (1858–1918) Рузвельт установил прямой контакт с царем во время переговоров в Портсмуте, чтобы при необходимости иметь возможность надавить на самодержца [Saul 2005: 488; Trani 1969: 57–58]. Президент США также дал понять, что делегаты должны быть полномочными представителями, имеющими право заключить мир и при необходимости составить договор[15].

В ходе организации мирной конференции возникло несколько проблем, и президент, по выражению Юджина П. Трани, «напоминал циркового жонглера» [Trani 1969: 62]. Прежде всего надо было найти место для переговоров. Россия предлагала Гаагу, а Япония — Вашингтон. Но в Вашингтоне летом слишком жарко, поэтому предпочтение было отдано расположенному севернее Портсмуту в штате Нью-Гэмпшир[16]. Еще одной проблемой стало определение состава делегаций, поскольку японцы отказывались называть имена своих делегатов раньше, чем Россия, так как отправляемые на переговоры должностные лица должны были быть равны по статусу [Trani 1969: 70–73]. У царского правительства возникли трудности с выбором главного делегата, в частности потому, что Николай II не хотел отправлять Витте[17]. Другие кандидаты были недоступны, и когда дипломаты, которым он отдавал предпочтение, отказались от задачи возглавить мирные переговоры со стороны России, царю ничего не оставалось, как послать Витте в сопровождении нескольких специалистов [Лукоянов 2007: 20; Trani 1969: 74–75]. Витте приписывают следующие слова о его назначении: «...когда нужно чистить канавы, так посылают Витте, а когда предстоит работа почище или полегче, то всегда находятся другие охотники» [Коковцов 1933: 73]. Однако выбор его кандидатуры, возможно, был единственным правильным решением Николая за всю войну.

---

[15] Рузвельт — Джорджу фон Ленгерке Мейеру. 05.06.1905. Цит. по: [Trani 1969: 58].

[16] Portsmouth Herald. 07.07.1905. См. также [Schattenberg 2008: 12].

[17] О Витте см. [Harcave 2004].

Российский уполномоченный разработал стратегию для поддержания сильной позиции во время переговоров в Портсмуте. Он должен был:

1) не показывать желания заключить мир;

2) держать себя так, как подобает представителю России, то есть представителю величайшей империи, поражения которой стали следствием исключительно неудачи;

3) держать себя предупредительно к американской прессе;

4) убедить американское общественное мнение в добрых намерениях России;

5) показать доброжелательное отношение к евреям [Лукоянов 2007: 23][18].

Во время путешествия по США Витте старался вести себя предельно дружелюбно по отношению к простым людям, чтобы показать себя демократичным и либеральным человеком, что очень помогло ему завоевать поддержку общественного мнения и американской прессы [Витте 1924: 341]. Он открыто общался с журналистами и газетчиками, что очень не нравилось японской делегации[19]. Витте был человеком, который сам пробился в высшие круги, поэтому его жестикуляция и эмоциональная речь делали его в России изгоем. В США начала XX века именно за такое отношение к людям он показался обществу более человечным и больше понравился американцам, чем его японский коллега Комура, который в сравнении с ним выглядел слишком отстраненным и серьезным. Вокруг русского дипломата всегда крутились журналисты [Schattenberg 2008: 15–17]. Комура изучал право в США вместе с Рузвельтом и, наоборот, казался классическим дипломатом до кончиков ногтей, наглядно демонстрирующим западные дипломатические привычки. Он очень хотел сохранить в тайне то, что обсуждается на переговорах, но общественности США это не нравилось [Schattenberg 2008: 18–20].

---

[18] О стратегии Витте по созданию положительного публичного образа России см. также [Westwood 1923: 158–159].

[19] Список участников с японской стороны см. в [Schattenberg 2008: 14–15].

Японцы знали о том, какую роль играет в США общественное мнение. До начала и особенно во время военных действий японские интеллигенты, политики и другие знаменитости были отправлены в Европу и США для создания положительного образа Японии в многочисленных беседах и публикациях на английском языке[20]. С этой же целью в путешествие отправился виконт Суэмацу Кэнтё (1855–1920), а в мае 1905 года Великобританию и Германию посетили наследный принц Японии с супругой. Японское правительство определенно стремилось предотвратить повторение событий 1895 года, когда Россия, Франция и Германия выступили против Симоносекского мирного договора, из-за чего Япония лишилась всех своих новых завоеваний [Nish 2005b: 14–15]. Однако казалось, что вероятные требования победившего правительства в Токио беспокоили именно Рузвельта[21]. Японцам были нужны контрибуции, чтобы покрыть ими военные затраты без ослабления своей экономики на несколько лет, и президенту США не удавалось изменить это условие в течение июня и июля, несмотря на то что он пытался убедить как Россию, так и Японию в необходимости выработать более подходящее решение [Trani 1969: 82–95].

В июле правительство в Токио наконец сформулировало требования:

1) полный контроль над Кореей;
2) отвод российских войск из Маньчжурии;
3) передача Японии Ляодунского полуострова;
4) передача Японии железной дороги южнее Харбина;
5) уплата Россией контрибуций;
6) передача Японии российских судов, находящихся в нейтральных водах;
7) передача Японии Сахалина;

---

[20] См. [Matsumura 1987: 13–15, 40, 140–141; Matsumura 1974; Valliant 1974; Howland 2011: 62]. Некоторые из этих публикаций: [Asakawa 1904; Kaneko 1904; Shigenobu 1905].

[21] Теодор Рузвельт — Кермиту Рузвельту. 11.06.1905. Цит. по: [Trani 1969: 80].

8) предоставление Японии права рыболовства в российских военных водах;

9) ограничение российских морских сил на Дальнем Востоке;

10) Владивосток в будущем будет лишь торговым портом [Trani 1969: 95].

Казалось, что переговоры станут очередной битвой в этой войне. Хотя Япония имела полное право пожинать плоды победы, международная политика со времени начала войны изменилась, и Япония потерпит свое первое и единственное поражение за столом переговоров в Портсмуте.

Но японские делегаты еще об этом не знали. Американский железнодорожный магнат Джеймс Дж. Хилл (1838–1916) организовал поездку до западного побережья США в Миннесоту на одном из лайнеров «The Great Northern Steamship Company», а затем железной дорогой до восточного побережья, и когда Комура 19 июля 1905 года прибыл в Сиэтл, его приветствовало более тысячи человек, а мэр сопровождал его в прогулке по городу[22]. Ситуация, описанная Трани, кажется парадоксальной, потому что «американцы отказывались жить рядом с японцами, но надеялись, что Комура одержит победу на конференции» [Trani 1969: 99].

Когда начались переговоры, русская армия в Маньчжурии была сбита с толку и деморализована[23], но царь отказывался это признавать. Японцы, напротив, чувствовали себя бесспорными победителями, и когда японские делегаты встречались в конце июля с Рузвельтом, они снова и снова требовали уплаты контрибуций [Gaimusho 1953: 42–44]. Хотя русские вроде бы были готовы оплатить содержание своих военнопленных, делегаты из Санкт-Петербурга отказывались отдавать Сахалин, выплачивать контрибуции, передавать суда в нейтральных водах и ограничивать военно-морской флот в Тихом океане [Saul 2005: 502]. 10 августа Комура представил требования японцев [Gaimusho

---

[22] The New York Times. 21.07.1905.

[23] Мейер — Теодору Рузвельту. 24.04.1905. Цит. по: [Trani 1969: 105].

1953: 61–62]. Требование сделать Владивосток исключительно торговым портом исчезло, и Рузвельт поверил в возможность договориться при такой позиции Японии. Через семь дней царь опять заявил, что Россия не будет выплачивать контрибуции и отдавать территории. 18 августа Комура снова обсуждал с Витте Сахалин. Японцы предлагали вывести войска из северного региона за 1,2 миллиарда иен и сняли требование о передаче российских судов и ограничении военно-морского флота. Так Япония начала двигаться навстречу позиции России [Лукоянов 2007: 26].

Рузвельт также старался выдавить русских с Сахалина, но отношение к этому в Санкт-Петербурге оставалось агрессивным, поскольку Николай II совершенно не хотел отдавать территории и что-либо выплачивать. В тот же день в «The San Francisco Call» было опубликовано мнение Витте:

> [Он] говорит своим друзьям, что прогноз безнадежный. Он не видит ни малейшего шанса найти взаимопонимание. Сегодня японцы были упрямы, демонстрировали бескомпромиссное отношение, и именно этим, более чем чем-либо еще, обусловлена уверенность русских в том, что переговоры зашли в тупик. «Мы могли бы с тем же успехом говорить с каменной стеной вместо японцев», — сказал сегодня один из представителей русской миссии[24].

В «The Sunday Star» в Вашингтоне пошли еще дальше, заключив следующее:

> Развитие событий в течение нескольких последних дней показало нам, что если какая-либо сторона и пойдет на уступки, то это точно будет не Россия, и японцы начали это понимать. Они понимают, что сдвинуть дело с мертвой точки должны они, или этого не сделает никто. Истинной причиной пессимизма русских на прошлой неделе было то, что они знали, что не могут отступить, и не верили, что от-

---

[24] No Progress is Made by Plenipotentiaries at Peace Conference // The San Francisco Call. 18.06.1905. P. 3.

ступят японцы. <...> Россия, однако, не в том положении, чтобы не идти на уступки. Она уже приняла позицию Японии по восьми пунктам из двенадцати. Теперь она остановилась на этой отметке и отказывается сдвинуться даже на один пункт. <...> Игра была доиграна до конца, и когда стало очевидно, что Россия скорее совсем уедет с конференции, чем согласится уступить еще хотя бы по одному пункту, японцы начали думать об уступках со своей стороны[25].

В это же время Рузвельт обратился к Вильгельму II, чтобы оказать дополнительное давление на Николая II в Санкт-Петербурге. Однако царь 22 августа 1905 года впервые приказал Витте прервать переговоры, предельно усиливая давление. Мейеру удалось убедить Николая II отдать половину Сахалина, но на контрибуции он не соглашался. Рузвельт предупредил японцев о том, что, если они будут настаивать на контрибуции, это может привести к прекращению переговоров и изменению баланса общественного мнения [Лукоянов 2007: 28; Trani 1969: 144–148].

23 августа 1905 года Комура предложил Рузвельту компромисс, который живым языком был описан в издании «The Semi-Weekly Messenger» в Уилмингтоне в Северной Каролине:

Это был переломный момент — момент, к которому вели все предыдущие события конференции. Были подписаны протоколы, включающие в себя соглашение по восьми пунктам из двенадцати представленных Японией. Одна из сторон должна была сделать следующий шаг, в противном случае конференцию можно было бы считать оконченной. Стороны сидели за столом друг напротив друга. Конечно, всем было ясно, что должно было произойти, и это только накаляло ситуацию. Фигурально выражаясь, президент Рузвельт внезапно зашел в комнату, где происходили переговоры. Г-н Витте молчал, и ход в большой дипломатической игре перешел к Японии. Барон Комура в нескольких словах объяснил, что Япония в своем желании заключить мир готова внести некоторые изменения в оригинальный текст статей в надежде на то, что Россия сочтет их приемлемыми

---

[25] Russians Stand Pat // The Sunday Star. 20.08.1905. P. 1.

и примет их. Затем он представил г-ну Витте в письменном виде предложение о компромиссе, которое предложил президент Рузвельт. <...> Это был компромисс президента Рузвельта, и Витте знал, что это решение удовлетворяет барона Комуру. Предстояло проверить, не блефовал ли он[26].

Витте вновь повторил, что Россия «не заплатит ни копейки». Ниже журналист заключил, что «перспективы туманные, многие думают, что они еще никогда не были так туманны, как сегодня»[27]. Предложение Рузвельта не было принято, несмотря на то что оно бы, как писали в «Daily Press» в Ньюпорте в Вирджинии, «отлично позволило удовлетворить требование японцев в отношении возмещения затрат на ведение войны [и] одновременно с этим позволило бы русским дипломатам заявить, что они не уступили ни пяди земли и не заплатили ни копейки военной дани[28].

Настала очередь Японии либо прервать мирные переговоры, либо выступить с предложением, с которым русские могли бы согласиться. Комура доложил о ситуации в Токио [Gaimusho 1953: 107–108], тогда как в России поддержку царя снова получили милитаристы. 28 августа 1905 года Витте было вновь приказано закончить мирные переговоры и вернуться в Россию, но он отказался подчиниться. Казалось, что японцы были более склонны принять совет Рузвельта, чем русские, и они наконец отказались от требования о назначении контрибуции во имя заключения мира [Gaimusho 1953: 125–127]. Во время последней сессии 28 августа 1905 года Комура согласился на раздел Сахалина с отказом от контрибуции. Этим он проложил путь «миру, который очевидно наладил Рузвельт», из-за чего год спустя он получил Нобелевскую премию мира, а Витте стал известен как «граф Полусахалинский» [Trani 1969: 156]. Вскоре Россия начала выводить войска из Маньчжурии, оставив небольшое их количество для охраны железной дороги в северной части китайской терри-

---

[26] Depends on Czar // The Semi-Weekly Messenger. 25.08.1905. P. 1.

[27] Ibid.

[28] President Tries to Save Conference // Daily Press. 23.08.1905; Russia's Last Word // The Semi-Weekly Messenger. 29.08.1905. P. 1.

тории [Asada 2010: 1285]. Несмотря на отступление, претензии России на сохранение особых прав в регионе остались и даже усилились из-за того, что Япония заявила о своих особых правах в его южной части [Li Narangoa 2002: 5]. Во всем мире сообщили об окончательных условиях мира[29]:

1. Признание преобладающих интересов Японии в Корее.
Согласовано с Россией.
2. Вывод из Маньчжурии войск России и Японии.
Согласовано с Россией, занимающей две трети территории.
3. Передача от России Японии аренды Ляодунского полуострова, в том числе Порт-Артура и Дальнего.
Согласовано с Россией.
4. Возврат Китаю гражданского управления Маньчжурией [Sic!].
Согласовано с Россией.
5. Уступка Россией острова Сахалин, который японские военные заняли силой оружия.
Россия отклонила этот пункт и вынудила Японию вернуть половину острова.
6. Передача от России Японии без компенсации всех доков, складов боеприпасов и военных сооружений в Порт-Артуре и Дальнем.
Согласовано с Россией.
7. Передача железной дороги между Порт-Артуром и Куанченцзы.
Согласовано с Россией.
8. Россия оставляет за собой железнодорожную магистраль Куанченцзы — Владивосток.
Согласовано с Японией.
9. Возмещение Россией Японии военных расходов.
Отклонено Россией.

---

[29] This is the Basis of Peace Treaty // Bismark Daily Tribune. 31.08.1905. P. 1. См. также: Synopsis of Russo-Japanese Treaty // Rock Island Argus. 05.09.1905. P. 1. Окончательную версию договора см.: Russo-Japanese Peace Treaty. Дипломатические архивы Министерства иностранных дел. URL: https://www.jacar.go.jp/english/nichiro/russo-japanese.htm (дата обращения: 23.10.2021).

10. Передача Японии российских судов, находящихся в нейтральных водах.

Отклонено Россией.

11. Ограничение российских морских сил на Дальнем Востоке.

Отклонено Россией.

12. Предоставление Японии права рыбной ловли у берегов Сибири.

Отклонено Россией.

Было ясно, что Россия проиграла все сражения в этой войне, кроме сражения за столом переговоров. В отличие от американских газет, японской прессе не понравились такие условия мира, и это поражение было приписано слабости японской дипломатии [Лукоянов 2007: 29]. В Японии писали, что Россия «легко отделалась»[30]. Витте явно дал понять, как трудно далось окончательное решение и как слаба была позиция России. Вернувшись с конференции, Витте сказал следующее:

> Я держал свое слово на протяжении всех переговоров на мирной конференции. Я сказал японцам, что я не отступлю ни на дюйм, и так и произошло. Я отказался уступать по пункту, касающемуся ограничения морских сил, отказался от выплат денежных средств и отказался отдавать территории и отдал пол-Сахалина по приказу императора[31].

Другому репортеру российский уполномоченный заявил, что «обставил японцев». Более подробно он объяснил это так:

> Президент Рузвельт взывал к моему патриотизму, гуманности и здравому смыслу. К счастью, мне удалось сохранить эти качества до конца переговоров. Японцы не могли прочитать на моем лице, что происходит в моем сердце. С самого начала я понимал, что я должен выглядеть убедительно[32].

---

[30] Peace Now Assured // The Billings Gazette. 01.09.1905. P. 2.

[31] Ibid.

[32] To Arrange Terms of Armistice Today // Bisbee Daily Review. 01.09.1905. P. 1.

Позднее Витте описывал свой успех как «победу пера над мечом» [Schattenberg 2008: 10]. Если в российской историографии в дальнейшем будет подчеркиваться роль Витте, то в историографии США триумф приписывается президенту Рузвельту. Однако я, как и некоторые другие, предположил бы, что окончание войны было обусловлено финансовыми потребностями Японии [Helfferich 1906: 238; Goltz 1906: 192–193]. Тем не менее Рузвельт стал героем дня и получил поздравления и благодарность от российского императора[33].

В отличие от переговоров, подписание мирного договора заняло сравнительно немного времени[34], о чем сообщили в «The Seattle Republican» вместе с советом на будущее: «Позвольте посоветовать воюющим сторонам: "Иди и впредь не греши"»[35]. «Последняя глава кровавой войны»[36] была написана, и несмотря на то, что казалось, будто Япония проиграла, десятилетие спустя в статье из мичиганского издания «The Calumet News» старались подчеркнуть значение этого договора для международного мира:

> Из Портсмутского мирного договора следовало, что Япония, одерживавшая победы в сражениях, потерпела поражение; но учитывая, что война стоит больших человеческих жертв и финансовых затрат, страна, завершающая войну любой ценой, спасает национальную гордость. <...> В своеобразном тихом городке Портсмуте интеллектуальный поединок дипломатов России и Японии положил конец войне[37].

---

[33] «Сегодня президент Рузвельт получил следующую каблограмму от российского императора: "Примите мои поздравления и скорейшую благодарность за то, что вы привели мирные переговоры к успешному завершению, обязанному вашим личным энергичным усилиям. Моя страна с благодарностью признает ваш значительный вклад в Портсмутскую мирную конференцию"» (Czar Thanks Roosevelt // Bismark Daily Tribune. 31.08.1905. P. 1). См. также: The Hawaiian Star. 31.08.1905.

[34] Armistice is Signed // The Citizen. 07.09.1905. P. 4.

[35] The Seattle Republican. 08.09.1905. P. 4.

[36] Final Chapter of Bloody War // The Cairo Bulletin. 26.11.1905. P. 1.

[37] Russia and Japan // The Calumet News. 11.09.1914. P. 4.

Несмотря на то что международная общественность хорошо приняла договор, японцы были им недовольны. Когда новость о договоре достигла Японии, общественность отнеслась к ней в целом безразлично:

Директор политического департамента Министерства иностранных дел г-н Ямадза прибыл с мирным договором, подписанным в Портсмуте 5 сентября, в Иокогаму днем на борту парохода Дакота и немедленно отправился в Токио. Туда он прибыл только вечером, на железнодорожной станции его встречало очень мало людей, поскольку всех приходивших тщательно проверяли военные и полицейские, охранявшие станцию[38].

Витте сохранял на Западе положительный имидж, поскольку казалось, что он — единственный российский политик, способный справиться с холерным кризисом конца 1905 года:

В России есть только один чиновник, способный справиться с кризисом, с которым столкнулась Россия, кризисом еще более острым, чем тот, что был только что решен Портсмутским мирным договором, и это граф Витте. Успех же, которого он достиг в своей миссии здесь, поднял его престиж до таких пределов, что его многочисленные враги в официальных кругах и при дворе больше не смогут встать между ним и его государем и внести рознь между ними[39].

Но в России, как и Комура в Японии, Витте стал козлом отпущения из-за мира, который казался унизительным для российского населения:

На недавнем городском собрании Санкт-Петербурга, созванном для обсуждения общественных мероприятий в благодарность за службу графа Витте в Портсмуте, возникло сильное предубеждение против него. Предложения устроить прием в его честь, почтить его почетным граждан-

---

[38] Peace Treaty at Tokyo // The Bemidji Daily Pioneer. 06.10.1905. P. 1.

[39] Pestilence and Famine // New-York Tribune. 10.12.1905. P. 8.

ством или приветственной речью были отклонены, зато была принята резолюция, согласно которой он недостоин особых почестей, потому что его служба в Портсмуте «была лишь искупительной жертвой за его уступки, ставшие политическими ошибками, приведшими к войне»[40].

Единственным человеком, которому мирный договор принес пользу как дома, так и за рубежом, был Теодор Рузвельт. Его роль в переговорах будет подробно проанализирована ниже.

Теодор Рузвельт и Портсмутский мирный договор

Норман Сол называл Рузвельта «церемониймейстером на каждом мероприятии» [Saul 2005: 498], проходившем в Портсмуте; Тайлер Деннет даже назвал его «диктатором» [Dennett 1925: 243] мирных переговоров. Хотя президент, вероятно, заслуженно получил в 1906 году Нобелевскую премию [Wolff 2008б: 126], необходимо помнить о том, что Рузвельт действовал во имя национальных целей США, которые опасались растущего влияния Японии по ту сторону Тихого океана. Если договор и был «существенным достижением»[41], то сугубо с американской точки зрения. Заключению мира посвящали стихи[42], о событиях в Портсмуте устанавливали мемориальные доски[43], но японцы и без того помнили о том, что там произошло. Я считаю, что этот договор стал отправной точкой на пути к Перл-Харбору и началу военных действий в Тихоокеанском регионе 36 лет спустя. Таким образом, Портсмутская мирная конференция не была, как утверждали Аллен Хокли и Стивен Эриксон, примером «успешной

---

[40] Against Count Witte // Evening Star. 05.10.1905. P. 1. Этот же отчет был напечатан под заголовком: Sentiment against Witte // The Bemidji Daily Pioneer. 06.10.1905. P. 1.

[41] Roosevelt Has Notable Record // The Newport Miner. 04.03.1909. P. 3.

[42] Metcalfe R. L. Who Feel Great Truths and Tell Them // The Commoner. 10.11.1905.

[43] To Commemorate the Singing of the Russo-Japanese Peace Treaty // Palestine Daily Herald. 05.09.1906. P. 7.

русско-японской дипломатии». И США были не «активным посредником» [Hockley, Ericson 2008: 1], а национальным государством, извлекшим выгоду из посредничества, хотя бы временно удержав под контролем амбиции России и Японии.

Рузвельту было необходимо удержать в Восточной Азии под контролем обе державы, потому что он, как и его коллеги в Лондоне, надеялся, что благодаря балансу сил в регионе сохранится политика открытых дверей в Маньчжурии. Следовательно, было необходимо, чтобы ни одна из сторон не достигла превосходства после войны. Таким образом, он действовал в национальных интересах США, а не сугубо ради мира в целом [Лукоянов 2007: 17; Trani 1969: 144–148]. Президент признавал амбиции так называемых «опоздавших» стран, Германии и Японии, но Россию он не любил даже больше из-за оккупации царскими войсками Маньчжурии и Кишиневского погрома[44]. Рузвельт восхищался японскими солдатами и их достижениями во время войны [Sinkler 1971: 395–396], но его отношение балансировало между благоговением и опасением, что в будущем в Восточной Азии возникнут проблемы. «Япошки играют нам на руку», — писал он Хею в июле 1904 года[45]. Соединенные штаты не были готовы остановить продвижение России, поэтому они охотно принимали Японию в качестве географического барьера и активных сторонников идеала открытых дверей в регионе [Trani 1969: 9]. Кроме того, Рузвельту не нравился российский дипломат в Вашингтоне Кассини, которого он описывал как лжеца. Его взаимоотношения с японским послом были лучше с самого начала, что стало ключом к хорошим отношениям двух стран[46].

Однако по мере увеличения числа побед Японии Рузвельт кардинально изменил свое мнение. Как и многие люди, боявшие-

---

[44] «Наши люди стали относиться к России с подозрением, и лично я разделяю это мнение». Теодор Рузвельт — Спрингу Райсу. 02.02.1904. Цит. по: [Trani 1969: 8].

[45] Теодор Рузвельт — Джону Хею. 26.07.1904. Цит. по: [Trani 1969: 31].

[46] Рузвельт также испытывал вполне дружеские чувства к немецкому послу Шпеку фон Штембургу [Roosevelt 1913: 31].

ся «желтой опасности» в Азии, президент осознавал возможную
угрозу имперских амбиций Японии в Восточной Азии. Он писал
Спрингу Райсу, что война в Маньчжурии может в будущем привести к конфликту между Японией и США[47]. Полная победа
японских друзей могла бы сделать их слишком сильными. Поэтому у президента США были вполне прагматичные ожидания:
«Возможно, обе державы будут сражаться до тех пор, пока они
обе порядком не обессилят, и тогда мир будет установлен на
условиях, которые не будут нести в себе ни желтой, ни славянской
опасности»[48]. Он не раз упоминал об опасениях, что японцы
вследствие своих военных успехов не будут иметь себе равных,
в том числе сказал послу Франции Жюлю Жюсерану, что «наи-
лучшим вариантом было бы, если бы русские и японцы в ослаб-
ленном положении оставались в противостоянии, уравновешивая
друг друга» [Jusserand 1933: 300–301]. Во время войны президенту не нравилось, что японцы держали журналистов и военных
наблюдателей в стороне от военных событий, а также то, что
японский флот нарушил нейтралитет Китая, проследовав за
русским броненосцем в нейтральную гавань. Но он сохранял
дружественное отношение, несмотря на то что японское правительство полностью игнорировало его советы [Esthus 1966: 48–51].
Когда японцы обратились к нему, чтобы он стал посредником
в переговорах «всецело по своей инициативе»[49], Рузвельт действовал уже не столько во имя Японии, сколько для сохранения
выгодного для США баланса сил.

Рузвельт был не единственным американцем, осознававшим,
что военный успех Японии может нести в себе угрозу. В своей
статье «Победы Японии: угроза или благословение»[50] Уильям
Эллиот Гриффис (1843–1928) высказывал то же мнение:

[47] Теодор Рузвельт — Спрингу Райсу. 13.06.1904. Цит. по: [Trani 1969: 34].

[48] Рузвельт — Спрингу Райсу. 19.03.1904. Цит. по: [Morison 1951, 4: 759–761].

[49] Комура — Такахире. Телеграмма. 31.05.1905. См. в [Morison 1951, 4: 1221–1222].

[50] Griffis W. E. Japanese Victories: Are They a Menace or a Blessing // Evening Star. 29.10.1905. P. 5–6.

Более чем вероятно, что скоро мы внезапно перестанем безосновательного восхищаться японцами. На протяжении своего долгого пути буквального преображения Япония представала в американском сознании как восточный рай со всеми современными удобствами. Эстетичные и полупоэтичные прозаики, не обращавшие внимания на недостатки, лили лунный свет на кучи мусора. Мир оценивает победу не «восточных» армии и флота, а хорошо обученных армии и флота, находящихся вблизи от своих источников снабжения и отличающихся строгой умеренностью и свободой от распутства, над невежественной лошадью, плетущейся в хвосте затухающей империи, ослабленной алкоголем и чувственными наслаждениями. <...> То, что мы наблюдаем, является победой интеллектуального меньшинства с современным типом мышления после сорока лет подготовки и десяти лет четко выраженной решимости, с применением всего, что наука накопила за века во многих цивилизациях, а не естественным плодом деятельности пятидесяти миллионов островитян, моральную, социальную и физическую стороны жизни которых еще предстоит узнать. Американцы, лишь недавно вырвавшиеся из своей провинциальности, не были обмануты японцами, а обманули себя сами, ибо подобный процесс в целом до своего завершения очень замысловат. <...> На мой взгляд, победа Японии над Россией послужит миру и дружественным отношениям между странами, росту взаимного уважения Востока и Запада, а значит, и распространению гуманизма, усовершенствованию нашей морали и религии, обогащению нашей цивилизации и укреплению положения США в Азии. У США одна миссия в Японии. Она заключается в том, чтобы объединить азиатскую мудрость и англосаксонскую свободу и предприимчивость, чтобы понятия «Восток» и «Запад» ушли в прошлое <...> и во всем мире был один тип цивилизации[51].

Напряженные отношения между США и Японией, в результате которых в Тихоокеанском регионе начались военные действия, берут свое начало в Русско-японской войне в целом и в Портсмутском мирном договоре в частности. В июле 1907 года русско-япон-

---

[51] Griffis W. E. Japanese Victories: Are They a Menace or a Blessing // Evening Star. 29.10.1905. P. 5.

ское соглашение положило конец конфликту между этими двумя странами спустя всего два года после окончания войны, и с тех пор Россия перестала мериться с Японией силами [Matsui 1972: 33]. К этому времени Россия сместила фокус своей внешней политики на Европу, а у Японии возрос интерес к Маньчжурии. Российская империя наконец признала требования Японии относительно Кореи и Южной Маньчжурии в обмен на аналогичное положение для себя в северной части Маньчжурии и во Внешней Монголии. Благодаря этому договору Россия также смогла вступить в августе 1907 года в Антанту, поскольку ее конфликт с Великобританией в Центральной Азии, так называемая «Большая игра», завершился. У России не было финансовых возможностей начать новую войну с Японией, Японии тоже было необходимо восстановиться после войны, поэтому она старалась постепенно наращивать экономическое присутствие в Маньчжурии. Поскольку США не могли допустить, чтобы у Японии было в этом регионе эксклюзивное положение, будущее развитие отношений этих стран можно было предсказать уже в 1905–1907 годах, когда необходимый баланс удалось сохранить лишь ненадолго [Peters 1944a: 367].

Одной из наиболее пострадавших от сложившейся в Восточной Азии ситуации стран был Китай. Япония и США не допустили его участия в войне, несмотря на то что она велась на его территории, поскольку вмешательство Китая могло привести к мировой войне. Вместо этого он, как и Корея, стал жертвой военных действий [Nish 2004: 3; Nish 20056: 22]. При заключении договоров после войны Россия и Япония не спрашивали мнения Китая. Так произошло и в Портсмуте, когда, казалось, политическими требованиями Китая никто не интересовался [Kawashima 2004]. Комура, возвращаясь в Японию, посетил Китай, где его ознакомили с возражениями против размещения российских и японских войск, предусмотренного Портсмутским мирным договором:

> Китай будет настаивать на возражениях, которые он высказал несколько недель назад России и Японии относительно некоторых пунктов мирного соглашения. В документе соглашения говорится, что войска из Маньчжурии должны быть выведены в течение 18 месяцев. Китай выразил реши-

тельный протест относительно этого пункта, утверждая, что установлен слишком длительный период. Власти Китая предложили сократить его до 9 месяцев. Кроме того, Китай выразил несогласие относительно другого пункта договора, предусматривающего, что в Маньчжурии останется и российская, и японская вооруженная охрана для защиты железных дорог в провинции, принадлежащих этим странам. Согласно заключенному соглашению каждый километр [Sic!] железной дороги будет охранять 15 человек вооруженной охраны. Согласно подсчетам Китая, это будет означать размещение российских и японских войск, насчитывающих приблизительно 20 000 человек. В возражениях Китая, отправленных и в Санкт-Петербург, и в Токио, говорится о том, что Китай способен сам обеспечить защиту собственности России и Японии на своей территории[52].

Однако эти возражения не были восприняты серьезно ни в России, ни в Японии. Японо-китайские отношения ухудшились, в частности, во время Первой мировой войны, когда 21 требование укрепило положение Японии в регионе, а США совершили интервенцию для сохранения политики открытых дверей и, следовательно, для защиты своих экономических интересов.

Японо-американские отношения после Русско-японской войны развивались еще хуже. Несмотря на то что либеральный политик Юкио Одзаки (1858–1954) отправил в Вашингтон в 1910 году саженцы вишни в знак благодарности США за посредничество в переговорах [Buchanan 1950], Портсмутский мирный договор негативно повлиял на отношения двух стран [Wolff 2008б: 131–133]. Америка стала вести в Тихоокеанском регионе более амбициозную политику с целью стать мировой морской державой и защитить свое положение от растущей мощи Японии на другой стороне Тихого океана [Pollock 1905: 244–245]. Последовательная поддержка Рузвельтом интересов России привела к появлению в Японии антиамериканских настроений. Люди воспринимали США как предателей, и, несмотря на то что Япония достигла своих изначальных целей, условия мира оценивались как унизи-

---

52 Will Hear China's Protests // The Sun. 12.11.1905. P. 10.

тельные. На следующий день после подписания уполномоченными лицами договора в Токио начались Хибийские беспорядки, являвшиеся выражением общественного гнева и прекратившийся только тогда, когда японский император ввел военное положение. В канзасском издании «The Topeka State Journal» события в японской столице были описаны подробно:

> Первые волнения произошли в связи с народным гневом, вызванным условиями мирного договора, заключенного с Россией. В парке Хибия был созван массовый митинг против действий правительства, но полиция Токио закрыла ворота и попыталась воспрепятствовать тому, чтобы люди там собрались. Муниципалитет выступил против действий полиции, и ворота наконец были открыты, собралась большая толпа, люди голосовали за резолюцию, в которой говорилось о том, что нация унижена, а также осуждались условия, на которых был заключен мирный договор. Толпа скорее была серьезна в своих намерениях, чем в гневе, поэтому полиция вела себя сдержанно. Со временем толпа организованно разошлась. Однако позже люди вновь попытались собраться у театра «Синтоми», и полиция их разогнала. Затем часть толпы ушла к правительственному органу «Кокумин симбун» и стала кричать. В дверях здания появились три сотрудника [Sic!] газеты с мечами в руках, отразили нападение, после чего полиция разогнала толпу. Казалось, что беспорядки закончились, когда неожиданно часть толпы стала штурмовать здание, кидать камни и ломать оборудование. <...> В Осаке и Нагое прошли подобные митинги, на которых, не стесняясь в выражениях, требовали отставки правительства. Общее настроение в стране, кажется, было на стороне протестов, но также очевидно, что большинство примет результат мирной конференции, каким бы разочаровывающим он ни был[53].

Американский дипломат Генри Уиллард Денисон (1846–1914), бывший юрисконсультом японской делегации в Портсмуте, объяснил позицию Японии по окончательному соглашению следующим образом:

---

[53] Don't Like It // The Topeka State Journal. 06.09.1905. P. 1.

Г-н Деннисон [Sic!] сказал: «Если вы не можете уплатить долг кредитору, который не в состоянии его с вас взыскать, это не повод для гордости. Русские берут большой кредит сами у себя, потому что отказываются выплачивать контрибуции Японии.

Мы не стали настаивать на контрибуциях по той простой причине, что мы не в том положении, чтобы настаивать на чем-либо. Если бы наш флот стоял в Балтийском море или наша армия находилась под Санкт-Петербургом или у ворот Москвы, мы бы получили те же преимущества, какие были у немцев, когда они оккупировали Париж. Они получили большие контрибуции от Франции только в качестве платы за то, что ушли. Контрибуции в международных делах, как вы знаете, это не плата за прошлые поражения, а гарантия предотвращения новых.

Но наши флот и армия в тысячах миль от европейской России. Мы бы действительно могли возобновить войну, захватить Владивосток и получить, вероятно, возможность требовать контрибуции, но это стоило бы нам несколько миллионов иен — столько же, сколько составили бы контрибуции, не говоря уже о человеческих потерях»[54].

Однако даже когда политики приняли эти факты, японская общественность, надеявшаяся на крупные завоевания, как в 1895 году, а также на большие суммы контрибуций из-за обещаний в прессе, была в ярости и не приняла поражения в Портсмуте. Когда договор привезли в Японию, первоначальный гнев уже утих[55], и люди направили свою злость на правительство[56], но отношение к США в Японии резко ухудшилось из-за ощущения обмана.

После окончания Русско-японской войны «взаимная подозрительность» [Kowner 2007a: 14] возросла и ознаменовала собой период США и Японии к отношениям, которые Тал Тови и Шэрон

---

54 Not in Shape to Insist // The Bemidji Daily Pioneer. 18.09.1905. P. 1.

55 No Demonstration When Treaty Reached Japan // The Times Dispatch. 06.10. 1905. P. 1.

56 Peace Treaty Reaches Japan // Albuquerque Evening Citizen. 05.10.1905. P. 1. См. также: [Okamoto 1982]. О роли в войне императора см. [Gluck 1985: 89–90].

Халеви даже назвали «холодной войной» [Tovy, Halevi 2007: 137]. Этот период продолжался с 1905 по 1941 год. Поддержка, которую раньше США оказывали действиям Японии в Восточной Азии, теперь сменилась растущим противостоянием в Маньчжурии. Следовательно, поддержка, которую оказывали США, всегда отражала исключительно их собственные интересы в регионе, Япония же использовалась в качестве щита от России до тех пор, пока сама не стала представлять опасность [Tovy, Halevi 2007: 139][57]. Однако финансовые проблемы Японии привели к еще большей потребности в деньгах. Поэтому она не только отклонила предложение США о передаче части железной дороги в Маньчжурии, но и значительно ограничила американскую политику открытых дверей, что стало возможным после заключения в 1907 году соглашения с Россией [Berton 2007: 79; Matsui 1972: 36–37; Trani 1969: 159]. «Американцев вышвырнули из Маньчжурии и в торговом, и в инвестиционном отношении» [Matsui 1972: 36], и конфликт достиг кульминации во время Мукденского инцидента в 1931 году, который также можно рассматривать в качестве прямого следствия Русско-японской войны.

Помимо экономических споров, американо-японские отношения были омрачены иммиграцией японских граждан на западное побережье США, а также сегрегационным кризисом в школах Калифорнии в октябре 1906 года [Esthus 1966: 128–145; Matsui 1972: 36; Tovy, Halevi 2007: 146–148][58]. Если еще раз процитировать Тови и Халеви, «победа Японии над Россией привела к тому, что США "открыли" для себя нового врага» [Tovy, Halevi 2007: 150]. Если во время войны в качестве опасной и нецивилизованной страны преподносили Россию [Henning 2007], то теперь фокус сместился на Японию, которую также начали выставлять в качестве военной угрозы [Lone 1998: 8]. В результате войны в Восточной Азии были не только пересмотрены военно-морские теории

---

[57] См. также: Хэй — Рузвельту. 28.04.1903. Цит. по: [Esthus 1966: 9].

[58] Танака продемонстрировал, что антияпонские настроения были распространены во всех штатах США. См. [Tanaka 2015].

Мэхэна и Джулиана С. Корбетта (1854–1922), но и возникла идея необходимости увеличения числа военных кораблей [Sumida 1997: 45–46][59]. Рузвельт также писал об этой потребности в письме Спрингу Райсу в июне 1905 года:

> Я хочу видеть, как наш флот строится непрерывно, каждый корабль должен стать максимально эффективной боевой единицей. Если мы пойдем по этому пути, у нас не будет проблем ни с японцами, ни с кем бы то ни было еще. Но если мы будем бахвалиться, если мы будем плохо относиться к другим нациям, если мы будем смотреть на японцев как на низшую или чуждую расу и пытаться вести себя с ними так, как мы вели себя с китайцами, и если при этом нам не удастся построить чрезвычайно эффективный флот, тогда мы навлечем на себя беду[60].

Администрация Рузвельта оставила после себя в США второй по размеру флот в мире после Великобритании. Кроме того, сразу после войны президент приказал немедленно изучить японский флот, и в 1907 году впервые в Оранжевом военном плане США Япония была указана как возможный враг в войне в Тихоокеанском регионе [Tovy, Halevi 2007: 139–145]. В Японии в том же году США также были занесены в список возможных врагов [Kowner 2007a: 15]. Чтобы закончить тему, связанную с событиями 1941 года, необходимо упомянуть, что произведенная в 1941 году атака соответствовала традициям Русско-японской войны, потому что предполагалось, что при внезапном нападении победа в Тихоокеанском регионе будет гарантирована [Ikeda 1982: 144; Kowner 2007г: 34–35; Wolff 2008б: 129]. Япония столкнулась с очень сильным врагом, как это было и в 1904 году. Однако ее военные стратеги верили в идею превентивной войны, быстрой неожиданной атаки и сравнительно быстрой кампании, которая позволит в конечном счете навязать благоприятные для

---

[59] См. основные работы двух военных стратегов: [Mahan 1918; Corbett 1972].

[60] Рузвельт — Спрингу Райсу. 16.06.1905. Цит. по: [Chapman 2004: 44].

себя условия мира. Япония была не единственной страной, на которую после Русско-японской войны повлияли подобные идеи, как станет ясно при рассмотрении итогов этой войны для Германии. Однако отношения Японии и США определенно ухудшились в результате войны между Россией и Японией в целом и Портсмутского мира в частности. В результате нового порядка в Восточной Азии территориальные и экономические амбиции Японии возросли, так же как и опасения США по поводу появления в Тихоокеанском регионе нового врага.

6. Бьёркё, Шлиффен и наступательные стратегии

Русско-японская война оказала влияние на весь мир. Кроме стран-участниц, вдохновившихся Японией жителей колоний, русских революционеров и президента США Теодора Рузвельта, возможности, которые открыли события в Восточной Азии, осознали также немецкие военные наблюдатели. Дипломатический контекст войны уже был изучен Джоном Уайтом [White 1964], однако ее значение для судьбы Германской империи кажется недоисследованным, даже несмотря на то, что некоторые историки пытались подчеркнуть взаимосвязь между войной на мировой периферии и ее последствиями для Германии[1]. Немалую роль сыграло то, что военные действия России против Японии разгрузили оборонительные линии Германии и Австрии на восточном фронте. Из-за продолжительности войны против Японии у правительства и военного руководства Германии появилась очень большая степень свободы в том, что касалось планирования действий в Европе [Peters 1944в: 340]. Однако они также осознавали опасность изоляции Германии, в случае если Россия проиграет и, как следствие, захочет присоединиться к англо французскому соглашению 1904 года. Это привело бы к изоляции Германской империи и угрожало бы для нее окружением в Европе [Peters 1944в: 342]. Мэттью С. Селигман уже указывал на эту ситуацию и объяснял, что «для внешней политики Германии Русско-японская война стала водоразделом» [Seligmann 2007: 109].

---

[1] Хорошими примерами являются [Seligmann 2007; Steinberg 1970].

В результате победы Японии не только обострился страх перед «желтой опасностью» в Азии[2], но и нарушился баланс сил в Европе, в частности потому, что исчезла угроза русского непобедимого катка, которая сохранялась на протяжении нескольких предыдущих лет [Seligmann 2007: 110–116]. Развеялся кошмар Германии о войне на два фронта с Францией и Россией, поскольку Русско-японская война «оказала значительное влияние на международную репутацию российских вооруженных сил и на оценку военного потенциала государства Романовых» [Seligmann 2007: 116–117], сделав очевидной слабость царских армии и флота. Ввиду «недавно подтвержденной некомпетентности» возможного врага на Востоке нападение России в ближайшие годы стало считаться невозможным, а царская армия превратилась в «сломанный инструмент» в руках ни на что не способного лидера [Seligmann 2007: 177]. В данной главе эти изменения будут подробно проанализированы с целью показать, насколько сильно политическая стратегия Германской империи подверглась влиянию событий в Маньчжурии, и продемонстрировать, что план Шлиффена являлся прямым следствием Русско-японской войны как транснационального фактора мировой истории.

Внешняя политика Германии в 1904–1905 годах

Задним числом может показаться, что увидеть ослабление позиции Германии в 1904–1906 годах просто. Германская империя не только отстранилась от России и Японии, но и оказалась изолирована в Европе после конфликта с Францией и Великобританией из-за Марокко в 1905 году, что привело к ее международной изоляции на Альхесирасской конференции [Steinberg 1970: 1965]. Политической ситуации в Германии угрожала антиберлинская коалиция, однако Русско-японская война давала правительству

---

[2] Вильгельм II высказывал опасения по поводу «желтой опасности» еще до войны, комментируя доклад посла Германии в Токио о ситуации в Японии в середине января. См. Граф фон Акро — Министерству иностранных дел. Токио, 13.01.1904 // GP. № 5937.

и императору некоторую надежду на сближение с другими странами. При добросовестном посредничестве Бисмарка политическое руководство пыталось склонить Россию на сторону Германии, помогая Российской империи защищать свои права и нужды на международной арене. Также в Германии очень хотели внести раскол в отношения России и Франции, чтобы получить возможность стать союзником России вместо Франции по двустороннему договору между Санкт-Петербургом и Берлином.

Франция не поддержала войну, а «все больше французов, разочарованных некомпетентностью своего союзника и неудовлетворительными торговыми отношениями с Россией, начинало задаваться вопросом, бесконечно ли они будут выдавать ей займы» [Long 1974: 214]. Однако российскому министру финансов Коковцову было необходимо финансировать войну, стоимость которой к концу 1904 года уже составляла 803 миллиона рублей [Long 1974: 215]. Необходимые для войны займы выдавали французские банки, даже несмотря на то, что Россия проиграла свои первые сражения, поскольку все верили, что русская армия в конечном счете победит крошечную азиатскую островную империю. Вследствие займов французская промышленность требовала взамен большего числа заказов из России, в особенности потому, что в результате развития России уменьшилась прибыль металлургической промышленности Франции, которая могла бы восстановиться после событий в Маньчжурии и из-за связанных с ними потребностей русской армии. Таким образом, Франция выдавала займы на определенных условиях. Так, в июле 1904 года Витте отправился в Германию на переговоры по новому соглашению с Германской империей, потому что Россия посчитала слишком дорогой тарифную войну, которую вела с ее соседом одновременно с войной с Японией. Витте осознавал военные и экономические последствия войны и прямо говорил о том, что России «потребуется двадцать или двадцать пять лет, в течение которых ей придется заняться исключительно внутренними делами и поддерживать мир во внешней политике»[3].

---

[3] Витте — Куропаткину. Цит. по: [Long 1974: 222].

Когда мир, и особенно биржу и банки Франции, потрясли события в Мукдене и Цусиме, в Париже возникло «состояние обеспокоенности относительно будущего Франции, России и их союза» [Long 1974: 227]. России стало сложнее получить заем у французских инвесторов, даже несмотря на то, что некоторым из них были очень выгодны такие операции как с политической, так и с экономической точки зрения. Джеймс Лонг точно описывает влияние этой войны на отношения России и Франции: «Русско-японская война положила конец медовому месяцу франко-русского союза. <...> С точки зрения Франции эта война испортила ее единственного союзника, вскрыв шаткое финансовое положение России и принеся угрозу тысячам французских рантье» [Long 1974: 233]. В этой ситуации германский император Вильгельм II попытался внести раскол между Россией и Францией, чтобы заменить Францию в качестве более надежного и верного союзника России. Он хотел убедить своего русского кузена подписать русско-германское соглашение, к которому позднее должна была присоединиться Франция. Такой договор положил бы конец изоляции Германии, так как британскую угрозу сдерживала бы сильная континентальная группа, в то время как через Россию можно было бы оказывать давление на Францию по колониальным вопросам [Venier 2004: 332]. Таким образом, пророссийская позиция в германском правительстве имела прагматический характер, а не была альтруистическим выражением солидарности между двумя императорами-кузенами.

К 1902 году стало понятно, что конфликт между Россией и Японией можно было бы локализовать англо-японским союзом[4]. Также было очевидно, что Германия не станет вмешиваться в войну, которая ведется исключительно за интересы в Корее и Маньчжурии, в особенности потому, что русской армии определенно не понадобится военная помощь, чтобы победить Япо-

---

[4] Записки докладывающего секретаря Министерства иностранных дел фон Гольштейна. Берлин, 24.03.1902 // GP. № 5920.

нию[5]. Предполагалось, что конфликт с Японией заменит русско-турецкий конфликт предыдущего столетия[6]. Послу Германии в Токио Эммериху фон Арко ауф Валлею (1852–1909) было приказано сказать японцам следующее:

> У России и Германии хорошие отношения, потому что нет конфликта политических интересов. Но союз между нами невозможен, пока существует франко-русский союз, поскольку основой нашего союза должна была бы стать взаимная гарантия законных прав. Однако франко-русский союз не продержится и суток, если Россия станет державой, выступающей гарантом Франкфуртского мира[7].

Министерство иностранных дел Германии подчеркнуло свою позицию: «Маньчжурия и Корея совершенно не представляют для нас интереса»[8]. Однако, в отличие от России, германский посол признал значение Кореи для японцев и доложил об этом Бюлову:

> Корейский вопрос <...> один из жизненно важных вопросов для Японии. Россия не может позволить Японии консолидировать силы в Корее и поэтому занимает пространство между Порт-Артуром и Владивостоком; с другой стороны, Япония понимает, что, если она предоставит России возможность разместить военную базу на корейском побережье, это будет означать ее окончательный отказ от политики аннексии Кореи[9].

[5] Записки докладывающего секретаря Министерства иностранных дел фон Гольштейна. Берлин, 12.07.1902 // GP. № 5921.

[6] Записки заместителя государственного секретаря в Министерстве иностранных дел фон Мюльберга. Берлин, 15.07.1903 // GP. № 5924.

[7] Записки заместителя государственного секретаря в Министерстве иностранных дел фон Мюльберга для посланника в Токио графа фон Арко. Берлин, 26.10.1903 // GP. № 5927.

[8] Заместитель государственного секретаря в Министерстве иностранных дел фон Мюльберг — графу фон Арко в Токио. Берлин, 27.10.1903 // GP. № 5928.

[9] Посол в Санкт-Петербурге граф фон Альвенслебен — канцлеру графу фон Бюлову. Санкт-Петербург, 20.12.1903 // GP. № 5929.

Следовательно, в Берлине осознавали угрозу войны, и для Министерства иностранных дел Германии было очевидно, что амбиции царя могут спровоцировать Японию. Нежелание Николая II понять жизненно важные интересы Японии в регионе могло привести к войне[10]. Таким образом, император Вильгельм II, как и Франция и Англия, был заинтересован в локализации будущей войны[11]. Даже после начала войны французы заявляли, что союз с Россией не будет иметь силы за пределами Европы[12]. В Министерстве иностранных дел Германии предполагали, что в начале войны Япония будет одерживать победы, поскольку в этом регионе не располагаются основные силы Российской империи[13]. Канцлер Бюлов осознавал возможности, которые появлялись у Германии при отсутствии сильной России в Европе, но подчеркивал, что Германия должна создавать впечатление, будто она не заинтересована в войне в Восточной Азии при участии России. Германская империя должна была создать для русских не вызывающий сомнений образ верного и надежного соседа[14]. Следовательно, вероятная война сделала бы возможным сближение с Россией, поскольку Российской империи могла помочь только Германия[15]. Николай II, напротив, продолжал верить, что он способен предотвратить начало боевых действий, на что его кузен в Германии восклицал: «Ты, наивный ангел!»[16] Япония

---

[10] Записки докладывающего секретаря Министерства иностранных дел фон Лихновски. Берлин, 08.01.1904 // GP. № 5930.

[11] Посол в Лондоне граф фон Меттерних — в Министерство иностранных дел. Лондон, 08.01.1904 // GP. № 5931. Вильгельм II написал комментарий, что Германия должна также придерживаться нейтралитета.

[12] Канцлер граф фон Бюлов — императору Вильгельму II. Берлин, 12.01.1904 // GP. № 5936.

[13] Записки докладывающего секретаря Министерства иностранных дел фон Лихновски. Берлин, 15.01.1904 // GP. № 5939.

[14] Записка канцлера графа фон Бюлова. Берлин, 16.01.1904 // GP. № 5943.

[15] Записки докладывающего секретаря Министерства иностранных дел фон Гольштейна. Берлин, 16.01.1904 // GP. № 5944.

[16] Николай II — Вильгельму II. Санкт-Петербург, 21.01.1904 // GP. № 5947.

разорвала дипломатические отношения всего три недели спустя, обвинив Россию в высокомерии во время переговоров:

> Правительство Японии благородно предпринимало безуспешные попытки достичь согласия с Россией по справедливым и разумным предложениям Японии. Но так как не удается достичь удовлетворительного результата, правительство Японии вынуждено остановить переговоры с правительством России, чтобы защитить свою позицию, находящуюся под угрозой. Ответственность за текущую ситуацию и ее вероятные последствия будет лежать на России[17].

Когда война наконец началась, Вильгельм определенно надеялся использовать Николая в качестве инструмента для борьбы с «желтой опасностью» в Восточной Азии.

> [Он] надеялся, что тепло личного письма царю способствует тому, чтобы склонить его к применению силы против Японии. Напротив, отношение императора Николая II остается безразличным, он, кажется, даже не хочет бороться и, возможно, отдаст без боя или после небольшого сопротивления Маньчжурию японцам. Такой исход необходимо предотвратить любой ценой[18].

Если Бюлов советовал Вильгельму II не требовать слишком агрессивно от России начала войны в Восточной Азии, то германский император указывал, что Российская империя обязана бороться с «желтой опасностью» в Маньчжурии. Вильгельм II считал позором, что Франция не поддерживает борьбу за белую расу в Азии, в то время как Англия и США поддерживают японцев. Он

---

[17] Записки заместителя государственного секретаря в Министерстве иностранных дел барона фон Рихтгофена. Берлин, 07.02.1904 // GP. № 5956.

[18] Записка канцлера графа фон Бюлова. Берлин, 14.02.1904 // GP. № 5961. Рузвельт ранее утверждал, что позиция США останется строго нейтральной, хотя симпатии США были на стороне Японии. См.: Посол в Вашингтоне барон Шпек фон Штернбург — в Министерство иностранных дел. Вашингтон, 06.02.1904 // GP. № 5978.

действовал не из политических соображений, тогда как Бюлов понимал, что первостепенной задачей для международных отношений являлась локализация войны в Восточной Азии[19].

Совместно с США германские политики работали над нейтрализацией Китая, чтобы предотвратить эскалацию войны до мирового масштаба[20]. Президент Рузвельт, как описано в предыдущей главе, также разделял мнение канцлера Бюлова, что долгая война будет лучшим вариантом для держав, не участвующих в ней. Посол в Вашингтоне барон Шпек фон Штернбург писал в докладе:

> Президент Рузвельт сказал следующее: «В наших интересах, чтобы противостояние России и Японии затянулось, чтобы обе державы ослабли как можно сильнее, и чтобы после заключения мира зона конфликта не исчезла и обе державы остались в той же ситуации, что и до войны, в том, что касается их границ и географических интересов. После этого Япония не будет угрожать амбициям Германии в Цзяо-Чжоу и нашим на Филиппинах. Интересы России отодвинутся от ее западных границ и сфокусируются на востоке»[21].

Хотя США и Германия старались подчеркнуть свой нейтралитет[22], обе страны надеялись на долгую и изнурительную войну в Восточной Азии. Казалось, что тактика Германии вскоре сработала, так как посол в Лондоне граф Пауль фон Меттерних (1853–1934) 14 марта 1904 года доложил Бюлову следующее:

> Политические взгляды полностью перевернулись и оказались на стороне Германии. Старые антагонистические тенденции были полностью отринуты, на их место пришло

[19] Канцлер граф фон Бюлов — послу в Пекине г-ну Мумму фон Шварценштайну. Берлин, 05.02.1904 // GP. № 5977.

[20] Канцлер граф фон Бюлов — императору Вильгельму II. Берлин, 18.02.1904 // GP. № 5990.

[21] Посол в Вашингтоне барон Шпек фон Штернбург — в Министерство иностранных дел. Вашингтон, 21.03.1904 // GP. № 5992.

[22] Записка канцлера графа фон Бюлова. Берлин, 07.02.1904 // GP. № 6027.

чувство доверия. <...> Невозможно поверить, что когда-нибудь это доверие снова пропадет. Отношение правительства и населения Германии с момента начала войны произвело такое глубокое впечатление на русскую общественность, что дружественные чувства к Германии чувствуются повсюду[23].

В военном отношении ситуация для Германии существенно не изменилась, как докладывал сам Шлиффен[24]. Преимущество от переброски российских войск в Восточную Азию ощущались главным образом в Австрии, а на германской границе численность вражеских войск не изменилась. Однако качество этих сил упало, поскольку лучшие солдаты и офицеры были отправлены на Дальний Восток. В случае войны Германии с Россией мобилизация замедлилась бы под влиянием нужд Восточного фронта, воюющего с Японией. Однако Шлиффен также объяснил, что война в Европе маловероятна, поскольку Российской империи было бы невыгодно вести войну на два фронта, к тому же настолько значительно удаленных друг от друга. Кроме того, русская армия ко времени доклада Шлиффена не одержала в Маньчжурии ни одной крупной победы.

Николай II, оправдываясь, пытался объяснить Вильгельму II причины того, что Россия в первые недели войны выглядела слабо:

Конечно, Куропаткин оказался в тяжелом положении, но случилось это наполовину по его собственной вине. За последние два года я постоянно убеждал его в том, что России безусловно необходимо усилить свою позицию на Дальнем Востоке. Он упорно противился этому до последней осени, когда было, пожалуй, уже слишком поздно увеличивать там

23 Посол в Лондоне граф фон Меттерних — канцлеру графу фон Бюлову. Лондон, 14.03.1904 // GP. № 6029. Подобный доклад был получен и в Париже. См.: Посол в Париже граф фон Радолин — канцлеру графу фон Бюлову. Париж, 28.02.1904 // GP. № 6028.

24 Глава генерального штаба армии и генерал кавалерии граф фон Шлиффен — канцлеру графу фон Бюлову. Берлин, 20.04.1904 // GP. № 6032.

количество войск! Теперь же, командуя армией, он убедился в своей ошибке и горько себя упрекает за свое упрямство, и (как каждый из нас) он желал бы иметь в своем распоряжении вдвое больше людей. <...>

Со всем тем, они [японцы] замечательно настойчивы в своих усилиях, и поэтому время осады Порт-Артура будет для нас самым тяжелым и трудным периодом всей войны. Поставив себе серьезную цель, они стремятся к достижению ее, не останавливаясь перед огромными жертвами людей, — и в этом лежит секрет успеха [Переписка 1923: 60][25].

С военными поражениями давление нарастало, и Вильгельм II предпринял несколько попыток вбить клин во франко-русские отношения[26]. Было очевидно, что Англия поддерживает Японию, поскольку «русские сами виновны в своих неудачах»[27], а Япония «с полным основанием имеет моральное превосходство»[28]. 8 апреля 1904 года было подписано англо-французское соглашение, поэтому казалось, что Франция больше не сможет оказывать поддержку России из-за возможного политического давления со стороны Англии. Настало наиболее подходящее время для Германии, чтобы стать партнером России, и Бюлов даже пытался обойти нейтралитет Германии, когда это давало преимущество для сближения с Санкт-Петербургом. В сентябре 1904 года он помог Министерству иностранных дел, сообщив России о ее плохой военно-морской тактике:

Если они [русские броненосцы] останутся в оборонительной позиции, рано или поздно они будут потеряны, не дав России никакого преимущества. Однако, если русские броненосцы даже под риском их разрушения перейдут

---

[25] Переписка Вильгельма II с Николаем II: 1894–1914 гг. / с предисл. М. Н. Покровского. М.; Пг.: Гос. изд-во, 1923.

[26] Вильгельм II — Николаю II. Новый дворец в Потсдаме, 12.06.1904 // GP. № 6037.

[27] Канцлер граф фон Бюлов — в Министерство иностранных дел. Киль, 26.06.1904 // GP. № 6038.

[28] Там же.

в наступление и уничтожат японские броненосцы и крейсеры, так и исключительно так Россия завоюет возможность достичь чего-то ко времени прибытия Балтийского флота. <...> Нам было бы выгодно, если бы к концу войны флот Японии был ослаблен[29].

Бюлов высказал похожие мысли через месяц в письме, адресованном в Министерство иностранных дел:

Будем надеяться, что русские корабли в Порт-Артуре и Владивостоке наконец пойдут в наступление, чтобы Балтийский флот по прибытии встретил ослабшего врага. По моему мнению, проницательный русский адмирал сказал бы сейчас: «Пусть даже потонут два наших корабля, лишь бы утопить один японский»[30].

Надежды Бюлова не осуществились. Тихоокеанская эскадра ждала слишком долго, а смерть адмирала Макарова, как было описано в главе второй, положила конец наступательной стратегии России в Желтом море. Вместо этого российское военно-морское руководство решило отправить из Балтийского моря вокруг света Вторую Тихоокеанскую эскадру, чтобы изменить ход войны. Однако, чтобы достичь этого, России требовались поставки угля, и в этом предприниматели Германии и Вильгельм II увидели новую возможность извлечения выгоды из войны в Восточной Азии.

Компания «Гамбург — Америка Лайн» (HAPAG) уже подписала соглашение о поставке угля флоту России на его пути на Дальний Восток. Владельцы HAPAG не проконсультировались с Министерством иностранных дел перед подписанием соглашения, по которому они гарантировали перевозку 380 000 тонн угля к местам стоянки русского флота между Данией и Китаем

---

[29] Канцлер граф фон Бюлов — в Министерство иностранных дел. Нордерай, 09.09.1904 // GP. № 6053.

[30] Канцлер граф фон Бюлов — в Министерство иностранных дел. Хомбург, 27.09.1904 // GP. № 6055.

[Steinberg 1970: 1974–1975]. Однако предварительно Николай II обратился к Вильгельму II с просьбой санкционировать действия HAPAG[31]. Вильгельм II санкционировал соглашение[32], несмотря на то что это привело к недовольству японцев. В докладе Арко из Токио говорилось следующее:

> Даже если внешне японское правительство сохранит спокойствие, поставка угля катастрофически испортит отношение японцев к Германии, и недовольство, недоверие и ненависть по отношению к ней сохранятся на долгое время. Я не стану изучать, что наше правительство могло бы предпринять, чтобы пресечь эту угрожающую нашему нейтралитету уловку, но в нынешних интересах Германии и Японии необходимо выразить недовольство действиями этой транспортной компании[33].

Компания выступила против таких обвинений, в частности потому, что поставка английского угля также осуществлялась английскими компаниями. Руководство HAPAG утверждало, что компания продолжит поставки в соответствии с договорами, заключенными с Россией, и остановить ее деятельность может только государственное вето[34]. Пока продолжался спор вокруг поставки угля, российский император все больше ослаблял границу с Германией, потому что все больше войск отправлялось на Дальний Восток, где японцы одерживали одну победу за другой. Бюлов воспринимал это как победу германской политики во время войны:

> Это событие, которого Мольтке и Бисмарк желали с тоской и надеждой, и я уже не верил, что оно произойдет. Теперь, ваше превосходительство, вы можете представить, какое

---

[31] Николай II — Вильгельму II. Петергоф, 28.09.1904 // GP. № 6056.

[32] Вильгельм II — Николаю II. Охотничий дом Хубертусшток, 08.10.1904 // GP. № 6057.

[33] Посол в Токио граф фон Арко — в Министерство иностранных дел. Токио, 20.09.1904 // GP. № 6079.

[34] Канцлер граф фон Бюлов — в Министерство иностранных дел. Хомбург-фор-дер-Хёэ, 23.09.1904 // GP. № 6080.

впечатление произведет на его величество в России внезапный отказ доставлять английский уголь на частично английском транспорте. Его величество опустошает свою западную границу, а мы тем временем блокируем отправление его флота, препятствуя ему вернуть утерянный статус морской державы. <...> Это может привести к немедленному ответу России, а именно к подписанию англо-русского соглашения и развязыванию войны с нами[35].

Бюлов пошел еще дальше[36]. Он предложил сообщить России, что она может отблагодарить Германию за поддержку, приняв сторону Германской империи, если та в результате поставки угля столкнется с какой-либо агрессией[37]. Он отправил Вильгельму II отчет с предложением написать царю письмо и заключить русско-германское соглашение, которое было составлено сразу после Гулльского инцидента, когда России требовалась международная поддержка. Предлагаемое соглашение укрепило бы положение Германии в Европе, обеспечив России политическую поддержку:

Будет так, как вы решите. Мы должны придерживаться единой позиции. Конечно, союз должен быть исключительно оборонительным и только от европейского агрессора или агрессоров в форме компании по взаимному страхованию от пожаров на случай поджога. Очень важно, чтобы Америка не восприняла это соглашение как угрозу. <...> Я прилагаю проект соглашения, о котором вы писали[38].

---

[35] Канцлер граф фон Бюлов — в Министерство иностранных дел. Хомбург-фор-дер-Хёэ, 25.09.1904 // GP. № 6081.

[36] Более подробный анализ политики Бюлова по отношению к России см. в [Vogel 1975]. Бюлов как агент немецкой *Weltmachtspolitik* хотел использовать конфликт в Восточной Азии в своей собственной политической повестке. См. [Winzen 1976: 227–242].

[37] Канцлер граф фон Бюлов — императору Вильгельму II. Берлин, 06.12.1904 // GP. № 6088.

[38] Канцлер граф фон Бюлов — императору Вильгельму II. Берлин, 30.10.1904 // GP. № 6120.

Если бы началась война против одной вражеской страны, союзник сохранил бы нейтралитет, если же война началась бы против двух и более врагов, Россия или Германия вынуждены были бы вмешаться в эту войну. Николай II и министр иностранных дел в Санкт-Петербурге ответили на это предложение, указав, что пункт, описывающий *casus belli*, должен быть секретным[39]. Россия также пыталась ограничить действие этого соглашения только войной с Японией. Бюлов в письме Вильгельму II подчеркнул, что интерес Германии заключается в достижении общего соглашения[40].

Царь высказался против этой идеи, что германский император прокомментировал с иронией:

> Его перо затряслось от страха перед галлами и так ослабло, что он не смог подписать соглашения с нами <...> без их разрешения. С моей точки зрения, быть не может, что Париж не будет обо всем осведомлен до того, как царь-батюшка поставит свою подпись. <...> Из-за займов он слишком слаб перед галлами, и будет неудивительно, если Витте и мягкотелый Ламсдорф вместе завязнут в этой трясине[41].

Из-за нежелания царя подписывать соглашение в ответе Германии было необходимо закрепить перечисленные ниже пункты, поскольку иначе отчеты о переговорах могли иметь для нее негативные последствия. Бюлов указал, что необходимо:

1) сохранить в тайне предварительные переговоры и попросить об этом царя;

2) не высказывать недовольства, чтобы не подтолкнуть царя к англичанам.

Следовательно, не надо указывать на факт, что Россия начала рассматривать возможность союза;

---

[39] Николай II — Вильгельму II. Царское село, 07.11.1904 // GP. № 6124.

[40] Канцлер граф фон Бюлов — императору Вильгельму II. Берлин, 16.11.1904 // GP. № 6125.

[41] Вильгельм II — канцлеру графу фон Бюлову. Гросс-Штрелиц, 23.11.1904 // GP. № 6126.

3) продолжать следить за Англией, но не показывать нервозности;

4) дать царю понять, что в будущем русско-германское соглашение возможно, несмотря на то что сейчас он от него отказывается[42].

Вильгельм, напротив, не хотел так легко сдаваться. Он написал своему кузену:

> Но я уверен, что ты сам понимаешь, что мне надо получить от тебя положительные гарантии в том, что ты будешь помогать мне в том случае, если Англия и Япония объявят мне войну из-за того, что Германия поставляет уголь русскому флоту.
>
> Если ты не можешь вполне гарантировать мне, что в случае подобной войны ты сможешь честно сражаться плечо к плечу со мной, то я, к сожалению, должен буду немедленно запретить германским пароходам поставлять уголь твоему флоту [Переписка 1923: 85][43].

Однако царь не хотел подписывать соглашения, предварительно не обсудив его в рамках русско-французских переговоров[44]. Казалось, Вильгельм был подавлен из-за того, что его кузен отказывается подписывать соглашение, в особенности потому, что германская сторона так много работала над этим вопросом в течение последних двух месяцев[45]. Бюлов, напротив, старался сохранить оптимизм, обращая внимание на будущие возможности и необходимость поддержания хороших отношений с Россией[46].

---

[42] Канцлер граф фон Бюлов — императору Вильгельму II. Берлин, 24.11.1904 // GP. № 6127.

[43] Вильгельм II — Николаю II. Берлин, 07.12.1904 // GP. № 6130.

[44] Николай II — Вильгельму II. Царское Село, 07.12.1904 // GP. № 6131.

[45] Вильгельм II — канцлеру графу фон Бюлову. 28.12.1904 // GP. № 6146.

[46] Канцлер граф фон Бюлов — послу в Санкт-Петербурге графу фон Альвенслебену. Берлин, 01.01.1905 // GP. № 6147.

Несмотря на то что попытки Германии оказались неудачными, дипломаты германского императора сыграли важную роль в подготовке к миру, при котором наконец появился бы шанс на заключение русско-германского соглашения. В октябре 1904 года Вильгельм II уже предупреждал кузена о действиях Японии в Европе и о необходимости выработать сильную дипломатическую позицию для будущих мирных переговоров:

> ...бывший японский посланник в Петербурге, Курино, вновь появился в Европе. <...> ...и, будто бы, уполномочен добиваться посредничества Франции и Англии <...> в пользу Японии в целях заключения мира. <...> Это показывает, что силы Японии в отношении людей и денег будут скоро исчерпаны, и что теперь, получив перевес над маньчжурской армией, японцы воображают, что они могут сейчас остановиться и попробовать пожать плоды трудов своих, соблазнив другие державы вмешаться в дело и приобрести Маньчжурию путем мирной конференции [Переписка 1923: 68–69][47].

Царь ответил категорично: «Можешь быть уверен в том, что Россия доведет эту войну до конца: до тех пор последний японец не будет выгнан из Манчжурии [Sic!]; только тогда можно будет толковать о мирных переговорах и только между двумя воюющими сторонами» [Переписка 1923: 69][48]. Хотя Николай II продолжал верить в конечную победу своей армии, другие ведущие игроки Санкт-Петербурга, особенно банки, с нетерпением ждали мира, и для Витте было очевидно, что Россия Маньчжурию потеряет: «Население России проглотит это блюдо, если подать его под правильным соусом. Таким соусом может стать внутренняя либеральная реорганизация»[49]. Причиной, почему Николай II отказывался прислушиваться к голосу русского капитала, может быть то воодушевление, которое он черпал из личных писем Вильгельма II:

---

[47] Вильгельм II — Николаю II. Новый дворец, 19.10.1904 // GP. № 6163.

[48] Николай II — Вильгельму II. Царское Село, 30.10.1904 // GP. № 6164.

[49] Записка канцлера графа фон Бюлова. Берлин, 02.11.1904 // GP. № 6167.

Слышал из заслуживающего доверия частного источника, что власти в Токио опасаются за дальнейший ход войны. Они высказывали свою скорбь по поводу того, что за неимением свежих резервов не добились под Лаояном настоящего успеха, соответствующего громадной потере людей. Непрестанное прибытие из России свежих батальонов далеко превышает их ожидания, так как они никогда не считали Сибирскую дорогу способною к беспрерывному транспорту. Следовательно, они начинают видеть, что, тогда как их кадры, особенно офицерские, подходят к концу, твоя армия с каждым днем возрастает в мощи, численности и ударной силе, и что военное счастье медленно, но верно отворачивается от них [Переписка 1923: 80–81][50].

Только после сдачи Порт-Артура Вильгельм II изменил тон и стал выступать за проведение мирных переговоров с Японией:

Полученное здесь вчера вечером известие о падении Порт-Артура произвело громадное впечатление. Мы все глубоко сочувствуем доблестным генералам и находившейся под их командой храброй горсти героев, совершивших все возможное, чтобы исполнить свой долг перед императором и родиной; их защита Порт-Артура будет прославлена во все времена и, пока будет существовать солдат, она будет приводиться как достойный подражания пример; честь и слава им во веки! Неизбежность падения обреченной на сдачу крепости привела за последнее время в движение дипломатические языки в разных столицах мира; многочисленны и разнообразны были доходившие до меня со всех сторон слухи и известия о переговорах и перемирии и даже о мире [Переписка 1923: 87–88][51].

Когда русская армия проиграла в крупном Мукденском сражении, а русский флот был на голову разбит в Цусимском сражении, Германский император стал использовать более прямолинейные выражения, чтобы открыть глаза своему упрямому самодержавному кузену:

---

[50] Вильгельм II — Николаю II. Потсдам, 19.11.1904 // GP. № 6174.

[51] Вильгельм II — Николаю II. Берлин. 02.01.1905 // GP. № 6180.

С чисто военно-стратегической точки зрения поражение в Корейском проливе отнимает всякую надежду на то, чтобы счастье повернулось в твою сторону; японцы теперь могут беспрепятственно перебрасывать в Манчжурию сколько угодно резервов, свежих войск, военных припасов и т. д. для осады Владивостока, который едва ли будет в состоянии долго сопротивляться без поддержки флота. Для того, чтобы вернуть армии Линевича ее прежнюю боевую силу, нужно, по крайней мере, 3 или 4 свежих армейских корпуса, но даже и при этом условии было бы трудно предсказать, каков будет результат, и будет ли новое крупное сражение успешнее прежних. Конечно, формально можно даже при таких неблагоприятных обстоятельствах продолжать войну еще некоторое время, но нельзя упускать из вида человеческую сторону дела. <...> Может быть, мне следует обратить твое внимание на то обстоятельство, что из всей наций японцы, несомненно, наиболее чтут Америку, потому что эта могущественная, развивающаяся держава с ее страшным флотом находится к ним ближе всех. Если есть кто-нибудь на свете, кто может повлиять на японцев и побудить их быть благоразумными в их требованиях, то это президент Рузвельт [Переписка 1923: 103, 105][52].

Царь наконец решил начать мирные переговоры, но он все еще отказывался отдавать японцам территории и выплачивать деньги[53]. Рузвельт, как было описано в главе четвертой, обратился к Вильгельму II с просьбой оказать давление на своего кузена в Санкт-Петербурге. Поражения России разочаровали Вильгельма, так как он надеялся на победу белой расы в Восточной Азии, но по крайней мере теперь царь, казалось, был готов вновь обсуждать русско-германское соглашение. Германского императора пригласили в город Бьёркё для личной секретной встречи с кузеном[54].

[52] Вильгельм II — Николаю II. Берлин, 03.06.1905 // GP. № 6193.

[53] Посол в Париже граф Радолин — канцлеру графу фон Бюлову. Париж, 25.07.1905 // GP. № 6198; Николай II — Вильгельму II. Петергоф, 23.08.1905 // GP. № 6201.

[54] Канцлер граф фон Бюлов — в Министерство иностранных дел. Нордернай, 20.07.1905 // GP. № 6202. О переговорах см. [Fay 1918].

Предложение о встрече обеспокоило Министерство иностранных дел. Надо ли информировать Францию о предстоящем возможном подписании соглашения? Что насчет Японии, которая может опасаться подготовки новой интервенции, как в 1895 году? На эти вопросы надо было ответить заранее, чтобы его величество ясно понимал цели своей миссии и получил от царя четкое заявление или даже лучше письменное соглашение. Было решено держать все в секрете; Францию можно будет включить в соглашение позднее, если она изъявит желание[55]. 24 июля 1905 года Бюлов получил от Вильгельма II телеграмму, в которой говорилось о том, что германский и российский императоры подписали в Бьёркё соглашение, которое должно оставаться секретным до заключения мира между Россией и Японией[56]. Это было соглашение об оборонительном союзе, состоящее из следующих четырех статей:

Статья I
В случае, если бы одна из двух империй подверглась бы нападению со стороны одной из европейских держав, союзница ее придет ей на помощь своими морскими и сухопутными силами.
Статья II
Высокие договаривающиеся стороны обязуются не заключать отдельно мира ни с одним из общих противников.
Статья III
Настоящий договор войдет в силу тотчас по заключении мира между Россией и Японией и останется в силе до тех пор, пока не будет денонсирован за год вперед.
Статья IV
Император всероссийский, после вступления в силу этого договора, предпримет необходимые шаги к тому, чтобы

[55] Канцлер граф фон Бюлов — в Министерство иностранных дел. Нордернай, 22.07.1905 // GP. № 6206; Отчет секретаря в Министерстве иностранных дел фон Гольштейна канцлеру графу фон Бюлову. 22.07.1905 // GP. № 6207; Докладывающий секретарь в Министерстве иностранных дел фон Гольштейн — канцлеру графу фон Бюлову, 23.07.1905 // GP. № 6209.

[56] Канцлер граф фон Бюлов — в Министерство иностранных дел. Нордернай, 24.07.1905 // GP. № 6215.

ознакомить Францию с этим договором и побудить ее присоединиться к нему в качестве союзницы [Адамов 1952: 335–336][57].

Вильгельм II был в настоящей эйфории из-за своего достижения:

И вот теперь, когда это произошло, всем интересно, все спрашивают, как это оказалось возможным. Для меня ответ очевиден! Это стало возможным благодаря Богу, он желал этого, вопреки человеческой природе, в насмешку всем человеческим действиям, он объединил то, что должно было быть единым. Теперь это его пути, а не наши, его помыслы выше наших! Все, что привело к высокомерию прошлой зимой и интригам против нас, Россия, которую подтолкнула к этому ужасная, жестокая и унижающая рука Господа, приняла теперь с благодарностью как подарок.

Когда Вильгельм II предложил царю подписать соглашение,

Наступила мертвая тишина; только океан шумел и солнце радостно светило и освещало кабинет <...>. Только я прочитал слова «С нами Бог» на черном кресте флага Гогенцоллерна, как я услышал голос царя, он сказал: «Это просто замечательно. Я согласен!» Мое сердце билось так громко, что я слышал его; я взял себя в руки и бесстрастно сказал: «Так ты его подпишешь? Это был бы хороший сувенир, напоминающий о нашей встрече». Он еще раз просмотрел документ. Затем сказал: «Да, подпишу!»[58]

По мнению германского императора, соглашение стало возможным благодаря Божьей воле. Несмотря на то что царь подписал этот документ, соглашение не имело большой ценности для Министерства иностранных дел. Оно ограничивалось Европой, поэтому Россия вряд ли стала бы оказывать поддержку в случае

---

[57] Сборник договоров России с другими государствами: 1856–1917 / Ред. Е. А. Адамов. М.: Гос. изд-во политической литературы, 1952.

[58] Вильгельм II — канцлеру графу фон Бюлову. Висбю, 25.07.1905 // GP. № 6220.

войны Германии с Британией, так как у России не было обязательств нападать на Индию[59]. Единственная его польза состояла в том, что Германия больше не была изолирована, поскольку царя удалось убедить встать на сторону своего западного соседа. Ограничение территорией Европы добавил сам Вильгельм II; он считал достаточным преимуществом, предоставляемым договором, исчезновение угрозы войны на два фронта[60]. Как следствие, Бюлов хотел уйти в отставку с должности канцлера, потому что император продемонстрировал свое желание вести собственную политику, не советуясь с ним и Министерством иностранных дел[61]. Вильгельма II это расстроило. Ему было сложно признать, что этот договор является провалом; в личном письме он отговаривал Бюлова от ухода в отставку:

> Взываю к твоим дружеским чувствам ко мне: пожалуйста, никогда больше не заговаривай об отставке. Отправь мне телеграмму с текстом «хорошо» для ответа на это письмо, тогда я пойму, что ты остаешься. На следующее утро после твоей отставки императора не будет в живых! Подумай о моей бедной жене и детях![62]

Однако внести изменения в соглашение было на практике невозможно, в особенности потому, что российский министр иностранных дел Ламсдорф был категорически против сближения с Германией. Любая попытка внести изменение могла быть использована как повод для полного отказа от ратификации Бьёркского соглашения[63]. Кроме того, казалось, что Николай II

---

[59] Записки докладывающего секретаря Министерства иностранных дел фон Гольштейна. Берлин, 28.07.1905 // GP. № 6227.

[60] Канцлер граф фон Бюлов — в Министерство иностранных дел. Нордернай, 30.07.1905 // GP. № 6229.

[61] Канцлер граф фон Бюлов — в Министерство иностранных дел. Нордернай, 09.08.1905 // GP. № 6235.

[62] Вильгельм II — канцлеру графу фон Бюлову. 11.08.1905 // GP. № 6237.

[63] Докладывающий секретарь Министерства иностранных дел фон Гольштейн — канцлеру графу фон Бюлову. Берлин, 14.08.1905 // GP. № 6239.

также неспособен или не хочет настоять на ратификации соглашения, в особенности из-за упорного сопротивления своего собственного Министерства иностранных дел и своей союзницы Франции, которая могла повлиять на финансы России после Русско-японской войны. Скорее оправдываясь, он написал своему кузену в Берлин следующее:

> Тебе, конечно, известно, что через несколько дней Портсмутский мирный договор будет ратифицирован. Тогда наше Бьоркское соглашение должно войти в силу. Этот, в высшей степени ценный документ, следует еще подкрепить или пояснить для того, чтобы дать всем заинтересованным сторонам возможность честно и смело выполнять свои обязательства.
> Важнее всего привлечь Францию в наш оборонительный союз и создать континентальную лигу, согласно статье 4-ой Бьокрского договора.
> Но если бы Франция отказалась присоединиться к нам, то не только отпала бы статья 4-ая, но и в корне изменился бы и смысл ст. 1-й, ибо обязательства, о которых она говорит в настоящей редакции, касаются других Европейских держав, в том числе и Франции — союзницы России...
> Во время твоего пребывания в Боьрке я не имел при себе подписанных моим отцом документов, которые ясно определяют принципы нашего союза с ней и, конечно, исключают все, что могло бы привести к столкновению с ней.
> <...> Поэтому я полагаю, что Бьоркский договор не должен быть проводим в жизнь до тех пор, пока мы не узнаем, как к нему отнесется Франция [Переписка 1923: 122–123][64].

Ни Министерство иностранных дел, ни Вильгельм II не смогли использовать политические возможности, которые давала им Русско-японская война. Россия была привязана, в основном своими финансовыми потребностями, к Франции, и Германия была не в состоянии повлиять на эти отношения, развивавшиеся с 90-х годов XIX века. Как точно подчеркнула Дженнифер Сигел в своей книге «За мир и деньги», 80 % долгов России перед Первой

---

[64] Николай II — Вильгельму II. Петергоф, 07.10.1905 // GP. № 6247.

мировой войной были перед Францией [Siegel 2014: 2][65], поэтому царь не мог развернуться к Германии, даже если бы очень этого хотел.

Желание Германии сблизиться с Россией казалось понятным, но при этом не обсуждалась ситуация с Австрией в свете желанного соглашения. Как бы Бьёркское соглашение работало в условиях конфликта интересов России и Австрии на Балканах? Эти вопросы оставались без ответа, а выгода от самого договора для России не стоила и малой доли хороших отношений с Францией. С политической точки зрения Германия не смогла обернуть события в Восточной Азии в свою пользу. Тем не менее эти события в значительной степени повлияли на военное планирование в Германии в будущем, что мы рассмотрим в следующем разделе.

Германские вооруженные силы и Русско-японская война

Как и военные эксперты других стран, Германский генеральный штаб и военно-морские специалисты не верили в победу Японии. Русскому катку нужно время, чтобы завестись, и в конце концов эта война позволит России удовлетворить свои амбиции на Дальнем Востоке [Towle 1980б: 113]. Командир военно-морской базы в Черном море, однако, все же направил дополнительных немецких наблюдателей в Маньчжурию для получения подробной информации о военно-морских подвигах России[66]. Поэтому Вильгельм II послал морских офицеров в Восточную Азию с приказом отправлять отчеты напрямую ему — «адмиралу Берлину». Основными целями офицеров было:

---

[65] Сигел очень подробно описывает развитие финансового союза между Россией и Францией [Siegel 2014: 12–49] и его укрепление в связи с Русско-японской войной и революцией 1905 года [Siegel 2014: 50–85].

[66] Командир военно-морской базы в Черном море — начальнику Адмиралтейства ВМФ. Вильгельмсхафен, 28.02.1904. BArch MArch RM 5/5777.

1) собрать информацию о воздействии современных вооружений на современные цели;

2) сформировать мнение о тактике и применении современных эскадр, кораблей, миноносцев днем и ночью;

3) собрать информацию о применении транспорта для перевозки большого количества войск и об осуществлении наземных операций в том, что касается поставки необходимых и пригодных продуктов, возведения сооружений, методов совместной работы армии и военно-морской администрации;

4) тщательно изучить материальные и кадровые возможности участвующих военно-морских сил[67].

Благодаря отношениям Германии и России немецкие офицеры имели возможность видеть войну с российской точки зрения, что было необычно для международных наблюдателей. Долгое время Германия оставалась единственной державой, которой было разрешено присылать в Порт-Артур наблюдателей, пока им не пришлось его покинуть в августе 1904 года [Steinberg 1970: 1969][68]. В донесениях с Дальнего Востока крайне негативно описывалось все, что касалось тактики офицеров, материальной ситуации во флоте и боевого духа моряков. «Эксперты по России в значительной степени переоценили ее силы перед войной»[69], а донесение с броненосного крейсера «Громобой» усилило это впечатление ярким описанием ущерба, причиненного японскими снарядами[70].

> Теперь нужна бронезащита, бронезащита и еще раз бронезащита. Сражение расставило все по своим местам. <...> Ближний к врагу корабль должен быть самым укрепленным в эскадре. В сражениях, которые ведутся на больших рас-

---

[67] Вильгельм II. Приказ морским офицерам, отправленным к русским и японским силам. Берлин, 13.02.1904. BArch MArch RM 5/5772.

[68] Телеграмма адмиралу Берлину. 20.08.1904. BArch MArch RM 5/5772.

[69] Донесение Бронзарта фон Шеллендорфа, майора Генштаба. Шеттнинен, 14.07.1905. BArch MArch RM 5/5773.

[70] Боевое донесение капитана Виноградского, командира крейсера «Громобой». Владивосток, 14.08.1904. BArch MArch RM 5/5773. О битве «Громобоя» у Ульсана 14.08.1904 см. [Brook 2000].

стояниях, должно быть большое пространство между кораблями (до 5 кабельтовых); если расстояние уменьшается, пространство тоже надо уменьшать[71].

Положение дел в русском флоте подтверждали донесения японского капитана Асамы, командира броненосного крейсера «Асама» во время войны. Он также «считал, что тяжелые орудия сыграли решающую роль в морских сражениях» и что, «к счастью для японцев, русские дали им достаточно времени, иначе японцы могли проиграть Цусимское сражение»[72]. Японский морской офицер продолжил отчет о новых условиях войны на море, в которой на борту требовалось не только обеспечить корабли прочной броней, но разнести по борту тяжелые орудия, чтобы в случае серьезного попадания хотя бы часть из них уцелела[73]. Он также подчеркивал, что миноносцы являются смертоносным оружием, особенно если их применять ночью[74]. Противоторпедные сети были практически бесполезны, но давали ощущение безопасности морякам, которые не могли уснуть из-за страха нападения, если они не были установлены[75]. На Дальний Восток были отправлены подводные лодки, но 10 лодок не могли повлиять на исход конфликта[76]. Полностью свой смертоносный потенциал это оружие раскроет только в следующем десятилетии.

О непрекращающихся поражениях России писали в немецкой прессе, и во многих изданиях эхом отдавалась международная эйфория по поводу побед Японии[77]. Вне зависимости от того, что

[71] Боевое донесение капитана Виноградского.

[72] Секретное донесение Императорской верфи Киля, Шайбе — статс-секретарю военно-морского ведомства Германии, Берлин. Киль, 28.06.1906. BArch MArch RM 5/5771, 1.

[73] Там же, 2–3.

[74] Там же, 4–5.

[75] Там же.

[76] Морской атташе скандинавских стран Хинце — статс-секретарю военно-морского ведомства Германии, Берлин. Санкт-Петербург, 17.11.1904. BArch March RM 5/5769.

[77] Der Japanismus im Schwinden // Hamburger Nachrichten. № 710. 08.10.1904. BArch R 8034-II/8170.

писали в прессе во время войны, всем наблюдателям было очевидно, что русский флот в плохом состоянии. У России не было верфей в дальневосточном регионе, что давало японскому флоту значительное преимущество: ведь японцы могли ремонтировать свои корабли, тогда как русским приходилось сражаться с осторожностью, чтобы не потерять свои. Еще более важным оказалось то обстоятельство, что русские экипажи были недостаточно обучены, и это в значительной степени повлияло на исход войны на море[78]. И на суше ситуация была такой же: русская армия уступала японской на протяжении всей войны.

Как и флот, русская армия не показала никаких признаков превосходства во время первого сражения с японскими войсками при реке Ялу в Северной Корее. В то время как в немецких газетах писали, что это была всего лишь «неудача для русских»[79], другие газеты находили более радикальные ответы на вопрос, почему царские войска проиграли. Выдвигались расистские аргументы, согласно которым русские являются не арийцами, а частично монголами, а Россия описывалась как «европейская полу-Азия»[80]. Однако военные наблюдатели признавали ее слабость. У России было слишком мало войск, а их целью являлось сдерживать японское наступление, пока по Транссибирской магистрали не прибудет подкрепление [Der Russisch-Japanische Krieg 1904: 94]. Однако военные наблюдатели спорили, стоит ли эта стратегия потерянных в бою ресурсов и человеческих жизней [Der Russisch-Japanische Krieg 1904: 95].

Российские войска потерпели ряд поражений и в последующие месяцы, что не способствовало улучшению образа, созданного в немецких газетах. Из-за медленной мобилизации наступление

[78] Морской атташе скандинавских стран Хинце — статс-секретарю военно-морского ведомства Германии, Берлин. Санкт-Петербург, 29.12.1903. BArch MArch RM 5/5763, 1–2.

[79] Die Niederlage der Russen // Frankfurter Zeitung. 06.05.1904. BArch R 8034-II/8169.

[80] Die gelbe Gefahr // Deutsche Tageszeitung. № 115. 18.05.1904. BArch R 8034-II/8169.

России стало невозможным[81], тогда как русские солдаты находились в плохих условиях, а армия снабжала их испорченным продовольствием[82]. Тяжело жили в Маньчжурии и офицеры[83], среди которых «в результате плохого рациона и снабжения амуницией, а также ожидания командованием подкрепления наступило бездействие, подрывающее боевой дух» [Airapetov 2005: 163]. Боевой дух и в целом был плох, а по описанию моряков, интернированных после проигранных сражений, он находился вообще на крайне низком уровне. Генеральный консул в Китае доложил об инциденте в Шанхае 17 декабря 1904 года:

> Командиры разоруженных кораблей не придерживались <...> соглашения <...>, по которому их командам позволялось выходить в город только с официальным руководством по прямому приказу. По нескольку раз в день на землю сходили большие группы моряков, которые абсолютно свободно расходились по тавернам и увеселительным заведениям[84].

Там они напивались. Через два дня после отправки этого донесения два пьяных моряка поспорили, и один из них убил китайского мирного жителя топором. Этот инцидент вылился во всплеск антирусских настроений в английском сообществе города и освещался в прессе как пример типичного жестокого поведения русских.

В международной прессе критиковали плохое образование и выучку в русской армии[85]. Младшие офицеры в большей сте-

---

[81] Berliner Lokal Anzeiger. № 400. 26.08.1904. BArch R 8034-II/8170.

[82] Das Aussehen des russischen Soldaten // Hamburger Courier. № 500. 04.11.1904. BArch R 8034-II/8170; Russische Konserven // Schlesische Zeitung. № 813. 18.11.1904. BArch R 8034-II/8170.

[83] Das Elend der russischen Offiziere // Kleines Journal. № 336. 03.12.1904. BArch R 8034-II/8170.

[84] Генеральный консул Германской империи в Китае доктор Кнаппе — канцлеру графу фон Бюлову. Шанхай, 17.12.1904. BArch MArch RM 5/5775.

[85] Die Zustände in der russischen Armee // Vossische Zeitung. № 248. 27.05.1905. BArch R 8034-II/8170.

пени полагались на удачу во время боя[86], а резервисты не были обучены обращению с новыми видами вооружений [Airapetov 2005: 164]. Общие стандарты образования были ниже, чем в других армиях, особенно в японской. Эти различия проявлялись не только в том, что касалось образования и боевого духа [Wright 2005: 591], но и в самом ведении войны: «Русские искусно умеют отступать, что плохо делают японцы» [Сакураи 1909: 48]. Куропаткин признавал это отличие еще до войны, а затем повторял это не раз [Куропаткин 1911: 197][87]. Куропаткина критиковали, особенно после тяжелых поражений в конце 1904 года и в начале 1905 года, за его маневры, которые представляли собой исключительно отступления [Wright 2005: 591].

Однако изначально расчеты русских были основаны на том, что в начале войны они будут терпеть поражения. 1 апреля 1914 года Хинце докладывал из Санкт-Петербурга следующее[88]: «Русские, согласно их собственным заявлениям, только выиграли от того, что ушли в оборону после 9 февраля и ушли из Маньчжурии, потеряв контроль над морем». План русских был прост: позволить японским войскам продвинуться вглубь азиатского материка и перекрыть им пути доставки по суше и морю[89]. Таким образом, главная роль в нападении отводилась флоту, но победы Японии разрушили эти планы. Несмотря на победы Японии в начале войны, стратеги, офицеры и высшее руководство в Санкт-Петербурге верили в быструю победу Российской империи[90]. Они рассчитывали на подкрепление от Второй Тихоокеанской эскадры, которую планировали отправить на Дальний Восток. Но Хинце сомневался в том, что эти корабли окажут значительное влияние, поскольку:

---

[86] Russische Zustände // Berliner Blatt. 25.05.1904. BArch R 8034-II/8169.

[87] Подробный анализ военного дневника Куропаткина см. в [Hirono 2005].

[88] Морской атташе скандинавских стран Хинце — статс-секретарю военно-морского ведомства Германии, Берлин. Санкт-Петербург, 01.04.1904. BArch MArch RM 5/5776, 3.

[89] Там же, 4.

[90] Там же, 5.

а) знаменитое подкрепление, как было хорошо известно, могли отправить только в июле, то есть оно прибыло бы в Восточную Азию только в сентябре, поэтому оставался неопределенно длинный период времени, за который флот в Тихом океане мог быть разрушен:

б) если [корабли] все же достигнут театра военных действий, они <…> потеряют к этому времени свою скорость и почти точно столкнутся <…> с проблемами, другими словами, будут неэффективны[91].

Флот Рожественского стал легкой мишенью для японцев, в особенности потому, что они хорошо подготовились[92].

Хотя Япония не допускала большого числа наблюдателей на поля сражений и на линию фронта[93], иностранцы, которым удалось увидеть действия японских солдат, были впечатлены и заметили разницу между двумя армиями: патриотизм японских солдат не был присущ их русским врагам [Wright 2005: 598][94]. То же было справедливо и в отношении общественности, как описано в главе третьей. Если японцы могли мобилизовать дополнительные силы для сражений в Маньчжурии, то русские с ростом числа поражений начали сталкиваться в тылу с проблемами при дальнейшем наборе в армию. Единственным, что внушало позитивные чувства, была оборона Порт-Артура[95]. Там люди очень быстро привыкли к разрывам гранат и к огню тяжелой артиллерии, в результате чего они получали тяжелые ранения. В результате попадания новых пуль солдаты легко могли потерять и руку,

---

[91] Там же, 6.

[92] Иностранные эксперты долгое время консультировали японский флот по поводу того, каким образом лучше проводить сражения. См. [Shinohara 1988].

[93] London J. Japanese Officers Consider Everything a Military Secret // San Fransisco Examiner, 26.06.1904; Memorandum: Die Verwendung der Landungsbateilung der schweren Schiffsartillerie beim Angriff auf Port Arthur // Кокумин симбун. 6–30.10.1906. BArch MArch RM 5/5771. См. также: The Wisdom of the East // Punch, 16.03.1904.

[94] Об образе русского врага в Японии см. [Kōgo 2015].

[95] Der Japanismus im Schwinden // Hamburger Nachrichten. № 710. 08.10.1904. BArch R 8034-II/8170.

и ногу, и даже голову. Результатом становились сломанные кости и ранее не виданные ранения[96]. Многие также получали отравление газом. Некоторые верили, что с применением в винтовках пуль меньшего калибра война приобретет более гуманный характер, но они не понимали, какой ущерб способна нанести кинетическая энергия внутри тела раненого человека[97]. Японцы также несли при осаде Порт-Артура огромные потери. Однако они не прекращали наступление, что стало еще одним поводом для восхищения Японией на Западе[98]. Фон Этцель очень хорошо дополнил японскую картину гор из человеческих тел напротив Порт-Артура: «Каждый офицер и каждый рядовой знал, за что он воюет, и считал наивысшей честью отдать жизнь на поле сражения за богоподобного правителя и "Dai Nippon"»[99]. Для японского солдата попасть в плен живым было позором, и так продолжалось вплоть до Второй мировой войны.

На многих наблюдателей война в Маньчжурии произвела сильное впечатление; был среди них и Л. Д. Троцкий (1879–1940), отметивший среди прочего значение дисциплины на войне [Heyman 1976: 77]. Тадаёси Сакураи писал, что все военачальники наблюдали за этим со смесью восторга и отвращения: «От наших предков мы [японцы] унаследовали темперамент, который не знает страха даже перед лицом смерти, строгая дисциплина еще более усилила эту черту» [Сакураи 1909: 48–49]. Несмотря на большое число смертей во время осады Порт-Артура и подроб-

---

[96] Лекция члена ученого совета доктора Шплетта на собрании Клуба докторов военных наук. 25.10.1904. BArch MArch RM 5/5769, 3.

[97] Там же, 8, 11. См. также: Морской атташе в посольстве Японии Трумлер — его величеству императору Германии и королю Вильгельму II. Токио, 28.12.1904. BArch March RM 5/5769, 11. Такие же опыты проводили японские врачи. См. [Isonaga, Yamamoto 2014].

[98] Морской атташе в посольстве Японии Трумлер — его величеству императору Германии и королю Вильгельму II. Токио, 29.12.1904. BArch March RM 5/5769.

[99] Военное донесение № 18/06 военного атташе в Токио майора фон Этцеля военному министру королевства Пруссия. Токио, 25.02.1906. BArch MArch RM 5/5771.

ные описания жестоких сцен после падения крепости[100], обучение военному делу после этой войны едва ли изменилось, так как фокус сохранялся на стратегиях нападения и значимости боевого духа и воли к победе.

Людвиг фон Фалькенхаузен (1844–1936) в своей статье «Наступление и оборона», опубликованной в издании «Vierteljahrshefte für Truppenführung und Heereskunde» («Ежеквартальный журнал о руководстве войсками и военном искусстве»), был убежден в том, что из войны в Маньчжурии следует извлечь урок о необходимости сконцентрироваться на наступлении [Falkenhausen 1906: 390][101]. Артиллерия и пехота должны больше взаимодействовать между собой [Falkenhausen 1906: 398], в то время как кавалерию следует использовать исключительно для разведки и преследования противника [Falkenhausen 1906: 403][102]. Он пришел к выводу, что Россия потерпела поражение исключительно потому, что ее военачальники избрали оборонительную и отступательную стратегию, вместо того чтобы перейти в решительное наступление [Falkenhausen 1906: 411–412]. Это представлялось ему очевидным и ясным уроком:

> По моему мнению, Русско-японская война после большого перерыва предлагает нам новый пример того, что наступление — это более сильная, или лучше сказать, более эффективная форма ведения войны, которую, во всяком случае, нужно хорошо знать и быть на нее способными [Falkenhausen 1906: 413].

Гари П. Кокс пришел к выводу, что армии Европы не придавали значения многим факторам этой войны, поэтому десятилетие спустя солдаты вновь шли в атаку против пулеметов, веря и на-

---

[100] Морской атташе в посольстве Японии Трумлер — его величеству императору Германии и королю Вильгельму II. Донесение № 25. Токио, 24.01.1905. BArch March RM 5/5769.

[101] В японской армии пришли к похожим выводам относительно сочетания пехоты и артиллерии. См. [Kosuga 2014]. Более подробное исследование о тактике во время войны см. в [Shimanuku 1980].

[102] О роли кавалерии во время войны см. [Wrangel 1907].

деясь, что они смогут повторить подвиг японцев, даже имея дело с хорошо обороняющимся врагом [Cox 1992: 392]. Многие другие военные стратеги и офицеры после Русско-японской войны подчеркивали роль боевого духа и наступательных действий[103], что привело к еще большему числу смертей во время Первой мировой войны.

Еще одним заметным лейтмотивом в работах военных теоретиков после войны России и Японии стало плохое руководство. Вся критика, как было сказано выше, обрушилась на Куропаткина, поскольку наблюдатели считали, что решительное наступление под руководством способного военачальника могло бы изменить соотношение сил, даже если противник превосходит численно [Schimmelpenninck van der Oye 2008a: 80]. В немецкой официальной истории войны неоднократно подчеркивалась пассивность русских офицеров и командиров, а действия японцев упрощенно рассматривались как фактор, способствовавший победе над русской пассивностью и нерешительностью [Cox 1992: 396–397]. Когда началась Первая мировая война, европейские державы стали придерживаться планов наступательных действий [Ortner 2014], а поскольку многие страны отправляли военных наблюдателей на поля Маньчжурии [Sheffy 2007: 256], мы можем проследить в этом влияние опыта, полученного на «испытательной площадке современного вооружения» [Sheffy 2007: 256]. В частности, события в Маньчжурии повлияли на Альфреда фон Шлиффена, начальника германского Генерального штаба, и в особенности это выразилось в том, что он выступал за применение тактики, согласно которой «невозможно победить врага, не нападая на него и не уничтожая его» [Sheffy 2007: 265].

В Германии после войны много писали о связанных с ней и вызванных ею изменениях во флоте[104]. В «Marine-Rundschau»

---

[103] Так же как и официальные историки, например [Reports 1906–1907]. Более подробное исследование этих тенденций см. в [Snyder 1984].

[104] См. [Jason 1905; Lothes 1905; Polmann 1912; Reventlow 1906]. Военные наблюдатели также выпускали публикации с описанием своего опыта. См. [Hopman 1924]. Неизданные воспоминания Хопмана опубликовали только спустя 100 лет после войны. См. [Hopman 2004].

объявили конкурс на статью, в которой надо было сравнить Цусимское и Трафальгарское сражения [Eberspaecher 2007: 298]. Война также стала «важным рубежом в кораблестроении» [Eberspaecher 2007: 304], и после нее в океане воцарился новый класс кораблей — дредноуты. Русский флот подвергся жесткой критике, поскольку царские моряки не умели ни маневрировать, ни стрелять[105]. Немецкие наблюдатели пришли к выводу, что «Россия <...> никогда не станет великой морской державой»[106]. Русский адмирал и бывший морской министр Ф. К. Авелан (1839–1916) в разговоре с Хинце в июле 1905 года признался в слабости русского флота:

а) Мы знали, что необходимо проводить кадровые реформы, но война помешала нам их начать. Однако мы не ожидали, что революционное движение получит в течение года такую сильную поддержку, которая выльется в бунты на кораблях. Пропаганду среди матросов распространяли мобилизованные.

б) Вторым шагом после кадровых реформ будет восстановление материальных ресурсов, потерянных во время войны; заказы будут поступать только тогда, когда это нужно для того, чтобы российские верфи были загружены. Это необходимо, чтобы постоянно обеспечивать занятость рабочих. Постройку кораблей будем заказывать позже, после решения кадрового вопроса.

в) Военно-морской флот не станет давать заказов, пока не будет изучен опыт Цусимского сражения. Однако эта информация еще не получена, потому что японцы не позволяют пленным русским офицерам передавать какие-либо сведения, кроме сообщений о своем состоянии[107].

---

[105] Посольство Германии, фон Мумм — канцлеру фон Бюлову. Пей-тай-хо, 20.08.1905. BArch MArch RM 5/5768.

[106] Der Kampf um die Seeherrschaft // Sonderabdruck aus Marine-Rundschau. № 1. 1906. BArch MArch RM 5/5771, 513.

[107] Морской атташе скандинавских стран Хинце — статс-секретарю военно-морского ведомства Германии, Берлин. Санкт-Петербург, 14.07.1905. BArch MArch RM 5/5769.

Русский флот был вынужден сконцентрироваться на защите берегов России. Ему понадобились годы, чтобы оправиться от материальных потерь[108], поэтому он больше не представлял угрозы интересам военно-морского флота Германии в Европе. Однако уроки для себя извлекли не только во флоте.

План Шлиффена и Русско-японская война

Военные планы Германии вследствие поражения России также претерпели изменения. Шлиффену были хорошо известны сильные стороны японской армии[109]. Глава генштаба также понимал, что Россия провела мобилизацию с опозданием, тем более что по Транссибирской магистрали можно было одновременно провезти большое число войск[110]. Сначала Шлиффен, как и многие другие, вероятно, верил в безоговорочную победу России[111], но после нескольких уверенных военных успехов Японии он также был вынужден изменить свое мнение[112]. В июне 1905 года Бюлов поинтересовался у Шлиффена, что он думает о военном потенциале России по прошествии менее чем года после заключения мира в европейском театре военных действий — на Балканах[113]. Шлиффен скептически отнесся к возможности военной

---

[108] Потери военно-морского флота в Русско-японской войне. Приложение к реестру расходов во время битв в Восточной Азии. 23.08.1905 года. BArch MArch RM 5/5770.

[109] Глава генерального штаба армии Шлиффен — вице-адмиралу Императорского флота, начальнику адмиральского штаба ВМС Бюхзелю. Берлин, 28.01.1904. BArch MArch RM 5/5777.

[110] Записки докладывающего секретаря Министерства иностранных дел фон Лихновски. Берлин, 19.04.1904 // GP. № 6031.

[111] Там же.

[112] Здесь необходимо отметить, что французские военные теоретики и стратеги также наблюдали за событиями на Дальнем Востоке и использовали этот опыт в построении своей стратегии в будущей войне. Более подробный анализ стратегии французской стороны см. в [Cosson 2013, esp. chaps. 3–6].

[113] Канцлер граф фон Бюлов — главе Генштаба Шлиффену. Берлин, 04.06.1905 // GP. № 6194.

угрозы со стороны России. Его ответ будет приведен практически полностью, чтобы подчеркнуть влияние, которое оказала война на дальнейшую военную стратегию Шлиффена[114]:

Как только Россия подпишет мирное соглашение с Японией, она выведет свои армейские полки и подразделения из Восточной Азии. Приблизительно через шесть месяцев в европейской России будет такое же количество войск, как в начале 1904 года. Через непродолжительное время возобновится снабжение армии оружием и амуницией, будут обновлены боевые припасы. Скоро старая армия сможет преобразиться внешне. Однако внутри все будет не так хорошо. Мы и раньше знали, что в русской армии не хватает сильных военачальников, известно было и то, что большинство офицеров представляют еще меньшую ценность, поскольку военное обучение нельзя назвать иначе, кроме как недостаточным. Напротив, русский солдат считался одним из лучших в мире. Такие его качества, как безоговорочная преданность, терпеливое упорство, спокойное презрение к смерти, считались бесценными. Теперь же веру в эти качества поколебали. Преданность не всегда была действительно слепой. В донесениях описаны многочисленные случаи, когда офицеры не приказывали, а умоляли, убеждали или договаривались. <...> Войска редко сражались до последнего [во время кампаний в Маньчжурии]. <...> А наиболее заметно то, что русский солдат не обучен. Он не умеет стрелять и маневрировать во время сражения. <...> Усовершенствованное вооружение требует теперь тщательного обучения. Пока русские этого не осознают, им не сравниться с какой-либо иной армией и не осуществить ни одной атаки. Война в Восточной Азии показала, что русская армия даже хуже, чем казалось, и после этой войны она стала не лучше, а еще хуже. <...> Вряд ли что-либо будет улучшено, поскольку им не хватает рефлексии. Русские ищут причину своих поражений не в общем отсутствии готовности к войне, а в превышающей численности противника и некомпетентности отдельных военачальников. <...> Следовательно, все это лишь отражает естественный ход вещей, при котором русская армия становится не лучше, а хуже.

[114] Шлиффен — Бюлову. Берлин, 10.06.1905 // GP. № 6195.

Однако Шлиффен продолжал считаться с русской армией в долгосрочной перспективе, поскольку верил, что «ее чистая масса будет иметь вес» во время войны, даже если некоторое время не принимать во внимание качество этой массы. В последней немецкой официальной истории войны русская армия несколько раз получает подобную оценку [Cox 1992: 397][115]. Наступательные операции, как того требовал Фалькенхаузен, сохранили свое ключевое значение и оказали большое влияние на план Шлиффена.

Его меморандум о войне с Францией («Denkschrift für einen Krieg gegen Frankreich»), написанный зимой 1905–1906 годов, состоял не только из «важных элементов культурной памяти, объясняющих начало Первой мировой войны» [Ehlert et al. 2014: 1], но также отражал уроки Русско-японской войны. Шлиффен очень внимательно наблюдал за событиями на Дальнем Востоке и считал, что победа Японии освободила немецкий восточный фронт от угрозы России по крайней мере на несколько лет. Именно поэтому Шлиффен, воспользовавшись окном возможностей, предоставленным благодаря временному отсутствию России, мог разработать намного более агрессивный план, направленный против Франции. Следовательно, его меморандум необходимо рассматривать как военный план на ограниченный промежуток времени, пока слабость Российской империи можно было использовать для ведения войны против оставшейся в одиночестве Франции. План основывался на идее, что у Германии появятся свободные руки для борьбы с западным «заклятым врагом» и она сможет победить в быстрой войне в течение 4–6 недель. После победы на западном фронте все войска должны были вернуться на восток для борьбы с «русским катком»[116]. С начала 1890-х годов Шлиффен хорошо понимал, что одной из следующих войн в Европе будет война Германской империи на два фронта.

---

[115] См. также [Wallach 1986: 36–37].

[116] Alfred Graf von Schlieffen. Denkschrift: Krieg gegen Frankreich [Schlieffen-Plan], Dezember 1905. URL: https://www.1000dokumente.de/index.html?c=dokument_de&dokument=0097_spl (дата обращения: 08.10.2021).

В 1901 году, после внесения окончательных исправлений в «Generalstabsreise Ost», Шлиффен объявил офицерам, что Германия сможет использовать свое стратегическое положение между Францией и Россией с выгодой для себя только в том случае, если германской армии удастся предотвратить соединение войск ее врагов. Опираясь на идею, что войскам необходимо использовать железнодорожную сеть, чтобы перемещаться как можно быстрее и сражаться с противниками поочередно, Шлиффен утверждал, что следует нанести первый сильный удар и уничтожить в сражении одного противника, а затем переместить войска и сражаться со вторым[117]. Став главой генштаба, он выступал за план наступления, а война между Японией и Россией естественным образом не только укрепила его в своей убежденности, но и позволила определить цель первого удара для сражения на уничтожение — современной битвы при Каннах[118]. Шлиффен предполагал, что «Франция в войне с Германией не сможет положиться на поддержку России и потому займет оборонительную позицию»[119]. Чтобы обойти сильные укрепления на западе Германии, он последовательно выступал за этот смелый маневр, который, нарушив нейтралитет стран Бенилюкса, приведет к битве на уничтожение с французской армией всего спустя несколько недель после начала операции. Такое сражение, как это оценивалось позднее, предотвратило бы битвы ресурсов, характерные для Первой мировой войны [Foerster 1921: 3]. Кажется очевидным, почему события, произошедшие на Дальнем Востоке в 1904–1905 годах, столь важны. Россия, военная держава, роль которой в войне на два фронта, считавшейся дамокловым мечом[120], висящим над Германией, пугала военных стратегов прошлого, исчезла и в расчетах Шлиффена не рассматривается. Таким

---

[117] Его объяснение цит. по: [Gross 2006: 155].

[118] Alfred von Schlieffen. Cannae. URL: http://usacac.army.mil/cac2/cgsc/carl/download/csipubs/cannae.pdf (в настоящий момент недоступно).

[119] Schlieffen. Denkschrift: Krieg gegen Frankreich.

[120] Об угрозе войны на два фронта и ее обсуждении военными Германии см. [Gross 2016: 57–98].

образом, мы можем утверждать, что в результате наблюдения за ходом Русско-японской войны и за поражением «русского катка» на Востоке Шлиффен пришел к идее плана, благодаря которому у Германии временно появился бы шанс на победный сценарий в войне с Францией, удачно лишившейся защиты сильной русской армии. И в самом деле, не остается сомнений, что «меморандум 1905 года <...> предполагал войну на один фронт, во время которой практически все силы Германии должны были быть запущены, словно молот» [Robinson, Robinson 2009: 193], во Францию.

Существование плана Шлиффена, однако, ставил под сомнение Теренс Цубер[121] «во все более агрессивной манере по отношению к традиционной и общепризнанной интерпретации» [Ehlert et al. 2014: 2], однако в своем критическом анализе он даже не упомянул влияние войны в Восточной Азии. С начала 1890-х годов и образования франко-русского союза Генеральному штабу и Шлиффену в качестве его главы надо было планировать, как вести войну на два фронта с Россией и Францией. Германский генерал хорошо понимал, что осуществима только «короткая и быстрая война» [Ehlert et al. 2014: 4]. Таким образом, Шлиффен придерживался идеи разделения сил Германии с целью противостоять силам России и Франции. Поскольку в Германском государственном архиве (Reichsarchiv) в течение нескольких лет после Первой мировой войны был закрыт доступ к соответствующим документам, некоторым из них необходимо было дать свежее толкование; однако объяснение Цубера, что плана вовсе не существовало, выглядит скорее ревизионизмом, имеющим целью оправдать позицию Германии в начале Первой мировой войны. Вопреки утверждению Цубера, Мольтке принял некоторые элементы меморандума Шлиффена; однако операции 1914 года больше походили на план Мольтке, чем на первоначальный вариант 1905 года [Mombauer 2014: 43].

---

[121] См. тезисы Цубера [Zuber 1999]. Теренс Холмс ответил ему подробным анализом плана, открыв тем самым спор между Цубером и Холмсом в журнале «War in History». См. [Holmes 2001; Zuber 2001; Holmes 2002; Zuber 2003; Holmes 2003; Zuber 2004б]. Кроме того, Цубер высказал свое мнение в нескольких книгах: [Zuber 2004a; Zuber 2002; Zuber 2011].

Мольтке столкнулся с более сильным антигерманским союзом и совсем другими политическими и военными предпосылками, поэтому он не мог использовать в 1914 году план Шлиффена. Россия также была скорее готова допустить начало войны, чем рисковать политическим поражением, что могло вновь оживить движения, борющиеся с самодержавием [Hildebrand 2014: 20]. Ситуация изменилась, а план Шлиффена основывался на опыте Русско-японской войны, поэтому в 1914 году он был неприменим. Когда Мольтке решил обойти укрепления на западном фронте, он действовал в соответствии с замыслом Шлиффена, но какой генерал послал бы свои войска прямо на осадную войну на западном фронте, если этого можно было избежать [Mombauer 2014: 48]? Согласившись с Анникой Момбауэр, стоит заключить, что «план Мольтке по многим характеристикам со-ответствовал тому, что обычно связывают с планом Шлиффена» [Mombauer 2014: 47]. Россия за годы, предшествующие Первой мировой войне, вновь обрела военную силу, и уже нельзя было оставить восточный фронт без защиты. В 1905 году Шлиффен мог игнорировать Россию, поскольку война с Японией реально ослабила ее до такой степени, как это описал Бюлов. Следовательно, его план был идеален для 1905 или 1906 года, но не для 1914 года [Mombauer 2014: 54]. После 1913 года размещение сил на Востоке (Ostaufmarsch) казалось бессмысленным, в частности потому, что все знали, что Франция не будет сохранять в войне нейтральную позицию. Следовательно, Мольтке, следуя основным идеям Шлиффена, надеялся на быструю победу над Францией и столкновение с Россией уже после первой успешной кампании, во время которой один из двух врагов будет нейтрализован. Если единственной целью плана Шлиффена было уничтожение французской армии, как в битве при Каннах (216 год до н. э.), то Мольтке позднее адаптировал его в качестве первого шага в большой конфронтации с несколькими европейскими державами, которая позже будет называться Первой мировой войной.

Интерпретация Цубером итогов Русско-японской войны звучит просто абсурдно:

В любом случае план Шлиффена был написан в январе и феврале 1906 года, то есть двумя годами позднее. Вероятно, он был написан в феврале 1904 года, когда японцы атаковали Порт-Артур. Мирные переговоры между Россией и Японией начались 9 августа 1905 года, Портсмутский мир был подписан 5 сентября 1905 года, и русские сразу начали передислоцировать войска в европейскую часть России. К февралю 1906 года Русско-японская война уже полгода как закончилась, а ситуация в России быстро стабилизировалась [Zuber, 2002: 213].

Во-первых, Шлиффен не мог написать военный план на основе результатов войны, которая еще не завершилась. Во-вторых, Россия занималась передислокацией войск, но Шлиффен, как сказано выше, с уверенностью признал ее слабость и наблюдал политические события в стране, сотрясаемой революционным движением. Хотя Цубер стремился «доказать, что никакого плана Шлиффена не было» и он «был выдуман Генеральным штабом в оправдание провала Марнской кампании 1914 года» [Zuber 2002: 5], он доказал лишь то, что его взгляд на происходящее слишком европоцентричен, чтобы осознать значение Русско-японской войны. План Шлиффена, конечно, стал одной из причин увеличения армии Германии [Zuber 2011: 7], но эти силы были использованы исключительно против Франции, а против России нет, так как казалось, что она не представляет угрозы. Утверждение Цубера, согласно которому «идея, что русская армия в 1905 году была разбита, не нашла отражения в отчетах немецкой разведки 1905 года» [Zuber 2011: 27], — просто неправда, поскольку, как показано в этой книге, у военачальников германских армии и флота имелся живой интерес к донесениям о событиях в Восточной Азии и почти все они пришли к единому заключению, что военные силы России больше не представляют угрозы.

Несмотря на то что Цубер получил докторскую степень в немецком университете[122], то, как он использовал источники

---

[122] Вопрос состоит в том, знал ли научный руководитель докторской диссертации Цубера об источниках, которые тот намеренно не использовал ради укрепления своей позиции, или просто отказался признавать их существование.

в своей работе, далеко от критического подхода, принятого в науке, в особенности, но не исключительно, в Германии [Foley 2014: 68]. Цубер просто фокусируется на источниках, подтверждающих его идею; однако ему достаточно было бы лишь посмотреть другие донесения[123], относящиеся к этой войне, чтобы изменить свое мнение. Похоже, что в своих размышлениях он был слишком далек от Русско-японской войны, и географическая отдаленность событий привела, по всей видимости, и к интеллектуальным ограничениям. Цубер предлагает «радикальную интерпретацию военного планирования Германии до 1914 года» [Foley 2014: 73], которая не выдерживает критики в свете глобальной интерпретации Русско-японской войны. Цубер описывал Шлиффена как человека, «не информированного о международных делах и не проявляющего к ним интереса» [Gross 2014: 86], — вероятно, в той же степени, что и сам оправдывающийся автор. Для полного понимания идеи, заложенной Шлиффеном в свой меморандум, необходимо взглянуть на события 1905 года глобально, что однозначно включает оценку исхода Русско-японской войны и связанного с этим заката военной мощи и потенциала России как серьезной угрозы для европейских великих держав. Следовательно, Цубер недооценивает Шлиффена, поскольку пытается описать его как «аполитичного военного технократа, навык оперативного планирования которого развивался в политическом (и международном) вакууме» [Gross 2014: 111].

Ян Кусбер, специалист по русской истории, подчеркнул влияние войны на военное планирование в Европе, так как «во время Русско-японской войны 1904–1905 годов военачальники армии и флота Российской империи ясно увидели инфраструктурные и логистические недостатки ее вооруженных сил» [Kusber 2014: 248]. Также в результате этого в России после войны шло обсуждение того, как реорганизовать армию и сделать «русский каток»

---

[123] Das Elend der russischen Offiziere // Kleines Journal. № 336. 03.12.1904. BArch R 8034-II/8170; Донесения о Русско-японской войне. BArch MArch PH3/653; Отто фон Лауенштайн. Донесение. 10.12.1905. BArch MArch PH3/653.

сильнее [van Dyke 1990: 131–154][124]. В Германии же, напротив, Россию обсуждать перестали, так как война открыла «окно возможностей» [Kowner 2007: 7], в период которого Российская империя не сможет вмешиваться в противостояние Германии и Франции. Таким образом, военные стратеги могли одновременно планировать на Западе как наступательную, так и превентивную войну [Kowner 2007: 6–7]. Однако подписание англо-французского соглашения помешало немедленному осуществлению этого плана, и в конечном итоге в 1914 году его заменил план Мольтке, частично вобравший идеи, принадлежавшие Шлиффену. Я не согласен с Цубером и, наоборот, хотел бы поддержать оценку, данную Мэттью С. Селигманом, согласно которой война в Восточной Азии «оказала огромное влияние на мышление военного руководства Германии» [Seligmann 2007: 118]. Абсолютно очевидно: план Шлиффена стал прямым следствием Русско-японской войны. Если бы не было событий в Восточной Азии и там не присутствовало бы немецких наблюдателей, Шлиффен не стал бы рассматривать возможность полномасштабной войны с Францией при незащищенном восточном фронте.

Относительно влияния войны в Маньчжурии на Германию остается только один вопрос: в какой степени она повлияла на начало Первой мировой войны? Трудно ответить. Вооруженные силы России к этому времени восстановились, и 1914 год не был похож на 1905-й. Однако не был он похож и на 1904-й. В Германии чувствовали растущую угрозу со стороны России и понимали, что период времени, когда они могут осуществить быструю кампанию против Франции, которая позволит остановить каток на востоке и предложить мирные переговоры, ограничен. Они рассчитывали, что мобилизация в России пройдет медленно и это позволит завершить войну на западном фронте. Это сравнимо с положением, в котором находилась Япония в 1904 году. Идея превентивной и прежде всего наступательной войны стала стимулом для принятия решения начать войну. Но, в отличие от

---

[124] Также проходили обсуждения психологического влияния современных методов ведения войны на русских солдат. См. [Plamper 2009: 261].

Японии, у Германии не было международной поддержки, она была политически изолирована; ее единственным союзником была Австро-Венгрия. Уроки Русско-японской войны были неправильно истолкованы, и Германии не удалось повторить успех Японии 1905 года. Конечно, Первая мировая война «не была неизбежным следствием этого более раннего конфликта, но отчасти он стал стимулом к ее началу» [Seligmann 2007: 123]. Поэтому Русско-японская война определенно является ключевым событием, значение которого для мировой истории еще только предстоит оценить путем исследования в контексте истории разных стран, а также мировой истории.

7. Заключение

Русско-японская война дала первые представления о том, каким станет мир после 1914 года. Это была первая современная война, позволившая увидеть, какие разрушения постигнут Европу десятилетие спустя. Это было событие мирового масштаба, но из-за того, что оно происходило на периферии, его значение не было оценено должным образом. В отличие от других войн XX века, Русско-японская война все еще исследована недостаточно. Однако у этой войны были национальные и международные последствия, повлиявшие на ход истории следующего столетия. Мир признал Японию как равную силу — как на Дальнем Востоке, так и в глобальном масштабе. Уже англо-японский союз стал выражением признания Японской империи в качестве равного партнера, однако ее успешная война против русской армии в Маньчжурии стала подтверждением для других европейских держав, что решение Великобритании было верным. Следовательно, война явилась водоразделом в истории Японии, поскольку она способствовала возникновению у японцев чувства национальной гордости, а также политического и военного самосознания; и кроме того, как было описано в третьей главе, война преобразовала японское общество, в частности в том, что касается политической эмансипации масс, пострадавших от конфликта в тылу. Также это привело к восхищению Японией в азиатских и ближневосточных колониях, где японские победы воспринимались как тожество неевропейского мира. Люди в колонизированных регионах по всему миру начали осознавать, что существующий порядок не безальтернативен. Война также имела значительные последствия для Европы и США, поскольку она повлекла за собой исторические события, которые привели к дальнейшим войнам XX века.

В России череда поражений царской армии стала причиной революционных волнений, которые затем из Стокгольма стал подогревать Акаси, понявший, что имеется возможность создать на территории врага пятую колонну. После установления связи с Циллиакусом и финской оппозицией Акаси начал получать деньги из Японии на финансирование польских и русских оппозиционных групп, которых обучали саботажу в Париже. Было организовано две конференции с целью объединить силы разных революционных движений, но наиболее влиятельные движения отказались участвовать в них из-за японского финансирования. Несмотря на неэффективность действий отдельных организаций, в первой половине 1905 года, когда казалось, что японские военные не смогут одержать в Маньчжурии полную победу, Акаси вновь получил значительную сумму денег. Этими средствами он оплатил вооружение для революционеров, которое предполагалось перевезти контрабандой в Российскую империю для начала восстания и существенного ослабления России изнутри. Попытка провалилась, так как корабль сел на мель у финского берега и был затоплен. Когда Россия и Япония в конечном итоге заключили мирное соглашение, Акаси снова удалился. Однако плоды его деятельности сохранились, и революцию 1917 года нельзя воспринимать в отрыве от событий 1905 года. В конечном итоге царь был вынужден даровать населению права и допустить созыв парламента, как было обещано в Октябрьском манифесте. Если бы не было общественных волнений из-за войны на Дальнем Востоке и не росло влияние революционных групп, спонсируемых Японией, эти события, вероятно, не привели бы к дальнейшему нарастанию в России революционного потенциала. Таким образом, Русско-японская война стала провоцирующим фактором, определившим российскую и мировую историю XX века.

Война повлияла и на отношения Японии и США в последующие десятилетия, вплоть до начала военных действий в Тихоокеанском регионе в 1941 году после атаки на Перл-Харбор. Сначала симпатии американской общественности и президента США Теодора Рузвельта были на стороне Японии. Победам Японии аплодировали, их изображали как победы западной культуры и демократии над русским варварством. Однако позиция Рузвельта изменилась с ростом угрозы нарушения баланса сил в Азии. Россия была необходима президенту в качестве противовеса для японских амбиций. Главным для него было обеспечение интересов США в регионе, в частности политики открытых дверей в Маньчжурии. Теперь же казалось, что Япония стала достаточно сильна, чтобы обрести влияние в Восточной Азии и превратить регион в сферу исключительно собственных интересов. Именно поэтому во время мирных переговоров в Портсмуте президент стремился сохранить Россию в игре. Он советовал Японии не завышать свои требования. В конечном итоге Комура был вынужден согласиться на мирный договор, соответствующий первоначальным военным целям Японии, но не включающий в себя контрибуции или дополнительные территориальные завоевания. Японская общественность осталась недовольна, и во многих городах произошли всплески насилия, символом которых стали Хибийские беспорядки в Токио в начале сентября 1905 года. Японцы чувствовали себя униженными и считали, что виноват в этом Рузвельт. Кроме того, Японии потребовались деньги, поэтому она не стала делить Южно-Маньчжурскую железную дорогу с международными инвесторами, а японские правительство и вооруженные силы попытались прекратить политику открытых дверей, поскольку и тем и другим северные провинции Китая были нужны в качестве эксклюзивных экономических зон для обеспечения финансовых интересов Японской империи. Еще больше отношения США и Японии ухудшились в результате иммиграционных проблем на западном побережье США и сегрегационного кризиса после Русско-японской войны. Отношения между ними стали более резкими, поскольку с 1907 года в обеих странах стали рассматривать возможность войны друг против друга, а их военные стратеги начали воспринимать другую страну как потенциального противника в будущей войне. Политические и экономические отношения ухудшались, а Япония чувствовала себя униженной морскими соглашениями, подписанными на морских конференциях в Вашингтоне (1921–1922) и Лондоне (1930), в рамках которых главным образом были определены пропорции флота. В 1931 году Мукденский инцидент положил конец борьбе за влияние в регионе, а напряжение нарастало вплоть до 1941 года, когда японцы в духе 1904 года напали на США, чтобы получить преимущество в войне, в которой они не могли одержать победу, но могли подписать выгодное мирное соглашение. Следовательно, Русско-японская война была водоразделом и для отношений Японии и США, а также отправной точкой для событий, которые привели к атаке на Перл-Харбор.

Однако наиболее серьезное влияние испытала на себе Германия. В армии и флоте Германской империи проявляли большую заинтересованность в событиях на Дальнем Востоке и отправляли туда наблюдателей. В регулярных донесениях наблюдателей были отражены плачевные результаты действий русских матросов и солдат. Россия воевала в Маньчжурии одна, без поддержки своего союзника Франции. Германское правительство и Вильгельм II увидели в этом политическую возможность вмешаться в русско-французский союз и подписать соглашение с Российской империей, корабли которой снабжались углем при помощи немецких транспортных судов компании «Гамбург — Америка Лайн» (HAPAG). Несмотря на то что переговоры 1904 года не принесли результата, после окончательного поражения в Мукденском сражении на суше и Цусимском на воде император Николай II предложил Вильгельму II встретиться в городе Бьёркё. Два монарха встретились, и Вильгельму удалось убедить кузена подписать двустороннее соглашение, к которому позднее должна была присоединиться Франция. Однако этот амбициозный план провалился, поскольку царь отказался ратифицировать соглашение, не уведомив перед этим Францию, что делало его подписание практически невозможным. Кроме того, политические деятели в России и Германии были против этого соглашения и критиковали монархов за их необдуманные политические прения. С политической точки зрения Германия не могла воспользоваться Русско-японской войной для улучшения своего положения в Европе. Однако у этих военных действий были значительные последствия. Глава генштаба генерал Шлиффен также наблюдал за событиями в Маньчжурии и пришел к выводу, что царская армия больше не является опасным «русским катком», по крайней мере на ближайшие годы. Она была ослаблена, недостаточно обучена и под плохим руководством, поэтому он думал и писал о войне с Францией на западе. Согласно так называемому «плану Шлиффена», Восточную Пруссию следовало оставить без защиты, чтобы победить в битве на уничтожение с армией Франции на западном фронте, а затем вернуться и направить силы на Россию, силы которой все еще должны были быть ограничены. Несмотря на то что Теренс Цубер отрицает существование этого плана, в настоящей книге показано, что план являлся прямым следствием Русско-японской войны. Его общие идеи были основаны на результатах маньчжурских кампаний, в ходе которых Куропаткин действовал чересчур оборонительно, из-за чего над его армией одерживали победу меньшие по размеру, но лучше обученные и вооруженные силы врага. План не применяли на деле до 1914 года — в какой армии не станут менять план в течение почти десяти лет? — но план Мольтке, согласно которому Германия проводила мобилизацию и действовала в начале Первой мировой войны, основывался на идеях Шлиффена, в том числе во время первого столкновения с Францией. Несмотря на то что Мольтке не хотел в 1914 году вступать в войну, он понимал, что шанс пережить эту войну возрастет, если Германия будет сражаться с двумя врагами по отдельности. Угроза со стороны России снова начала расти, так как царская армия восстановилась после войны с Японией, поэтому идея превентивной войны выглядела весьма подходящей, как это было и для Японии в 1904 году. Нельзя утверждать, что Русско-японская война стала непосредственной причиной Первой мировой войны, но определенно она оказала влияние на военное планирование, поскольку немецкие стратеги основывались на ее опыте, и я полагаю, что решение вступить в войну в 1914 году было принято отчасти из-за нее.

Многие аспекты Русско-японской войны так и оставались неизученными вплоть до столетнего юбилея ее окончания, и чтобы восстановить справедливость, потребуется еще много работы.

Русско-японская война была весьма важным событием в мировой истории, и чтобы окончательно разобраться в ней, потребуются исследования — как в отдельных странах, так и международные, даже в годы, не связанные со столетним или каким-то иным юбилеем. В настоящем исследовании было продемонстрировано, как война в Восточной Азии повлияла на ход истории в XX веке, прежде всего на историю России, историю отношений Японии и США, а также на политические и военные события в Германии. Если концепция Русско-японской войны в качестве «нулевой мировой войны» будет воспринята положительно, ее определенно следует назвать глобальной войной, учитывая ее влияние не только на два государства, участвовавших в конфликте, но и на весь мир в целом. Задача специалистов по мировой истории и цель совместной деятельности исследователей в области западной и азиатской истории состоит в том, чтобы донести до широкой общественности информацию о событиях 1904–1905 годов и их последствиях. В задачу исторической науки среди прочего входит определение различных взаимосвязей между событиями. Именно это необходимо сделать для всего XX века, начиная с событий, произошедших на мировой периферии в Порт-Артуре 8 февраля 1904 года.

Архивы и библиотеки

Дипломатические архивы Министерства иностранных дел, Япония
Национальный архив Японии
Национальный институт оборонных исследований, Япония

Auswärtiges Amt
BArch — Bundesarchiv Berlin
Glasgow University Library
Liddell Hart Centre for Military Archives, King's College, London
MArch — Militärarchiv
National Maritime Museum, Greenwich
The National Archive

Источники

Адамов 1952 — Сборник договоров России с другими государствами: 1856–1917 / Ред. Е. А. Адамов. М.: Гос. изд-во политической литературы, 1952.

Бюлов 1935 — Бюлов Б. Воспоминания / Пер. с нем. В. М. Хвостова. М., Л.: Гос. социально-экономическое изд-во, 1935.

Витте 1924 — Витте С. Ю. Воспоминания: Царствование Николая II. Т. 2. Л.: Гос. изд-во, 1924.

Военно-историческая комиссия 1910–1913 — Военно-историческая комиссия по описанию Русско-японской войны. Русско-японская война 1904–1905 гг. 9 томов в 16 книгах. СПб., 1910–1913.

Гамильтон 2000 — Гамильтон Я. Записная книжка штабного офицера во время русско-японской войны / Пер. с англ. Б. Семенова. М.: Воениздат, 2000.

Гапон 1926 — Гапон Г. А. История моей жизни. Л.: Рабочее изд-во «Прибой», 1926.

Изнанка революции 1906 — Изнанка революции. Вооруженное восстание в России на японские средства. СПб., 1906.

Кеннан 1906 — Кеннан Д. Сибирь и ссылка: В 2 ч. / Пер. с англ. И. Н. Кашинцева. СПб.: Изд. Вл. Распопова, 1906.

Коковцов 1933 — Коковцов В. Н. Из моего прошлого. Воспоминания 1903–1919: В 2 т. Т. 1. Париж: Изд. журнала «Иллюстрированная Россия», 1933.

Куропаткин 1911 — Куропаткин А. Н. Записки генерала Куропаткина о русско-японской войне. Итоги войны. Изд. 2-е. Берлин: J. Ladyschnikow Verlag G.m.b.H., 1911.

Мосолов 1938 — Мосолов А. А. При дворе императора. Рига: Филин, 1938.

Переписка 1923 — Переписка Вильгельма II с Николаем II: 1894–1914 гг. / С предисл. М. Н. Покровского. М.; Пг.: Гос. изд-во, 1923.

Сакураи 1909 — Сакураи Т. Живые ядра: Очерк боевой жизни японской армии под Порт-Артуром / Пер. с англ. под ред. Ю. Романовского и А. Фон-Шварц. СПб.: Изд. В. Березовский, Комиссионер воен.-уч. заведений, 1909.

Теттау 1907 — Теттау Э. фон. Восемнадцать месяцев в Маньчжурии с русскими войсками: В 2 ч. / Пер. с нем. Грулева. СПб.: Изд. В. Березовский, 1907.

Хейден и др. 1907–1918 — Историческая комиссия при Морском Генеральном штабе, Русско-японская война 1904–1905 гг.: Действия флота: В 19 т. / Ред. А. Ф. Хейден и др. Пг., 1907–1918.

A British Officer 1911 — A British Officer. The Literature of the Russo-Japanese War, I // The American Historical Review. Vol. 16, № 3. 1911. P. 508–528.

Akashi 1988 — Akashi M. Rakka ryûsui // Akashi Motojirô. Rakka ryûsui. Colonel Akashi's Report on His Secret Cooperation with the Russian Revolutionary Partiesduring the Russo-Japanese War, selected chapters translated by Inaba Chiharu / Ed. by O. K. Fält, A. Kujala. Helsinki: Studia Historica, 1988. P. 23–67.

Asiaticus 1908 — Asiaticus. Reconnaissance in the Russo-Japanese War. London: Hugh Rees, 1908.

Bishop 1920 — Theodore Roosevelt and His Time: Shown in His Own Letters / Ed. by J. B. Bishop. Vol. 1. New York: Charles Scribner's Sons, 1920.

Brooke 1905 — Brooke L. An Eye-Witness in Manchuria. London: Eveleigh Nash, 1905.

Buchanan 1950 — Buchanan D. C. Washington's Cherry Blossoms // The Far Eastern Quarterly. Vol. 10, № 1. 1950. P. 68.

Bülow 1931–1932 — Bülow B. Memoirs of Prince von Bülow: 4 vols. Boston: Little, Brown, and Company, 1931–1932.

Byram 1908 — Byram L. Petit Jap deviendra grand! Paris; Nancy, 1908.

Cloman 1906 — Cloman S. The Circum-Baikal Railroad // Journal of the United States Infantry Association. № 2. 1906. P. 53–64.

Corbett 2015 — Corbett J. S. Maritime Operations in the Russo-Japanese War, 1904–1905: 2 vols. Annapolis: Naval Institute Press, 2015 (1914/15).

Der Russisch-Japanische Krieg 1904 — Der Russisch-Japanische Krieg. Beihefte zur Marine-Rundschau. Berlin: Mittler und Sohn, 1904.

Die Verpflegung 1906 — Die Verpflegung des russischen Mandschureiheeres // Vierteljahrshefte für Truppenführung und Heereskunde. Bd. 3, № 4. 1906.

Falkenhausen 1906 — Falkenhausen L., Freiherr von, General der Infanterie. Angriff und Verteidigung // Vierteljahrshefte für Truppenführung und Heereskunde. Vol. 3, № 2. 1906. P. 383–414.

Goltz 1906 — Goltz v. der., Hauptmann, Frhr. Rußlands mittelasiatische Stellung // Vierteljahrshefte für Truppenführung und Heereskunde. Bd. 3, № 2. 1906. S. 191–230.

GP — Die Große Politik der europäischen Kabinette, 1871–1914. Sammlung der diplomatischen Akten des Auswärtigen Amtes / Hg. von J. Lepsius et al. 40 vols. Berlin: Deutsche Verlagsgesellschaft für Politik und Geschichte, 1922–1927.

Hamilton 1907 — Hamilton I. A Staff Officer's Scrap Book. Vol. 2. London, 1907.

Hara 1981 — Hara Takashi nikki (The Diary of Hara Takashi) / Ed. by K. Hara. Vol. 2. Tokyo: Fukumura Shuppan, 1981.

Hare 1905 — A Photographic Record of the Russo-Japanese War / Ed. by J. E. Hare. New York: P. F. Collier & Son, 1905.

Helfferich 1906 — Helfferich K. Das Geld im russisch-japanischen Kriege. Berlin: Mittler, 1906.

Hume 1908 — Hume C. V. First Japanese Army: The Battle of the Ya-Lu; lecture given by a Japanese General Staff Officer, with remarks by Lieut.-General Sir Ian Hamilton // The Russo-Japanese War. Reports from British Officers Attached to the Japanese and Russian Forces in the Field. Vol. 1. London: Eyre and Spottiswoode, 1908. P. 15–22.

Japanese Losses 1906 — Japanese Losses In The War // The British Medical Journal. Vol. 2371, № 1. 1906. P. 1360–1361.

Jason 1905 — Janson A. Das Zusammenwirken von Heer und Flotte im russisch-japanischen Kriege 1904/5. Berlin: Eisenschmidt, 1905.

Jusserand 1933 — Jusserand J. J. What Me Befell: The Reminiscences of J. J. Jusserand. Boston: Houghton Mifflin & Co., 1933.

Kaneko 1904 — Kentaro K. The Yellow Peril is the Golden Opportunity for Japan // North American Review. Vol. 179. 1904. November. P. 641–648.

Lothes 1905 — Lothes, Hauptmann. Befestigte Flottenstützpunkte am Beispiel der Kwantung-Halbinsel (Port Arthur 1898–1904) // Vierteljahreshefte für Truppenführung und Heereskunde. Vol. 7. 1905. P. 556–577.

Matsumoto 1914 — Matsumoto U. Shizen no hito Komura Jutarō. Tokyo: Rakuyōdo, 1914.

Military Correspondent 1905 — Military Correspondent of The Times. The War in the Far East 1904–1905. New York: E. P. Dutton and Company, 1905.

Miller 1904 — Miller J. M. Thrilling Stories of the Russo-Japanese War: A Vivid Panorama of Land and Naval Battles. Chicago: James Miller, 1904.

Miyazaki 1902 — Miyazaki T. Sanjūsannen no yume. Tokyo: Kokkō Shobō, 1902.

Morison 1951–1954: The Letters of Theodore Roosevelt / Ed. by E. E. Morison: 8 vols. Cambridge, MA, 1951–1954.

Negrier 1906 — Negrier F. O. de. Lessons of the Russo-Japanese War. London: Hugh Rees, 1906.

Ōyama 1966 — Yamagata Aritomo ikensho (The Written Opinions of Yamagata Aritomo) / Ed. by A. Ōyama. Tokyo: Harz Shobō, 1966.

Peters 1944a — Peters C. Der Friede zwischen Japan und Rußland // Peters C. Gesammelte Schriften: 3 Bds. Bd. 3. München; Berlin: C. H. Beck, 1944. S. 366–369.

Peters 1944б — Peters C. Der Ostasiatische Krieg und Europa // Peters C. Gesammelte Schriften: 3 Bds. Bd. 3. München; Berlin: C. H. Beck, 1944. S. 345–350.

Peters 1944в — Peters C. Deutschland und die Mächte // Peters C. Gesammelte Schriften: 3 Bds. Bd. 3. München; Berlin: C. H. Beck, 1944. S. 340–344.

Peters 1944г — Peters C. Gesammelte Schriften: 3 Bds. Munich; Berlin: C. H. Beck, 1944.

Pinon 1905 — Pinon R. The Struggle for the Pacific // The Journal of the Royal United Service Institution. Vol. 325. 1905.

Polmann 1912 — Polmann H. Der Küstenkrieg und das strategische Zusammenwirken von Heer und Flotte im russisch-japanischen Kriege 1904/05. Berlin: Mittler, 1912.

Reports 1906–1907 — United States War Department. General Staff, Office of the Chief of Staff (Military Information) Division. Reports of Military Observers Attached to the Armies in Manchuria: 5 vols. Washington: GPO, 1906–1907.

Reventlow 1906 — Reventlow E. Der russisch-japanische Krieg: Armeeausgabe. Berlin: C. A. Weller, 1906.

Rey 1906 — Rey F. Japon et Russie — guerre [Part 3] // Révue générale de droit international public. T. 13. 1906. P. 612–627.

Roosevelt 1913 — Roosevelt T. An Autobiography. New York: Macmillian, 1913.

Sakai 1926 — Sakai Toshihiko den. Tokyo: Kaizōsha, 1926.

Sakurai 1907 — Sakurai T. Human Bullets. A Soldier's Story of Port Arthur. Boston; New York: Houghton, Mifflin and Company, 1907.

Shigenobu 1905 — Shigenobu O. Japanese Problems // North American Review. Vol. 180. 1905. February. P. 161–165.

Sun 1953 — Sun Yat-sen. Memoirs of a Chinese Revolutionary. A Programme of a National Reconstruction for China. Taipei: China Cultural Service, 1953.

Suzuki 1905 — Suzuki S. Notes on Experiences during the Russo-Japanese Naval War, 1904–5 // The British Medical Journal. Vol. 2339, № 2. 1905. P. 1125–1130.

Text 1910 — Text of the Treaty of Annexation between Korea and Japan, signed August 22, 1910 // The Advocate of Peace. Vol. 72, № 10. 1910. P. 246–247.

The Annexation 1910 — The Annexation of Korea to Japan // The American Journal of International Law. Vol. 4, № 4. 1910. P. 923–925.

Tokutomi 1917 — Kōshaku Katsura Tarō den (Biography of Prince of Katsura Tarō) / Annotated by I. Tokutomi. Vol. 1. Tokyo: Ko Katsura-kō shaku Kinen Jigyōkai, 1917.

Tolstoy 1904 — Tolstoy's Letter on the Russo-Japanese War // The Advocate of Peace. Vol. 66, № 9. 1904. P. 158–159.

Treves 1904 — Treves F. Medical Aspects of the Russo-Japanese War. The British Medical Journal // Vol. 2267, № 1. 1904. P. 1395–1396.

Vernadsky 1972 — A Source Book for Russian History from Early Times to 1917: 3 vols. / Ed. by G. Vernadsky. Vol. 3: Alexander 2 to the February Revolution. New Haven: Yale University Press, 1972.

Villiers 1905 — Villiers F. Port Arthur: Three Months with the Besiegers. London, 1905.

Wilgus 1905 — Wilgus M. After the War: A World Problem // The Journal of Education. Vol. 62, № 16. 1905. P. 440–441.

Woodhead 1932 — Woodhead H. G. W. A Visit to Manchukuo. Shanghai: Mercury Press, 1932.

Wrangel 1907 — Wrangel G. The Cavalry in the Russo-Japanese War: Lessons and Critical Considerations. London: Hugh Rees, 1907.

Wright 1905 — Wright S. H. C. With Togo: The Story of Seven Months' Active Service under His Command. London, 1905.

Zilliacus 1920 — Zilliacus K. Sortovuosilta, Poliittisia muistelmia. Porvoo: WSOY, 1920.

Библиография

Лукин 2007 — Лукин А. В. Медведь наблюдает за драконом. Образ Китая в России в XVII–XXI веках. М.: Восток-Запад: АСТ, 2007.

Лукоянов 2007 — Лукоянов И. В. Портсмутский мир // Вопросы истории, 2007. № 2. С. 16–23.

Окамото 2003 — Окамото С. Японская олигархия в Русско-японской войне / Пер. с яп. Д. А. Лихачева. М.: Центрполиграф, 2003.

Павлов 2011 — Павлов Д. В. Японские деньги и первая русская революция. М.: Вече, 2011.

Семанов 1997 — Семанов С. Н. Адмирал Макаров. Калининград: Янтарный сказ, 1997.

Семёнов 2008 — Семёнов В. И. Трагедия Цусимы: Расплата — Бой при Цусиме — Цена крови. М.: Яуза; Эксмо, 2008.

Сергеев 2010 — Сергеев Е. Ю. Военная разведка России в борьбе против Японии, 1904–1905 гг. М.: Товарищество научных изданий КМК, 2010.

Сергеев 2016 — Сергеев Е. Ю. Большая игра, 1956–1907: мифы и реалии российско-британских отношений в Центральной и Восточной Азии. М.: Товарищество научных изданий КМК, 2016.

Филиппова 2012 — Филиппова Т. А. Враг с Востока. Образы и риторика вражды в русской сатирической журналистике начала XX века. М.: АИРО-XXI, 2012.

Agarwal 2006 — Agarwal B. S. Korea as an Epicentre of Northeast Asian Power Politics: A Historical and Geopolitical Perspective // The Indian Journal of Political Science. Vol. 67, № 2. 2006. P. 261–278.

Airapetov 2005 — Airapetov O. R. The Russian Army's Fatal Flaws // The Russo-Japanese War in Global Perspective: World War Zero. Vol. 1 / Ed. by J. W. Steinberg et al. Leiden; Boston: Brill, 2005. P. 157–177.

Ananich 2005 — Ananich B. V. Russian Military Expenditures in the Russo-Japanese War, 1904–5 // The Russo-Japanese War in Global Perspective:

World War Zero. Vol. 1 / Ed. by J. W. Steinberg et al. Leiden; Boston: Brill, 2005. P. 449–464.

Andrade 2016 — Andrade T. The Gunpowder Age: China, Military Innovation, and the Rise of the West in World History. Princeton: Princeton University Press, 2016.

Aruga 1994 — Aruga T. Reflections on the History of U.S.–Japanese Relations // American Studies International. Vol. 32, № 1. 1994. P. 8–16.

Asada 2010 — Asada M. The China-Russia-Japan Military Balance in Manchuria, 1906–1918 // Modern Asian Studies. Vol. 44, № 6. 2010. P. 1283–1311.

Asahi 1930 — Asahi S. Meiji Taishō shi. Vol.1. Tokyo: Asahi Shinbunsha, 1930.

Asakawa 1904 — Asakawa K. The Russo-Japanese Conflict: Its Causes and Issues. Boston; New York: Houghton, Mifflin and Company, 1904.

Ascher 1988 — Ascher A. The Revolution of 1905: Russia in Disarray. Stanford: Stanford University Press, 1988.

Auslin 2005 — Auslin M. R. Japanese Strategy, Geopolitics and the Origins of the War, 1792–1895 // The Russo-Japanese War in Global Perspective: World War Zero. Vol. 1 / Ed. by J. W. Steinberg et al. Leiden; Boston: Brill, 2005. P. 3–21.

Bandō 1995 — Bandō H. Porandojin to Nichi-Ro Sensō. Tokyo: Aoki Shoten, 1995.

Bartlett 2008 — Bartlett R. Japonisme and Japanophobia: The Russo-Japanese War in Russian Cultural Consciousness // Russian Review. Vol. 67, № 1. 2008. P. 8–33.

Beasley 1987 — Beasley W. G. Japanese Imperialism, 1894–1945. Oxford; New York: Oxford University Press, 1987.

Bellivaire 2007 — Beillevaire P. The Impact of the War on the French Political Scene // The Impact of the Russo-Japanese War / Ed. by R. Kowner. London; New York: Routledge, 2007. P. 124–136.

Berry 2008 — Berry M. The Russo-Japanese War: How Russia Created the Instrument of their Defeat. M. A. Thesis, United States Marine Corps Command and Staff College, Quantico, Virginia, 2008.

Berton 2007 — Berton P. From Enemies to Allies: The War and the Russo-Japanese Relations // The Impact of the Russo-Japanese War / Ed. by R. Kowner. London; New York: Routledge, 2007. P. 78–87.

Betts 1934 — Betts T. J. The Strategy of Another Russo-Japanese War // Foreign Affairs. Vol. 12, № 4. 1934. P. 592–603.

Bird 1909 — Bird W. D. Lectures on the Strategy of the Russo-Japanese War. London: Hugh Rees, 1909.

Bose 1940 — Bose R. B. Tōyama sensei ni tasukerareta hanashi // Tōyama seishin / Ed. Fujimoto Hisanori. Tōkyō: Dai-Nippon Tōyama Seishinkai, 1940. Reprint 1993. P. 228–240.

Brook 2000 — Brook P. Armoured Cruiser vs. Armoured Cruiser: Ulsan 14 August 1904. London: Conway Maritime Press, 2000.

Brudnoy 1970 — Brudnoy D. Japan's Experiment in Korea // Monumenta Nipponica. Vol. 25, № 1–2. 1970. P. 155–195.

Bushkovitch 2005 — Bushkovitch P. The Far East in the Eyes of the Russian Intelligentsia, 1830–1890 // The Russo-Japanese War in Global Perspective: World War Zero. Vol. 1 / Ed. by J. W. Steinberg et al. Leiden; Boston: Brill, 2005. P. 349–363.

Bushnell 2005 — Bushnell J. The Specter of Mutinous Reserves: How the War Produced the October Manifesto // The Russo-Japanese War in Global Perspective: World War Zero. Vol. 1 / Ed. by J. W. Steinberg et al. Leiden; Boston: Brill, 2005. P. 333–348.

Chang 1974 — Chang S.-H. Russian Designs on the Far East in Russian Imperialism from Ivan the Great to the Revolution / Ed. by T. Hunczak. New Jersey: Rutgers University Press, 1974.

Chang 1998 — Chang D. Breaking Through a Stalemate? A Study Focusing on the Kuril Islands Issue in Russo-Japanese Relations // Asian Perspective. Vol. 22, № 3. 1998. P. 169–206.

Chapman 2004 — Chapman J. British Naval Estimation of Japan and Russia, 1894–1905 // On the Periphery of the Russo-Japanese War. Part I // Suntory Center Discussion Paper № IS/04/475. 2004. April. P. 17–55.

Chiba 1996 — Chiba I. Nichiro Kōshō — Nichiro Kaisen Gen'in no Saikentō (Russo-Japanese Negotiations: A Reevaluation of the Reasons for the Outbreak of the Russo-Japanese War) // Hikaku no naka no kindai Nihon shisō / Ed. by Kindai Nihon Kenkyūkai. Tokyo: Yamagawa Shuppansha, 1996. P. 289–321.

Cohen 1999 — Cohen Wiener N. Jacob H. Schiff: a Study in American Jewish Leadership. Hanover, New Hampshire: University Press of New England, 1999.

Cohen 2010 — Cohen A. J. Long Ago and Far Away: War Monuments, Public Relations, and the Memory of the Russo-Japanese War in Russia, 1907–14 // The Russian Review. Vol. 69. 2010. P. 388–411.

Coloma 2014 — Coloma C. La Guerra Ruso-Japonesa y su effecto sobre el mundo periférico / Estudios de Asia y Africa. Vol. 49, № 1 (153). 2014. P. 71–98.

Conroy 1956 — Conroy H. Chōsen Mondai: The Korean Problem in Meiji Japan // Proceedings of the American Philosophical Society. Vol. 100, № 5. 1956. P. 443–454.

Conroy 1966 — Conroy H. Lessons from Japanese Imperialism // Monumenta Nipponica. Vol. 21, № 3–4. 1966. P. 334–345.

Corbett 1972 — Corbett J. S. Classics of Sea Power. Annapolis: Naval Institute Press, 1972.

Cosson 2013 — Cosson O. Préparer la Grande Guerre — L'armée française et la guerre russo-japonaise (1899–1914). Paris: Les Indes savantes, 2013.

Cox 1992 — Cox G. P. Of Aphorisms, Lessons, and Paradigms: Comparing the British and German Official Histories of the Russo-Japanese War // The Journal of Military History. Vol. 56, № 3. 1992. P. 389–402.

Crowley 2008 — Crowley D. Seeing Japan, Imagining Poland: Polish Art and the Russo-Japanese War // Russian Review. Vol. 67, № 1. 2008. P. 50–69.

Davidann 1996 — Davidann J. Japanese YMCA Cultural Imperialism in Korea and Manchuria after the Russo-Japanese War // The Journal of American-East Asian Relations. Vol. 5, № 3/4. 1996. P. 255–276.

Dennett 1925 — Dennett T. Roosevelt and the Russo-Japanese War. Garden City, NJ, 1925.

Deshpande 2006–2007 — Deshpande A. Revisiting Nehruvian Idealism in the Context of Contemporary Imperialism // Economic and Political Weekly. Vol. 41, № 52. 2006–2007. P. 5408–5413.

Deutsch 1953 — Deutsch K. W. Nationalism and Social Communication: An Inquiry into the Foundations of Nationality. Cambridge, MA: MIT Press, 1953.

Dickinson 2005 — Dickinson F. R. Commemorating the War in Post-Versailles Japan // The Russo-Japanese War in Global Perspective: World War Zero. Vol. 1 / Ed. by J. W. Steinberg et al. Leiden; Boston: Brill, 2005. P. 523–543.

Doak 2007a — Doak K. M. A History of Nationalism in Modern Japan: Placing the People. Leiden: Brill. P. 2007.

Doak 2007b — Doak K. M. National Identity and Nationalism // A Companion to Japanese History / Ed. by W. M. Tsutsui. Malden, MA: Blackwell, 2007. P. 528–544.

Duara 2003 — Duara P. Sovereignty and Authenticity: Manchukuo and the East Asian Modern. Lanham: Rowman & Littlefield, 2003.

Dudden 2005 — Dudden A. Japan's Colonization of Korea: Discourse and Power. Honolulu: University of Hawai'i Press, 2005.

Duus 1983 — Duus P. The Takeoff Point in Japanese Imperialism // Japan Examined: Perspectives on Modern Japanese History / Ed. by H. Wray and H. Convoy. Honolulu: Hawaii University Press, 1983. P. 153–157.

Duus 2007 — Duus P. If Japan Had Lost the War // The Impact of the Russo-Japanese War / Ed. by R. Kowner. London; New York: Routledge, 2007. P. 47–53.

Eberspaecher 2007 — Eberspaecher C. The Road to Jutland? The War and the Imperial German Navy // The Impact of the Russo-Japanese War / Ed. by R. Kowner. London; New York: Routledge, 2007. P. 290–305.

Edström 1989 — Edström B. Japan's Fight for Great Power Status in the Meiji Period. Stockholm: Center for Pacific Asia Studies, 1989.

Eckstein et al 1974 — Eckstein A., Chao K., Chang J. The Economic Development of Manchuria: The Rise of a Frontier Economy // The Journal of Economic History. Vol. 34, № 1: The Tasks of Economic History. 1974. P. 239–264.

Ehlert et al. 2014 — Ehlert H., Epkenhans M., Gross G. P. Introduction: The Historiography of Schlieffen and the Schlieffen Plan // The Schlieffen Plan: International Perspectives on the German Strategy for World War I / Ed. by H. Ehlert, M. Epkenhans, G. P. Gross. Lexington: Kentucky University Press, 2014. P. 1–16.

Elman 2013 — Elman B. The «Rise» of Japan and the «Fall» of China after 1895 // The Chinese Chameleon Revisited: From the Jesuits to Zahng Yimou / Ed. by Zheng Yangwen. Newcastle upon Tyne: Cambridge Scholars Publishing, 2013. P. 143–171.

Esthus 1959 — Esthus R. A. The Taft-Katsura Agreement: Reality or Myth? // Journal of Modern History. Vol. 31, № 1. 1959. P. 46–51.

Esthus 1966 — Esthus R. A. Theodore Roosevelt and Japan. Seattle; London: University of Washington Press, 1966.

Esthus 1981 — Esthus R. A. Nicholas II and the Russo-Japanese War // Russian Review. Vol. 40, № 4. 1981. P. 396–411.

Falls 1967 — Falls C. A Hundred Years of War, 1850–1950. 3rd edition. New York: Collier Books, 1967.

Fält, Kujala 1988 — Fält O. K., Kujala A. Preface // Akashi Motojirô, Rakka ryûsui. Colonel Akashi's Report on His Secret Cooperation with the Russian Revolutionary Parties during the Russo-Japanese War, selected chapters trans. Inaba Chiharu / Ed. by O. K. Fält, A. Kujala. Helsinki: Studia Historica, 1988. P. 5–7.

Fält 1988 — Fält O. K. The Influence of Finnish-Japanese Cooperation during the Russo-Japanese War on Relations between Finland and Japan in 1917–1944 // Akashi Motojirô, Rakka ryûsui. Colonel Akashi's Report on His Secret Cooperation with the Russian Revolutionary Parties during the Russo-Japanese War, selected chapters trans. Inaba Chiharu / Ed. by O. K. Fält, A. Kujala. Helsinki: Studia Historica, 1988. P. 177–196.

Fay 1918 — Fay S. B. The Kaiser's Secret Negotiations with the Tsar, 1904–1905 // The American Historical Review. Vol. 24, № 1. 1918. P. 48–72.

Ferguson 2010 — Ferguson D. S. «Splendid Allies» or «No More Deadly Enemies in the World?» General Sir Ian Hamilton, the British Military and Japan 1902–1914 // Journal of the Royal Asiatic Society of Great Britain & Ireland. Vol. 20, № 4. 2010. P. 523–536.

Foerster 1921 — Foerster W. Graf Schlieffen und der Weltkrieg. Erster Teil: Die deutsche Westoffensive 1914 bis zur Marneschlacht. Berlin: Mittler & Sohn, 1921.

Foley 2014 — Foley R. T. The Schlieffen Plan — A War Plan // The Schlieffen Plan: International Perspectives on the German Strategy for World War I / Ed. by H. Ehlert, M. Epkenhans, G. P. Gross. Lexington: Kentucky University Press, 2014. P. 67–83.

Frankel 2007 — Frankel J. The War and the Fate of the Tsarist Autocracy // The Impact of the Russo-Japanese War / Ed. by R. Kowner. London; New York: Routledge, 2007. P. 54–77.

Fujimura 1995 — Fujimura M. Nisshin sensō zengo no Ajia seisaku. Tokyo: Iwanami Shoten, 1995.

Futrell 1963 — Futrell M. Northern Underground: Episodes of Russian Revolutionary Transport and Communications through Scandinavia and Finland 1863–1917. London: Faber & Faber, 1963.

Futrell 1967 — Futrell M. Colonel Akashi and Japanese Contacts with Russian Revolutionaries in 1904–5 // Far East Asian Affairs. Vol. 4. 1967. P. 7–22.

Gaimusho 1953 — Gaimusho. Komura Gaikoshi (A History of Komura's Diplomacy). Vol. 2. Tokyo: Shinbun Gekkansha, 1953.

Gatrell 1990 — Gatrell P. After Tsushima: Economic and Administrative Aspects of Russian Naval Rearmament, 1905–1913 // The Economic History Review. New Series. Vol. 43, № 2. 1990. P. 255–270.

Gluck 1985 — Gluck C. Japan's Modern Myths: Ideology in the Late Meiji Period. Princeton: Princeton University Press, 1985.

Goldfrank 2005 — Goldfrank D. Crimea Redux? On the Origins of the War // The Russo-Japanese War in Global Perspective: World War Zero. Vol. 1 / Ed. by J. W. Steinberg et al. Leiden; Boston: Brill, 2005. P. 87–101.

Gordon 2014 — Gordon A. Social Protest in Imperial Japan: The Hibiya Riot of 1905 // The Asia-Pacific Journal. Vol. 12, Is. 29, № 3. 2014. URL: http://apjjf.org/-Andrew-Gordon/4150/article.pdf (дата обращения: 16.10.2021).

Gross 2006 — Groß G. P. There was a Schlieffen Plan // Der Schlieffenplan: Analysen und Dokumente / Hg. von H. Ehlert, M. Epkenhans, G. P. Groß. Paderborn: Schöningh, 2006. S. 155.

Gross 2014 — Gross G. P. There was a Schlieffen Plan: New Sources on the History of German Military Planning // The Schlieffen Plan: International Perspectives on the German Strategy for World War I / Ed. by H. Ehlert, M. Epkenhans, G. P. Gross. Lexington: Kentucky University Press, 2014. P. 85–136.

Gross 2016 — Gross G. P. The Myth and Reality of German Warfare: Operational Thinking from Moltke the Elder to Heusinger. Lexington: Kentucky University Press, 2016.

Gunjishi Gakkai 2004–2005 — Nichi-Ro Sensō / Ed. by Gunjishi Gakkai: 2 vols. Tokyo: Kinseisha, 2004–2005.

Guodong 2014 — Guodong Y. Nichi-Ro Sensō ni okeru Shinkoku no chūritsu seikaku no seiritsu katei (The Development of China's Neutral Policy during the Russo-Japanese War) // Jinbun Gakuhō. Vol. 490. 2014. P. 15–36.

Hacker 1977 — Hacker B. C. The Weapons of the West: Military Technology and Modernization in 19th-Century China and Japan // Technology and Culture. Vol. 18, № 1. 1977. P. 43–55.

Haldane 1908 — Haldane A. L. Fourth Japanese Army: Operations from the Date of Its Disembarkation in Manchuria to the 31st July 1904 // The Russo-Japanese War. Reports from British Officers Attached to the Japanese and Russian Forces in the Field, Vol. 1. London: Eyre and Spottiswoode, 1908. P. 106–134.

Hando 2010 — Hando K. Shōwashi. Vol. 1: 1926–1945. 2nd ed. Tokyo: Heibonsha, 2010.

Harcave 2004 — Harcave S. Count Sergei Witte and the Twilight of Imperial Russia: A Biography. Armonk; New York: M. E. Sharpe, 2004.

Headrick 2010 — Headrick D. A Double-Edged Sword: Communications and Imperial Control in British India // Historical Social Research / Historische Sozialforschung. Vol. 35, № 1 (131): Global Communication: Telecommunication and Global Flows of Information in the Late 19th and Early 20th Century / Globale Kommunikation: Telekommunikation und globale Informationsflüsse im späten 19. und frühen 20. Jahrhundert. 2010. P. 51–65.

Henning 2007 — Henning Joseph M. White Mongols? The War and American Discourses on Race and Religion // The Impact of the Russo-Japanese War / Ed. by R. Kowner. London; New York: Routledge, 2007. P. 153–166.

Heyman 1976 — Heyman N. M. Leon Trotsky's Military Education: From the Russo-Japanese War to 1917 // The Journal of Modern History. Vol. 48, № 2. 1976. P. 71–98.

Higashi 2008 — Nichi-Ro Sensō to Higashi Ajia sekai (The Russo-Japanese War and the East Asian World) / Ed. by Higashi Ajia Kindaishi Gakkai (The Academic Society for the Modern History of East Asia). Tokyo: Yumani Shobō, 2008.

Hildebrand 2005 — Hildebrand K. Eine neue Ära der Weltgeschichte. Der historische Ort des Russisch-Japanischen Krieges 1904/05 // Der Russisch-Japanische Krieg (1904/05) / Hg. von J. Kreiner. Göttingen: V&R unipress, 2005. S. 27–51.

Hildebrand 2014 — Hildebrand K. The Sword and the Scepter: The Powers and the European System before 1914 // The Schlieffen Plan: International Perspectives on the German Strategy for World War I / Ed. by H. Ehlert, M. Epkenhans, G. P. Gross. Lexington: Kentucky University Press, 2014. P. 17–41.

Hiraoka 1972 — Hiraoka M. Sugiyama Shigemaru to Uchida Ryōhei: Kindai Nihon to Chūgoku (3) // Asahi Jānaru. Vol. 14, № 4. 1972. P. 42–43.

Hirono 2005 — Hirono Y. Kuropatokin Nihon Senso Nikki ni tsuite (Thoughts on Kuropatkin's Japan Diary) // Nichiro Kenkyū no shin-shiten (New Research Perspectives on the Russo-Japanese War) / Ed. Nichiro Sensō Kenkyūkai. Yokohama: Seibunsha, 2005. P. 31–45.

Hitsman, Morton 1970 — Hitsman Mackay J., Morton D. Canada's First Military Attaché: Capt. H. C. Thacker in the Russo-Japanese War // Military Affairs. Vol. 34, № 3. 1970. P. 82–84.

Hockley, Ericson 2008 — Hockley A., Ericson S. Introduction // The Treaty of Portsmouth and Its Legacies / Ed. by S. Ericson, A. Hockley. Hanover, NH: Dartmouth College Press, 2008. P. 1–7.

Hōga 2015 — Hōga S. Nichi-Ro Sensō imēji no saiseisa: Josei zasshi wo chūshin ni (The Image of the Russo-Japanese War: With a Focus on Womens' Magazines) // Ochanomizu Joshi Daigaku Hikaku Nihongaku Kyōiku Kenkyū Sentā kenkyū nenpō. Vol. 11. 2015. P. 143–147.

Holmes 2001 — Holmes T. The Reluctant March on Paris: A Reply to Terence Zuber's «The Schlieffen Plan Reconsidered» // War in History. Vol. 8, № 2. 2001. P. 208–232.

Holmes 2002 — Holmes T. The Real Thing: A Reply to Terence Zuber's «Terence Holmes Reinvents the Schlieffen Plan» // War in History. Vol. 9, № 1. 2002. P. 111–120.

Holmes 2003 — Holmes T. Asking Schlieffen: A Further Reply to Terence Zuber // War in History. Vol. 10, № 4. 2003. P. 464–479.

Honda 1913 — Honda M. American and Japanese Diplomacy in China // The Journal of Race Development. Vol. 4, № 2. 1913. P. 129–133.

Honda 1941 — Honda K. Tamashii no gaikō (The Diplomacy of Komura Jutarō). Tokyo: Chikura Shobō, 1941.

Hopman 1924 — Hopman A. Das Logbuch eines deutschen Seeoffiziers. Berlin: August Scheel, 1924.

Hopman 2004 — Hopman A. Das ereignisreiche Leben eines «Wilhelminers»: Tagebücher, Briefe, Aufzeichnungen / Hg. von M. Epkenhans. München: Oldenbourg, 2004.

Hotwagner 2012 — Hotwagner S. M. Karikatur und Satire zur Zeit des Russisch-Japanischen Krieges 1904–1905. PhD Thesis, Universität Heidelberg, 2012.

Howland 2011 — Howland D. Sovereignty and the Laws of War: International Consequences of Japan's 1905 Victory over Russia // Law and History Review. Vol. 29, № 1. 2011. P. 53–97.

Hsu 1932 — Hsu Shu-his. Manchurian Backgrounds II // Pacific Affairs. Vol. 5, № 2. 1932. P. 131–150.

Ikeda 1982 — Ikeda K. Japanese Strategy and the Pacific War, 1941–5 // The Anglo-Japanese Alienation, 1919–1952 / Ed. by I. Nish. Cambridge: Cambridge University Press, 1982.

Ienaga 1993–1994 — Ienaga S. The Glorification of War in Japanese Education // International Security. Vol. 18, № 3. 1993–1994. P. 113–133.

Inaba 1988a — Inaba C. Akashi's Career // Akashi Motojirô, Rakka ryûsui. Colonel Akashi's Report on His Secret Cooperation with the Russian Revolutionary Parties during the Russo-Japanese War, selected chapters trans. Inaba Chiharu / Ed. by O. K. Fält, A. Kujala. Helsinki: Studia Historica, 1988. P. 17–20.

Inaba 1988б — Inaba C. An Explanatory Note on Rakka ryûsui // Akashi Motojirô, Rakka ryûsui. Colonel Akashi's Report on His Secret Cooperation with the Russian Revolutionary Parties during the Russo-Japanese War, selected chapters trans. Inaba Chiharu / Ed. by O. K. Fält, A. Kujala. Helsinki: Studia Historica, 1988. P. 11–16.

Inaba 1988в — Inaba C. The Politics of Subversion: Japanese Aid to Opposition Groups in Russia during the Russo-Japanese War // Akashi Motojirô, Rakka ryûsui: Colonel Akashi's Report on His Secret Cooperation with the Russian Revolutionary Parties during the Russo Japanese War, selected chapters trans. Inaba Chiharu / Ed. by O. K. Fält, A. Kujala. Helsinki: Studia Historica, 1988. P. 69–84.

Inaba, Saaler 2005 — Der Russisch-Japanische Krieg 1904/05 im Spiegel deutscher Bilderbogen / Yōroppa kara mita Nichi-Ro sensō: Hangashinbun, ehagaki, nishikie / Ed. by Inaba Chiharu, S. Saaler. Tokyo: Deutsches Institut für Japanstudien, 2005.

Iriye 1989 — Iriye A. Japan's Drive to Great Power Status. Cambridge History of Japan. Vol. 5: The Nineteenth Century. Cambridge: Cambridge University Press, 1989.

Ishii 1997 — Ishii K. Nihon no sangyō kakumei: Nisshin Nichi-Ro Sensō kara kangaeru (Japan's Industrial Revolution: Thoughts with regard to the Sino-Japanese and Russo-Japanese War). Tokyo: Asahi Shinbunsha, 1997.

Isonaga, Yamamoto 2014 — Isonaga K., Yamamoto T. Rikugun kangohei «Ogata Tadayoshi» no Nichi-Ro Sensō (The Russo-Japanese War of the Medical Corps soldier Ogata Tadayoshi) // Tōa Daigaku kiyō. Vol. 20. 2014. P. 33–61.

Itō 2009 — Itō Y. Itō Hirobumi: Kindai Nihon wo tsukutta otoko. Tokyo: Kōdansha, 2009.

Itō 2014 — Itō M. Būrō gaikōto Nichi-Ro Sensō ni kansuru ikkōsatsu (A Consideration of Bülow's Foreign Policy During the Russo-Japanese War) // Seiji Keizai Shigaku. № 569. 2014. P. 1–30.

Iyenaga 1912 — Iyenaga T. Japan's Annexation of Korea // The Journal of Race Development. Vol. 3, № 2. 1912. P. 201–223.

Jacob 2013 — Jacob F. Die Thule-Gesellschaft und die Kokuryūkai: Geheimgesellschaften im global-historischen Vergleich. Würzburg: Königshausen & Neumann, 2013.

Jacob 2014a — Jacob F. Global History — The End or Change of Traditional Historiography? // Middle Ground Journal. № 8. 2014. URL: https://resources.css.edu/academics/HIS/MiddleGround/articles/frankjacob.pdf (дата обращения: 16.10.2021).

Jacob 2014б — Jacob F. Japanism, Pan-Asianism and Terrorism: A Short History of the Amur Society (the Black Dragons) 1901–1945. Bethesda: Academica Press, 2014.

Jacob 2015 — Jacob F. Reflections on the Korean Diaspora in Manchuria // Diasporic Constructions of Home and Belonging / Ed. by F. Kläger, K. Stierstorfer. Berlin: DeGruyter, 2015. P. 111–122.

Jacob 2016 — Jacob F. Secret Societies and Preparation of the Russo-Japanese War (1904–1905) // Diacronie: Studi di Storia Contemporanea. Vol. 28, № 4. 2016. URL: www.studistorici.com/2016/12/29/jacob_numero_28/ (дата обращения: 19.10.2021).

Jansen 1970 — Jansen M. B. The Japanese and Sun Yat-sen. Berkeley: Stanford University Press, 1970.

Jukes 2002 — Jukes G. The Russo-Japanese War 1904–1905. Wellingborough: Osprey, 2002.

Kan 1965 — Kan J. Chōsenmondai ni ukeru Uchida Ryōhei no shisō to kōdō: Tairiku rōnin ni okeru «Ajia shugi' no ittenkai toshite» // Rekishigaku Kenkyū. Vol. 307, № 12. 1965. P. 17–22.

Kaneko 2003 — Kaneko R. Realism and Propaganda: The Photographer's Eye Trained on Society // The History of Japanese Photography / Ed. by A. W. Tucker, D. Friis-Hansen, K. Ryūichi. New Haven, CT: Yale University Press, 2003. P. 184–207.

Katayama 1918 — Katayama S. The Labor Movement in Japan. Chicago: C. H. Kerr, 1918.

Katō 2005 — Katō Y. Sensō no ronri: Nichi-Ro Sensō kara Taiheiyō Sensō made (The Logic of War: From the Russo-Japanese War to the Pacific War). Tokyo: Keisō shobō, 2005.

Katō 2007 — Katō Y. What Caused the Russo-Japanese War — Korea or Manchuria? // Social Science Japan Journal. Vol. 10, № 1. 2007. P. 95–103.

Kawaguchi 1983 — Kawaguchi T. Nihon Marukusu shugi no genryū: Sakai Toshihiko to Yamakawa Hitoshi. Tokyo: Ariesu Shobō, 1983.

Kawashima 2004 — Kawashima S. Nichiro Sensō to Chūgoku no Chūritsu Mondai (The Russo-Japanese War and the Question of Chinese Neutrality) // Nichiro Sensō (The Russo-Japanese War). Vol. 1 / Ed. by Gunjishi Gakkai. Tokyo: Kinseisha, 2004. P. 79–96.

Kennan 1979 — Kennan G. F. The Decline of Bismarck's European Order: Franco-Russian Relations 1875–1890. Princeton: Princeton University Press, 1979.

Kennedy 1924 — Kennedy M. The Military Side of Japanese Life. London: Constable & Co. Ltd., 1924.

Kenrō 2013 — Kenrō N. Katsura Tarō to Nichi-Ro Sensō: Kokunan suku-tta kōwa no ketsudan (Katsura Tarō and the Russo-Japanese War: The Decision for Peace and the Prevention of a National Crisis) // Kaigai Jijō. Vol. 61, № 10. 2013. P. 63–76.

Kirby 2011 — Kirby D. En munsbit, hvilken af Ryssen utslukades. Independence as Ideal and Reality in Finland // 1809 und die Folgen. Finnland zwischen Schweden, Russland und Deutschland / Hg. von J. Hecker-Stampehl, B. Henningsen, A.-M. Mertens, S. M. Schröder. Berlin: BWV, 2011. S. 143–154.

Kita 2014 — Kita Y. Nichi-Ro Sensō to jindōshugi: Matsuyama furyo shūyōjo ni okeru Roshia shōbyōsha kyūgo no kentō (The Russo-Japanese War and Humanitarianism: A study of the measures for relief for Russian wounded and sick in the Matsuyama POW camp) // Nihon Hōgaku. Vol. 80, № 2. 2014. P. 591–627.

Kitano 2004 — Kitano T. Manshū ni okeru naichi kyojū mondai: Nijūichi kajō yōkyū keisei katei no ichisokumen // Nihon Rekishi. Vol. 676, № 9. 2004. P. 54–70.

Kōgo 2015 — Kōgo E. Rusuke no hyōshō: Nichi-Ro Sensō-ki ni okeru teki toshite no Roshia hei no imêji wo megutte (The Representation of the «Russky»: The image of the Russian soldiers with regard to the Russo-Japanese War) // Meisei Daigaku kenkyū kiyō. Vol. 23. 2015. P. 310 (51) — 301 (60).

Kokaze 2004 — Kokaze H. Ajia no teikokukokka // Ajia no teikokukokka / Ed. by Kokaze Hidemasa. Tokyo: Yoshikawa Kōbunkan, 2004. P. 7–93.

Kokuryūkai 1966 — Kokuryūkai. Nikkan gappō hishi: 2 vols. Tōkyō: Hara Shobō, 1966.

Komatsu 1927 — Itō-kō Zenshū / Ed. by M. Komatsu / Vol. 2. Tokyo: Itō-kō Zenshū Kankōkai, 1927.

Komori 1928 — Komori T. Akashi Motojirô: 2 vols. Taihoku: Taiwan Nichinichi Shinpōsha, 1928.

Komori et al. 2004 — Nichi-Ro Sensō sutadīzu / Ed. by Y. Komori, R. Narita, N. Kinoshita. Tokyo: Kinokuniya Shoten, 2004.

Konishi 2013 — Konishi S. Translingual World Order: Language without Culture in Post-Russo-Japanese War Japan // The Journal of Asian Studies. Vol. 72, № 1. 2013. P. 91–114.

Kosuga 2014 — Kosuga R. Nichi-Ro Sensō senkun to sono katsuyō: hohōkyōdō shisō no hōga (The Battle Experiences and the Impact of the Russo-Japanese War: The Origin of Concepts on the Combination of Infantry and Artillery) // Bōeigaku Kenkyū. Vol. 50. 2014. P. 27–46.

Kowner 2001 — Kowner R. Becoming an Honorary Civilized Nation: Remaking Japan's Military Image During the Russo-Japanese War, 1904–1905 // The Historian. Vol. 64, № 1. 2001. P. 19–38.

Kowner 2007a — Kowner R. Between a Colonial Clash and World War Zero: The Impact of the Russo-Japanese War in a Global Perspective // The Impact of the Russo-Japanese War / Ed. by R. Kowner. London; New York: Routledge, 2007. P. 1–25.

Kowner 2007б — Rethinking the Russo-Japanese War, 1904–5: 2 vols / Ed. by R. Kowner. Folkestone: Global Oriental, 2007.

Kowner 2007в — Kowner R. The Impact of the War on Naval Warfare // The Impact of the Russo-Japanese War / Ed. by R. Kowner. London; New York: Routledge, 2007. P. 269–289.

Kowner 2007г — Kowner R. The War as a Turning Point in Modern Japanese History // The Impact of the Russo-Japanese War / Ed. by R. Kowner. London; New York: Routledge, 2007. P. 29–46.

Kreiner 2005a — Der Russisch-Japanische Krieg (1904/05) / Ed. by J. Kreiner. Göttingen: V&R unipress, 2005.

Kreiner 2005б — Kreiner J. Der Ort des Russisch-Japanischen Krieges in der japanischen Geschichte // Der Russisch-Japanische Krieg (1904/05) / Hg. von J. Kreiner. Göttingen: V&R unipress, 2005. P. 53–76.

Kublin 1950 — Kublin H. The Japanese Socialists and the Russo-Japanese War // The Journal of Modern History. Vol. 22, № 4. 1950. P. 322–339.

Kublin 1964 — Kublin H. Asian Revolutionary: The Life of Sen Katayama. Princeton: Princeton University Press, 1964.

Kujala 2005 — Kujala A. The Japanese General Staff and the Issue of Concerted Anti-Government Action in the Russian Empire // The Russo-Japanese War in Global Perspective: World War Zero. Vol. 1 / Ed. by J. W. Steinberg et al. Leiden; Boston: Brill, 2005. P. 261–280.

Kujala 1988 — Kujala A. March Separately — Strike Together: The Paris and Geneva Conferences Held by the Russian and Minority Nationalities' Revolutionary and Opposition Parties, 1904–1905 // Akashi Motojirô, Rakka ryûsui. Colonel Akashi's Report on His Secret Cooperation with the Russian Revolutionary Parties during the Russo-Japanese War, selected chapters transl. Inaba Chiharu / Ed. by O. K. Fält, A. Kujala. Helsinki: Studia Historica, 1988. P. 85–167.

Kurokawa 1996 — Kurokawa H. Nihon no daiseijika: Itô Hirobumi mo, Chôsenjin ni totte wa gokuakunin datta!! // Nihonshi jinbutsu «sono go no hanashi» / Ed. Kaku Kôzô. 4th edition. Vol. 4. Tokyo: Kôdansha, 1996.

Kuromiya, Mamoulia 2009 — Kuromiya H., Mamoulia G. Anti-Russian and Anti-Soviet Subversion: The Caucasian-Japanese Nexus, 1904–1945 // Europe-Asia Studies. Vol. 61, № 8. 2009. P. 1415–1440.

Kurosawa 2014 — Kurosawa F. Nichi-Ro Sensō he no michi: Sangoku kanshō kara Itō no gaiyū made (The Way to the Russo-Japanese War: From the Triple Intervention to Itō's Foreign Journey). Gaikō Shiryō-kan. № 28. 2014. P. 33–57.

Kusber 1994 — Kusber J. Der russisch-japanische Krieg 1904–1905 // Publizistik und Historiographie: Anmerkungen zur Literatur über den «kleinen siegreichen Krieg» // Jahrbücher für Geschichte Osteuropas. Bd. 42, № 2. 1994. S. 217–234.

Kusber 2014 — Kusber J. Russian Forces and the German Buildup at the Outbreak of World War I // The Schlieffen Plan: International Perspectives on the German Strategy for World War I / Ed. by H. Ehlert, M. Epkenhans, G. P.Gross. Lexington: Kentucky University Press, 2014. P. 247–260.

Ladd 1912 — Ladd G. T. The Annexation of Korea: An Essay in Benevolent Assimilation // Yale Review, New Series. Vol. 1. 1912. P. 639–656.

Laffan 2007 — Laffan M. Tokyo as a Shared Mecca of Modernity: War Echoes in the Colonial Malay World // The Impact of the Russo-Japanese War / Ed. by R. Kowner. London; New York: Routledge, 2007. P. 219–238.

Lee 1963 — Lee Chong-Sik. The Politics of Korean Nationalism. Berkeley: University of California Press, 1963.

Lensen 1962 — Lensen G. A. Japan and Tsarist Russia: The Changing Relationships, 1875–1917 // Jahrbücher für Geschichte Osteuropas. Bd. 10, № 3. 1962. S. 337–348.

Lensen 1966 — Korea and Manchuria between Russia and Japan, 1895–1904: The Observations of Sir Ernest Satow / Ed. by G. A. Lensen. Tokyo, 1966.

Lewis 1990 — Lewis M. Rioters and Citizens: Mass Protest in Imperial Japan. Berkeley: University of California Press, 1990.

Li Narangoa 2002 — Li Narangoa. The Power of Imagination: Whose Northeast and Whose Manchuria? // Inner Asia. Vol. 4, № 1: Travelling Cultures and Histories: Nation-Building and Frontier Politics in Twentieth Century China. 2002. P. 3–25.

Lieven, Papastratagakis 2005 — Lieven D., Papastratigakis N. The Russian Far Eastern Squadron's Operational Plan // The Russo-Japanese War in Global Perspective: World War Zero. Vol. 1 / Ed. by John W. Steinberg et al. Leiden; Boston: Brill, 2005. P. 203–227.

Linhart 2005 — Linhart S. «Niedliche Japaner» oder Gelbe Gefahr?: Westliche Kriegspostkarten, 1900–1945. Wien: LIT, 2005.

Lompolo 1996 — Lompolo J. Japanese Woodblock Prints from the Russo-Japanese War 1904–1905. Helsinki: Lompolo, 1996.

Lone 1991 — Lone S. The Japanese Annexation of Korea 1910: The Failure of East Asian Co-Prosperity // Modern Asian Studies. Vol. 25, № 1. 1991. P. 143–173.

Lone 1994 — Lone S. Japan's First Modern War: Army and Society in the Conflict with China, 1894–95. London: St. Martin's Press, 1994.

Lone 1998 — Lone S. The Japanese Military during the Russo-Japanese War, 1904–05: A Reconsideration of Command Politics and Public Images // Aspects of the Russo-Japanese War. Suntory Center Discussion Paper № IS/98/351. 1998. July. P. 3–18.

Lone 2005 — Lone S. Remapping Japanese Militarism: Provincial Society at War 1904–5 // Japanese Studies. Vol. 25. 2005. P. 53–63.

Lone 2010 — Lone S. Provincial Life and the Military in Imperial Japan: The Phantom Samurai. London; New York: Routledge, 2010.

Long 1974 — Long J. Franco-Russian Relations during the Russo-Japanese War // The Slavonic and East European Review. Vol. 52, № 127. 1974. P. 213–233.

Lukoianov 2005 — Lukoianov I. V. The Bezobrazovtsky // The Russo-Japanese War in Global Perspective. World War Zero. Vol. 1 / Ed. by J. W. Steinberg et al. Leiden; Boston: Brill, 2005. P. 67–68.

Luntinen, Menning 2005 — Luntinen P., Menning B. W. The Russian Navy at War, 1904–05 // The Russo-Japanese War in Global Perspective: World War Zero, Vol. 1 / Ed. by J. W. Steinberg et al. Leiden; Boston: Brill, 2005: 229–259.

Mahan 1918 — Mahan A. T. The Influence of Sea Power Upon History. Boston: Little, Brown, 1918.

Majumdar 1995 — Majumdar M. L. Early History and Growth of Postal System in India. Calcutta: Rddhi-India, 1995.

Marks 2005 — Marks S. G. Bravo, Brave Tiger of the East!: The Russo-Japanese War and the Rise of Nationalism in British Egypt and India // The Russo-Japanese War in Global Perspective: World War Zero. Vol. 1 / Ed. by J. W. Steinberg et al. Leiden; Boston: Brill, 2005. P. 609–627.

Matsui 1972 — Matsui M. The Russo-Japanese Agreement of 1907: Its Causes and the Progress of Negotiations // Modern Asian Studies. Vol. 6, № 1. 1972. P. 33–48.

Matsukata 2005 — Matsukata Y. T. Human Bullets, General Nogi, and the Myth of Port Arthur // The Russo-Japanese War in Global Perspective: World War Zero. Vol. 1 / Ed. by J. W. Steinberg et al. Leiden; Boston: Brill, 2005. P. 179–201.

Matsumura 1974 — Matsumura M. Yōroppa ni okeru 'kōhō dantō daishi' toshite no Suematsu Kenchō // Nichi-Ro Sensō / Ed. by Gunji Shigakkai. P. 125–140.

Matsumura 1987 — Matsumura M. Nichi-Ro sensō to Kaneko Kentarō: kōhō gaikō no kenkyū, rev. and enlarged ed. Tokyo: Shin'yūdō, 1987.

Matsuo 2015 — Matsuo M. Nichi-Ro Sensō to chiiki shakai: Introduction 11 Kitatama-gun Murayama chiiki wo chūshin ni (The Russo-Japanese War and the rural society: A study focused on the Murayama region in the province of Kitatama). Chūō Daigaku bungakubu kiyō 256, 2015. P. 1–38.

Matsuyama 2004 — Matsuyama no kioku: Nichi-Ro Sensō 100-nen to Roshiahei horyo / Ed. by D. Matsuyama. Yokohama: Seibunsha, 2004.

May 1957 — May E. R. The Far Eastern Policy of the United States in the Period of the Russo-Japanese War: A Russian View // The American Historical Review. Vol. 62, № 2. 1957. P. 345–351.

McDonald 1900 — MacDonald C. The Japanese Detachment during the Defence of the Peking Legations 1900 // Transactions and Proceedings of the Japan Society. Vol. 12. P. 2–20.

McDonald 2005 — McDonald D. Tsushima's Echoes: Asian Defeat and Tsarist Foreign Policy // The Russo-Japanese War in Global Perspective: World War Zero. Vol. 1 / Ed. by J. W. Steinberg et al. Leiden; Boston: Brill, 2005. P. 545–563.

Menning 2005 — Menning B. W. Neither Mahan nor Moltke: Strategy in the Russo-Japanese War // The Russo-Japanese War in Global Perspective: World War Zero. Vol. 1 / Ed. by J. W. Steinberg et al. Leiden; Boston: Brill, 2005. P. 129–156.

Menning, Steinberg 2008 — Menning B. W., Steinberg J. W. Lessons Lessened: The Near-Term Military Legacy of 1904–5 in Imperial Russia // The Treaty of Portsmouth and Its Legacies / Ed. by S. Ericson, A. Hockley. Hanover, NH: Dartmouth College Press, 2008. P. 77–97.

Miller 2005 — Miller E. S. Japan's Other Victory: Overseas Financing of the Russo-Japanese War // The Russo-Japanese War in Global Perspective: World War Zero. Vol. 1 / Ed. by J. W. Steinberg et al. Leiden; Boston: Brill, 2005. P. 465–483.

McCully 1977 — McCully N. A. The McCully Report: The Russo Japanese War, 1904–05. Annapolis: Naval Institute Press, 1977.

Mombauer 2014 — Mombauer A. The Moltke Plan: A Modified Schlieffen Plan with Identical Aims? // The Schlieffen Plan: International Perspectives on the German Strategy for World War I / Ed. by H. Ehlert, M. Epkenhans, G. P. Gross. Lexington: Kentucky University Press, 2014. P. 43–65.

Mōri 2013 — Mōri Y. «Roshiajin horyu shashin korekushon» ni miru «hakuai no kokoro» shozai (The Existence of «Philantropy» as seen in the «photograph collection» of Russian POWs) // Yūrashia Kenkyū. Vol. 49. 2013. P. 24–30.

Morris-Suzuki 1999 — Morris-Suzuki T. Lines in the Snow: Imagining the Russo-Japanese Frontier // Pacific Affairs. Vol. 72, № 1. 1999. P. 57–77.

Müller 2013 — Müller G. Chinese Perspectives on the Russo-Japanese War. Heidelberg University, 2013. URL: http://archiv.ub.uni-heidelberg.de/volltextserver/15406/1/china%20and%20the%20russojapanese%20war%20 english.pdf (в настоящий момент недоступно).

Muraoka 2014 — Muraoka M. Nichi-Ro Sensō-ki no Amerika Yudayajin: Dabide ni tatoerareta Nihon (The American Jews during the Russo-Japanese War: Japan's comparison with David) // Chiiki Kenkyū. Vol. 14, № 2. 2014. P. 140–161.

Nakanishi, Naraoka 2005 — Nakanishi H., Naraoka S. Nihon ni okeru Nichiro Sensō Kenkyū no Dōkō (Japanese Research Trends with Regard to the Russo-Japanese War) // Nichi-Ro Sensō Kenkyū no shin-shiten (New Research Perspectives on the Russo-Japanese War) / Ed. by Nichi-Ro Sensō Kenkyūkai. Yokohama: Seibunsha, 2005. P. 408–428.

Nakayama 1957 — Nakayama J. Nichi-Ro Sensō igo: Higashi Ajia o meguru teikokushugi no kokusai kankei (Beyond the Russo-Japanese War: International Relations and Imperialism in East Asia). Osaka: Sōgensha, 1957.

Nehru 1958 — Nehru Jawaharlal. Toward Freedom. Boston: Beacon Press, 1958.

Nish 1966 — Nish I. The Anglo-Japanese Alliance: The Diplomacy of Two Island Empires, 1894–1907. London: Athlone Press, 1966.

Nish 1985 — Nish I. The Origins of the Russo-Japanese War. London: Longman, 1985.

Nish 2004 — Nish I. China and the Russo-Japanese War. On the Periphery of the Russo-Japanese War. Part I // Suntory Center Discussion Paper № IS/04/475. 2004. April. P. 1–16.

Nish 2005a — Nish I. Stretching Out the Yalu: A Contested Frontier, 1900–1903 // The Russo-Japanese War in Global Perspective: World War Zero. Vol. 1 / Ed. by J. W. Steinberg et al. Leiden; Boston: Brill, 2005. P. 45–64.

Nish 2005б — Nish I. The Russo-Japanese War: Planning, Performance and Peace-Making // Der Russisch-Japanische Krieg (1904/05) / Hg. von J. Kreiner. Göttingen: V&R unipress, 2005. S. 11–25.

Notehelfer 1971 — Notehelfer F. G. Kōtoku Shūsui: Portrait of a Japanese Radical. Cambridge: Cambridge University Press, 1971.

Numata 2004 — Numata T. Nichi-Ro rikusen shinshi (A New History of the Land Battles of the Russo-Japanese War). Tokyo: Fuyō Shobō, 2004.

Official history 1906–1909 — Official history of the Russo-Japanese War / Prepared by the Historical Section of the Committee of Imperial Defence: In 4 pts. London: HSMO, 1906–1909.

Okamoto 1982 — Okamoto S. The Emperor and the Crowd: The Historical Significance of the Hibiya Riots // Conflict in Modern Japanese History:

The Neglected Tradition / Ed. by T. Najita, J. V. Koschmann. Princeton: Princeton University Press, 1982. P. 262–270.

Oleinikov 2005 — Oleinikov D. The War in Russian Historical Memory // The Russo-Japanese War in Global Perspective: World War Zero. Vol. 1 / Ed. by J. W. Steinberg et al. Leiden; Boston: Brill, 2005. P. 509–522.

Ono 2013 — Ono M. Senpi chōtatsu wo meguru kōbō: Kin'yū shijō de no funtō to shōri (The Japanese Government's Struggle to Procure War Expenditure: Efforts and Victory in the Financial Market) // Yūrashia Kenkyū. Vol. 49. 2013. P. 44–49.

Oppel 1972 — Oppel B. F. The Waning of a Traditional Alliance: Russia and Germany after the Portsmouth Peace Conference // Central European History. Vol. 5, № 4. 1972. P. 318–329.

Ortner 2014 — Ortner M. C. Die Kriegs- und Aufmarschpläne Österreich-Ungarns, Deutschlands, Frankreichs und Russlands im Juli 1914 // Erster Weltkrieg: Globaler Konflikt — Lokale Folgen — Neue Perspektiven / Vg. von S. Karner, P. Lesiak. Innsbruck; Wien; Bozen: Studien Verlag, 2014. P. 45–61.

Otte 2007 — Otte T. G. The Fragmenting of the Old World Order: Britain, the Great Powers, and the War // The Impact of the Russo-Japanese War / Ed. by R. Kowner. London; New York: Routledge, 2007. P. 91–108.

Paine 1996 — Paine S. C. M. Imperial Rivals: China, Russia, and Their Disputed Frontier. Armonk, NY; London: Sharpe, 1996.

Papastratagakis 2011 — Papastratagakis N. Russian Imperialism and Naval Power: Military Strategy and the Build-Up to the Russo-Japanese War. London: I. B. Tauris, 2011.

Parsons 1969 — Parsons E. B. Roosevelt's Containment of the Russo-Japanese War // Pacific Historical Review. Vol. 38, № 1. 1969. P. 21–44.

Partner 2007 — Partner S. Peasants into Citizens? The Meiji Village in the Russo-Japanese War // Monumenta Nipponica. Vol. 62, № 2. 2007. P. 179–209.

Perras 2004 — Perras A. Carl Peters and German Imperialism, 1856–1918: A Political Biography. Oxford; New York: Clarendon Press, 2004.

Plamper 2009 — Plamper J. Fear: Soldiers and Emotion in Early Twentieth-Century Russian Military Psychology // Slavic Review. Vol. 68, № 2. 2009. P. 259–283.

Podoler, Robinson 2007 — Podoler G., Robinson M. On the Confluence of History and Memory: The Significance of the War for Korea // The Impact of the Russo-Japanese War / Ed. by R. Kowner. London; New York: Routledge, 2007. P. 183–198.

Pollock 1905 — Pollock A. W. A. The Russo-Japanese War: Its Lessons for Great Britain and the United States // The North American Review. Vol. 180, № 579. 1905. P. 243–248.

Ragsdale 1998 — Ragsdale K. Marriage, the Newspaper Business, and the Nation-State: Ideology in the Late Meiji Serialized Katei Shōsetsu // Journal of Japanese Studies. Vol. 24, № 2. 1998. P. 229–255.

Rawlinson 1967 — Rawlinson J. L. China's Struggle for Naval Development, 1839–1895. Cambridge, MA: Harvard University Press, 1967.

Reid 1915 — Reid G. Some of China's War Problems // The Journal of Race Development. Vol. 6, № 1. 1915. P. 47–51.

Robinson, Robinson 2009 — Robinson J., Robinson J. Handbook of Imperial Germany. Bloomington: Author House, 2009.

Rodell 2005 — Rodell P. A. Inspiration for Nationalist Aspirations? Southeast Asia and the 1905 Japanese Victory // The Russo-Japanese War in Global Perspective: World War Zero. Vol. 1 / Ed. by J. W. Steinberg et al. Leiden; Boston: Brill, 2005. P. 629–654.

Rothermund 2005 — Rothermund D. Gandhi und Nehru: Kontrastierende Visionen Indiens // Geschichte und Gesellschaft. Bd. 31, № 3: Südasien in der Welt. 2005. S. 354–372.

Roxby 1920 — Roxby P. M. The Far Eastern Question in its Geographical Setting. Part II: Outlines of the Historical Geography of the Far East from 1850 to the Russo-Japanese War (Continued) // The Geographical Teacher. Vol. 10, № 4. 1920. P. 142–150.

Sabey 1972 — Sabey J. W. The Gen'yōsha, the Kokuryūkai, and Japanese Expansionism. PhD Thesis, University of Michigan, 1972.

Sablinsky 1976 — Sablinsky W. The Road to Bloody Sunday: Father Gapon and the St. Petersburg Massacre of 1905. Princeton: Princeton University Press, 1976.

Sareen 2007 — Sareen T. R. India and the War // The Impact of the Russo-Japanese War / Ed. by R. Kowner. London; New York: Routledge, 2007. P. 239–250.

Saul 2005 — Saul N. E. The Kittery Peace // The Russo-Japanese War in Global Perspective: World War Zero. Vol. 1 / Ed. by J. W. Steinberg et al. Leiden; Boston: Brill, 2005. P. 485–507.

Schattenberg 2008 — Schattenberg S. Die Sprache der Diplomatie oder Das Wunder von Portsmouth. Überlegungen zu einer Kulturgeschichte der Außenpolitik // Jahrbücher für Geschichte Osteuropas. Bd. 56, № 1. 2008. P. 3–26.

Schencking 2005 — Schencking J. Charle. Interservice Rivalry and Politics in Post-War Japan // The Russo-Japanese War in Global Perspective: World

War Zero. Vol. 1 / Ed. by J. W. Steinberg et al. Leiden; Boston: Brill, 2005. P. 565–590.

Schiffrin 2007 — Schiffrin H. Z. The Impact of the War on China // The Impact of the Russo-Japanese War / Ed. by R. Kowner. London; New York: Routledge, 2007. P. 169–182.

Schimmelpenninck van der Oye 2005 — Schimmelpenninck van der Oye D. The Immediate Origins of the War // The Russo-Japanese War in Global Perspective: World War Zero. Vol. 1 / Ed. by J. W. Steinberg et al. Leiden; Boston: Brill, 2005. P. 23–44.

Schimmelpenninck van der Oye 2008a — Schimmelpenninck van der Oye D. Rewriting the Russo-Japanese War: A Centenary Retrospective // Russian Review. Vol. 67, № 1. 2008. P. 78–87.

Schimmelpenninck van der Oye 20086 — Schimmelpenninck van der Oye D. Russia's Relations with Japan Before and After the War: An Episode in the Diplomacy of Imperialism // The Treaty of Portsmouth and Its Legacies / Ed. by S. Ericson, A. Hockley. Hanover, NH: Dartmouth College Press, 2008. P. 11–23.

Schmid 2000 — Schmid A. Colonialism and the «Korea Problem» in the Historiography of Modern Japan: A Review Article // The Journal of Asian Studies. Vol. 59, № 4. 2000. P. 951–976.

Schmid 2002 — Schmid A. Korea Between Empires, 1895–1919. New York: Columbia University Press, 2002.

Schmidt 2004 — Schmidt R. F. Otto von Bismarck (1815–1898): Realpolitik und Revolution. Stuttgart: Kohlhammer, 2004.

Shimanuki 1980 — Shimanuki S. Senryaku: Nichi-Ro Sensō (Strategy: The Russo-Japanese War). Tokyo: Hara Shobō, 1980.

Seligmann 2007 — Seligmann M. S. Germany, the Russo-Japanese War, and the Road to the Great War // The Impact of the Russo-Japanese War / Ed. R. Kowner. London; New York: Routledge, 2007. P. 109–123.

Sergeev 2005 — Sergeev E. Yu. Russian Military Intelligence in the War with Japan, 1904–1905 // The Russo-Japanese War in Global Perspective. World War Zero. Vol. 1 / Ed. by J. W. Steinberg et al. Leiden; Boston: Brill, 2005.

Sheffield 2006 — Sheffield Parrella R. Hybrid Visuality in Woodblock Prints of the Russo-Japanese War. M. A. Thesis, University of Oregon, 2006.

Sheffy 2007 — Sheffy Y. A Model not to Follow: The European Armies and the Lessons of the War // The Impact of the Russo-Japanese War / Ed. by R. Kowner. London; New York: Routledge, 2007. P. 253–268.

Sherr 2005 — Scherr B. P. The Russo-Japanese War and the Russian Literary Imagination // The Russo-Japanese War in Global Perspective: World War Zero. Vol. 1 / Ed. by J. W. Steinberg et al. Leiden; Boston: Brill, 2005. P. 425–446.

Shichor 2007 — Shichor Y. Ironies of History: The War and the Origins of East Asian Radicalism // The Impact of the Russo-Japanese War / Ed. by R. Kowner. London; New York: Routledge, 2007. P. 199–218.

Shigeru 1960 — Shigeru K. Sekaishijō yori mitaru Nichi-Ro Sensō (The Russo-Japanese War in Global Perspective). Tokyo: Shibundō, 1960.

Shimazu 2005 — Shimazu N. «Love Thy Enemy»: Japanese Perceptions of Russia // The Russo-Japanese War in Global Perspective: World War Zero. Vol. 1 / Ed. by J. W. Steinberg et al. Leiden; Boston: Brill, 2005. P. 365–384.

Shimazu 2006 — Shimazu N. Reading the Diaries of Japanese Conscripts: Forging National Consciousness During the Russo-Japanese War // Nationalisms in Japan / Ed. by N. Shimazu. London; New York: Routledge, 2006. P. 41–65.

Shimazu 2008 — Shimazu N. Patriotic and Despondent: Japanese Society at War, 1904–5 // Russian Review. Vol. 67, № 1. 2008. P. 34–49.

Shimazu 2009 — Shimazu N. Japanese Society at War: Death, Memory, and the Russo-Japanese War. Cambridge: Cambridge University Press, 2009.

Shimoide 1928–1930 — Shimoide J. Shakai bunken nempyō // Meiji bunka zenshū / Ed. by Yoshino Sakuzō. Vol. 21. Tokyo: Nippon Hyōronsha, 1928–1930. P. 602–622.

Shites 2005 — Shites R. Russian Representations of the Japanese Enemy // The Russo- Japanese War in Global Perspective: World War Zero. Vol. 1 / Ed. by J. W. Steinberg et al. Leiden; Boston: Brill, 2005. P. 395–410.

Shimomura 1966 — Shimomura F. Nichi-Ro Sensō (The Russo-Japanese War). Tokyo: Jinbutsu Ōraisha, 1966.

Shinohara 1988 — Shinohara H. Nihon Kaigun oyatoi gaijin: Bakumatsu kata Nichi-Ro Sensō made (The Foreign Specialists of the Japanese Navy: From the Bakumatsu until the Russo-Japanese War). Tokyo: Chūō Kōronsha, 1988.

Shridharani 1953 — Shridharani K. Story of the Indian Telegraphs: A Century of Progress. New Delhi: Posts and Telegraphs Dept., 1953.

Shumpei 1970 — Shumpei O. The Japanese Oligarchy and the Russo-Japanese War. New York. Columbia University Press, 1970.

Siegel 2014 — Siegel J. For Peace and Money: French and British Finance in the Service of Tsars and Commissars. Oxford; New York: Oxford University Press, 2014.

Sinkler 1971 — Sinkler G. The Racial Attitudes of American Presidents: From Abraham Lincoln to Theodore Roosevelt. New York, 1971.

Sisemore 2003 — Sisemore J. D. The Russo-Japanese War, Lessons not Learned. M. A. thesis, U. S. Army Command and General Staff College, Fort Leavenworth, Kansas, 2003.

Snow 1998 — Snow K. A. Russian Commercial Shipping and Singapore, 1905–1916 // Journal of Southeast Asian Studies. Vol. 29, № 1. 1998. P. 44–62.

Snyder 1984 — Snyder J. K. The Ideology of the Offensive: Military Decision Making and the Disasters of 1914. Ithaca: Cornell University Press, 1984.

Spance 2004 — Spance W. R. The Russo-Japanese War: The Emergence of Japanese Imperial Power // Journal of Military and Strategic Studies. Vol. 6, № 3. 2004. P. 1–24.

Sprotte 2001 — Sprotte M. H. Konfliktaustragung in autoritären Herrschaftssystemen: Eine historische Fallstudie zur frühsozialistischen Bewegung im Japan der Meiji-Zeit. Marburg: Tectum, 2001.

Sprotte et al. 2007 — Der Russisch-Japanische Krige 1904/05: Anbruch einer neuen Zeit? / Hg. von M. H. Sprotte, W. Seifert, H.-D. Löwe. Wiesbaden: Harrassowitz, 2007.

Steinberg 1970 — Steinberg J. Germany and the Russo-Japanese War // The American Historical Review. Vol. 75, № 7. 1970. P. 1965–1986.

Steinberg 2005 — Steinberg J. W. The Operational Overview // The Russo-Japanese War in Global Perspective: World War Zero. Vol. 1 / Ed. by J. W. Steinberg et al. Leiden; Boston: Brill, 2005. P. 105–128.

Steinberg et al. 2005 — The Russo-Japanese War in Global Perspective. World War Zero, 2 vols. / Ed. by J. W. Steinberg et al. Leiden; Boston: Brill, 2005.

Steinberg 2008 — Was the Russo-Japanese War World War Zero? // Russian Review. Vol. 67, № 1. 2008. P. 1–7.

Sumida 1997 — Sumida J. Inventing Grand Strategy and Teaching Command: The Classic Works of Alfred Taylor Mahan Reconsidered. Baltimore, MD: Johns Hopkins University Press, 1997.

Sunhan 2005 — Sunhan Y. Kankoku no Chūritsu Seisaku to Nichiro Sensō (Korea's Policy of Neutrality and the Russo-Japanese War) // Nichiro Sensō Kenkyū no shin-shiten (New Research Perspectives on the Russo-Japanese War) / Ed. Nichiro Sensō Kenkyūkai. Yokohama: Seibunsha, 2005. P. 278–291.

Takii 2010 — Takii K. Itō Hirobumi: Chi no seijika. Tokyo: Chūō Kōron Shinsha, 2010.

Tanaka 2015 — Tanaka K. A War Scare and Japanese Immigrants in the State of Montana in 1907: News Coverage of a Possible Japan — U. S. War // Setsudai Jinbun Kagaku. Vol. 22. 2015. P. 123–139.

Teramoto 2008 — Teramoto Y. Japanese Diplomacy Before and After the War: The Turning Point on the Road to the Pacific War // The Treaty of Portsmouth and Its Legacies / Ed. by S. Ericson, A. Hockley. Hanover, NH: Dartmouth College Press, 2008. P. 24–40.

Thompson 1978 — Thompson R. A. The Yellow Peril, 1890–1924. New York: Arno Press, 1978.

Thorson 1944 — Thorson W. B. Pacific Northwest Opinion on the Russo-Japanese War of 1904–1905 // The Pacific Northwest Quarterly. Vol. 35, № 4. 1944. P. 305–322.

Thorson 1948 — Thorson W. B. American Public Opinion and the Portsmouth Peace Conference // The American Historical Review. Vol. 53, № 3. 1948. P. 439–464.

Togo 2008 — Togo K. The Contemporary Implications of the Russo-Japanese War: A Japanese Perspective // The Treaty of Portsmouth and Its Legacies / Ed. by S. Ericson, A. Hockley. Hanover, NH: Dartmouth College Press, 2008. P. 157–182.

Tovy, Halevi 2007 — Tovy T., Halevi S. America's First Cold War: The Emergence of a New Rivalry // The Impact of the Russo-Japanese War / Ed. by R. Kowner. London; New York: Routledge, 2007. P. 137–152.

Towle 1980a — Towle P. A. British Assistance to the Japanese Navy during the Russo-Japanese War of 1904–5 // The Great Circle. Vol. 2, № 1. 1980. P. 44–54.

Towle 1980б — Towle P. A. The Russo-Japanese War and the Defence of India // Military Affairs. Vol. 44, № 3. 1980. P. 111–117.

Towle 1998 — Towle P. British Observers of the Russo-Japanese War. Aspects of the Russo-Japanese War // Suntory Center Discussion Paper № IS/98/351. 1998. July. P. 19–28.

Trani 1969 — Trani E. P. The Treaty of Portsmouth: An Adventure in American Diplomacy. Lexington: University of Kentucky Press, 1969.

Trani, Davis 2008 — Trani E. P. Davis Donald E. Roosevelt and the U.S. Role: Perception Makes Policy // The Treaty of Portsmouth and Its Legacies / Ed. by S. Ericson, A. Hockley. Hanover, NH: Dartmouth College Press, 2008. P. 62–74.

Travis 1981 — Travis F. F. The Kennan-Russel Anti-Tsarist Propaganda Campaign among Russian Prisoners of War in Japan, 1904–1905 // Russian Review. Vol. 40, № 3. 1981. P. 263–277.

Treat 1934 — Treat Payson J. China and Korea, 1885–1895 // Political Science Quarterly. Vol. 49. 1934. P. 506–543.

Tsuchiya 2012 — Tsuchiya Y. Teikoku no tasogare, mikan no kokumin: Nichi-Ro Sensō, Daiichiji kakumei to roshia no shakai (The Twilight of the Empire, the Unfinished Nation: The Russo-Japanese War, the First Revolution and Russian Society). Tokyo: Seibunsha, 2012.

Uchida 2008 — Uchida R. Nikkan heigō omoidebanashi: Kikigaki yumeno kyūsaku // Ajiashugisha-tachi no koe. Vol. 1: Gen'yōsha to Kokuryūkai, aruiwa kōdōteki Ajiashugi no genten. Tokyo: Shoshi Shinsui, 2008. P. 226–227.

Uchida 2010 — Uchida H. Marx in Japan // Socialism and Democracy. Vol. 24, № 3. 2010. P. 205–211.

Ulak 2005 — Ulak J. Battling Blocks: Representations of the War in Woodblock Art // The Russo-Japanese War in Global Perspective: World War Zero. Vol. 1 / Ed. by John W. Steinberg et al. Leiden; Boston: Brill, 2005. P. 385–394.

Unno 2000 — Unno F. Kankoku heigōshi no kenkyū. Tokyo: Iwanami Shoten, 2000.

Valliant 1974 — Valliant R. B. The Selling of Japan: Japanese Manipulation of Western Opinion, 1900–1905 // Monumenta Nipponica. Vol. 29, № 4. 1974. P. 415–438.

van Dyke 1990 — van Dyke C. Russian Imperial Military Doctrine and Education, 1832–1914. New York: Greenwood Press, 1990.

Venier 2004 — Venier P. The Geographical Pivot of History and Early Twentieth Century Geopolitical Culture // The Geographical Journal. Vol. 170, № 4. 2004. P. 330–336.

Vogel 1975 — Vogel B. Deutsche Russlandpolitik: Das Scheitern der deutschen Weltpolitik unter Bülow 1900–1906. Düsseldorf: Bertelsmann, 1975.

Wada 2009–2010 — Wada H. Nichi-Ro Sensō: Kigen to kaisen: 2 vols. Tokyo: Iwanami Shoten, 2009–2010.

Wagner 1990 — Wagner W. Japans Außenpolitik in der frühen Meiji-Zeit (1868–1894): Die ideologische und politisce Grundlegung des japanischen Führungsanspruchs in Ostasien. Stuttgart: Franz Steiner, 1990.

Wallach 1986 — Wallach Y. L. The Theories of Clausewitz and Schlieffen and Their Impact on the German Conduct of the Two World Wars. Westport, CT: Greenwood Press, 1986.

Warner, Warner 2004 — Warner D., Warner P. The Tide at Sunrise: A History of the Russo-Japanese War, 1904–1905. London; New York: Routledge, 2004.

Wcislo 2011 — Wcislo F. W. Tales of Imperial Russia: The Life and Times of Sergei Witte, 1849–1915. Oxford; New York: Oxford University Press, 2011.

Wei Tchen, Yeats 2014 — Wei Tchen J. K., Yeats D. Yellow Peril! An Archive of Anti-Asian Fear. London; New York: Verso, 2014.

Westwood 1923 — Westwood J. N. Russia Against Japan, 1904–05: A New Look at the Russo-Japanese War. Albany: State University of New York Press, 1986.

Winzen 1976 — Winzen P. Prince Bulow's Weltmachtpolitik // Australian Journal of Politics and History. Vol. 22, № 2. 1976. P. 227–242.

White 1964 — White J. The Diplomacy of the Russo-Japanese War. Princeton: Princeton University Press, 1964.

Wolff 2005 — Wolff D. Intelligence Intermediaries: The Competition for Chinese Spies // The Russo-Japanese War in Global Perspective: World War Zero. Vol. 1 / Ed. by J. W. Steinberg et al. Leiden; Boston: Brill, 2005. P. 305–330.

Wolff 2008a — Wolff D. Cultural and Social History on Total War's Global Battlefield // Russian Review. Vol. 67, № 1. 2008. P. 70–77.

Wolff 2008б — Wolff D. Riding Rough: Portsmouth, Regionalism, and the Birth of Anti-Americanism in Northeast Asia // The Treaty of Portsmouth and Its Legacies / Ed. by S. Ericson, A. Hockley. Hanover, NH: Dartmouth College Press, 2008. P. 125–141.

Wright 2005 — Wright D. «That Vital Spark»: Japanese Patriotism, the Russian Officer Corps and the Lessons of the Russo-Japanese War // The Russo-Japanese War in Global Perspective: World War Zero. Vol. 1 / Ed. by J. W. Steinberg et al. Leiden; Boston: Brill, 2005. P. 591–608.

Wu 1982 — Wu W. F. The Yellow Peril: Chinese Americans in American Fiction, 1850–1940. Hamden: Archon Books, 1982.

Yamada 2015 — Yamada J. Nichi-Ro Sensō josei no kokuminka: Oguri Fūyō «Seishun» no sekai (The Russo-Japanese War and the Nationalization of Women: The World of Oguri Fūyō's «Seishun») // Hikaku Nihingaku Kyōiku Kenkyū Sentā kenkyū nenpō. Vol. 11. 2015. P. 124–127.

Yamamura 2005 — Yamamuro S. Nichi-Ro Sensō no seiki: rensa shiten kara miru Nihon to sekai (The Century of the Russo-Japanese War: Interrelationships between Japan and the World). Tokyo: Iwanami Shoten, 2005.

Yokote 2005 — Yokote S. Nichi-Ro Sensōshi: 20-seiki saishō no taikokukan sensō (The History of the Russo-Japanese War: The First War Between Great Powers in the Twentieth Century). Tokyo: Chūō Kōron Shinsha, 2005.

Yokote 2008 — Yokote S. Political Legacies of the Portsmouth Treaty // The Treaty of Portsmouth and Its Legacies / Ed. by S. Ericson, A. Hockley. Hanover, NH: Dartmouth College Press, 2008. P. 106–122.

Yomiuri 2005 — Nichi-Ro Sensō / Ed. by Yomiuri Shinbunsha Shuzaidan. Tokyo: Chūōkōron shinsha, 2005.

Yomiura 2005 — Yomiura Shinbun Shuzaihan. Kenshō Nichi-Ro Senso (Analysis of the Russo-Japanese War). Tokyo: Chūō Kōron Shinsha, 2005.

Yuan 1904 — Yuan Tung-Li. Russian Works on Japan: A Selected Bibliography // Monumenta Serica. Vol. 19. 1960. P. 403–436.

Zadornov, Shōji 1977–1982 — Zadornov N. P., Shōji N. Kita kara kita kurofune (The Black Ships from the North). Tokyo: Asahi Shinbunsha, 1977–1982.

Zuber 1999 — Zuber T. The Schlieffen Plan Reconsidered // War in History. Vol. 6, № 3. 1999. P. 262–305.

Zuber 2001 — Zuber T. Terence Holmes Reinvents the Schlieffen Plan // War in History. Vol. 8, № 4. 2001. P. 468–476.

Zuber 2002 — Zuber T. Inventing the Schlieffen Plan: German War Planning, 1871–1914. Oxford; New York: Oxford University Press, 2002.

Zuber 2003 — Zuber T. Terence Holmes Reinvents the Schlieffen Plan — Again // War in History. Vol. 10, № 1. 2003. P. 222–232.

Zuber 2004a — Zuber T. German War Planning, 1891–1914: Sources and Interpretations. Woodbridge; Rochester: Boydell Press, 2004.

Zuber 20046 — Zuber T. The Schlieffen Plan Was an Oprhan // War in History. Vol. 11, № 2. 2004. P. 220–225.

Zuber 2011 — Zuber T. The Real German War Plan 1904–14. Stroud, UK: History Press, 2011.

Предметно-именной указатель

Русско-японская война и ее влияние на ход истории в XX веке

Русско-японская война, в сущности, являлась колониальным конфликтом между разрастающимися интересами России и Японии в Восточной Азии. Однако, несмотря на видимую свою локальность, фактически данная война оказала большое влияние на весь мир. Этот конфликт и победа в нем Японии стали одной из причин революционного движения в России в 1905 году, а следовательно, и русской революции 1917 года. Кроме того, в результате подписания Портсмутского мирного договора возникло напряжение в отношениях США и Японии, что стало первым шагом на пути к катастрофе в Перл-Харборе в 1941 году. В конечном счете война оказала большое влияние и на Германию, дипломаты которой хотели использовать ее, чтобы привязать Санкт-Петербург к Берлину, а военные стратеги рассматривали эти события как возможность подготовиться к возможному следующему конфликту.

В этой книге убедительно доказывается, что при анализе мировой истории необходимо учитывать и представляющиеся второстепенными события. Описание и анализ взаимосвязи между происходившим в Восточной Азии и крупными событиями в Европе и США демонстрируют значение Русско-японской войны в качестве ключевого фактора, повлиявшего на ход важнейших исторических событий XX века: Первой мировой войны, Второй мировой войны и холодной войны.

Франк Якоб является преподавателем кафедры мировой истории в муниципальном колледже Квинсборо Городского университета Нью-Йорка.

Содержание

Научное издание

Франк Якоб
РУССКО-ЯПОНСКАЯ ВОЙНА
И ЕЕ ВЛИЯНИЕ НА ХОД ИСТОРИИ В XX ВЕКЕ

Директор издательства *И. В. Немировский*
Заведующая редакцией *М. Вальдеррама*

Ответственный редактор *И. Белецкий*
Дизайн *И. Граве*
Редактор *Р. Рудницкий*
Корректоры *А. Филимонова, А. Нотик*
Верстка *Е. Падалки*

Подписано в печать 30.12.2021.
Формат издания 60 × 90 $^1/_{16}$. Усл. печ. л. 15,0.
Тираж 500 экз.

Academic Studies Press
1577 Beacon Street, Brookline, MA 02446 USA
https://www.academicstudiespress.com

ООО «Библиороссика».
190005, Санкт-Петербург, 7-я Красноармейская ул., д. 25а

Эксклюзивные дистрибьюторы:
ООО «Караван»
ООО «КНИЖНЫЙ КЛУБ 36.6»
http://www.club366.ru
Тел./факс: 8(495)9264544
e mail: club366@club366.ru

Книги издательства можно купить
в интернет-магазине: www.bibliorossicapress.com
e-mail: sales@bibliorossicapress.ru